“十二五”职业教育国家规划教材
经全国职业教育教材审定委员会审定

普通高等教育“十一五”国家级规划教材

GONGSI LICAI

公司理财

（第三版）

陈德萍 卢悦 编著

东北财经大学出版社
Dongbei University of Finance & Economics Press
国家一级出版社
全国百佳图书出版单位

图书在版编目（CIP）数据

公司理财 / 陈德萍，卢悦编著．—3 版．—大连 ：东北财经大学出版社，2015.1

（21 世纪高职高专精品教材 · 财务会计类）

ISBN 978-7-5654-1590-6

Ⅰ．公… Ⅱ．①陈… ②卢… Ⅲ．公司-财务管理-高等职业教育-教材 Ⅳ．F276.6

中国版本图书馆 CIP 数据核字（2014）第 152597 号

东北财经大学出版社出版
（大连市黑石礁尖山街 217 号 邮政编码 116025）
教学支持：（0411）84710309
营 销 部：（0411）84710711
总 编 室：（0411）84710523
网　　址：http：//www.dufep.cn
读者信箱：dufep @ dufe.edu.cn

大连天骄彩色印刷有限公司印刷　　东北财经大学出版社发行

幅面尺寸：185mm×260mm　　字数：342 千字　　印张：15
2015 年 1 月第 3 版　　2015 年 1 月第 5 次印刷

责任编辑：张旭凤 周 慧　　责任校对：刘咏宁 惠恩乐
封面设计：冀贵收　　版式设计：钟福建

ISBN 978-7-5654-1590-6
定价：28.00 元

第三版前言

《公司理财》有幸经出版社申报，于2014年被教育部评审为“十二五”职业教育国家规划教材，本书曾于2006年被列为普通高等教育“十一五”国家级规划教材，并于2007年被教育部评为普通高等教育精品教材。为了更好地反映国内外最新的公司理财研究动态，适应职业教育发展的新要求，特对本书进行较全面的修订。

近几年来，现代公司理财理论的内容不断丰富，我国的资本市场和公司理财实践飞速发展，现代理财观念不断得到总结和运用。本书根据教育部有关高职高专产学结合的精神以及“高等学校教学质量和教学改革工程”对精品课程教材的要求，在总结中外公司理财理论和实践的基础上，提炼出现代公司理财六大观念，并以此为主线，利用大量的理财案例对公司理财开展实证分析，同时围绕公司理财实践的四大环节进行深入剖析，做到理财观念与理财实践相结合，使学生能够学以致用。

同前两版相比，第三版的主要特点是：一是压缩部分章节，将原来的3篇18章压缩为15章；二是总结现代理财观念，将原来的理财原理概括为现代理财六大观念；三是全面修改体例，设置了学习目标、理念导引、业务窗、知识窗、课堂思考、温故知新（练习题）、技能强化实训、下章预习要点等新栏目。以上这些修改使得本书在实际业务方面更加突出，加强了在学习、巩固和思考方面的引导。

第三版共15章：第1章主要介绍公司理财的概念及基本内容；第2~7章主要介绍公司理财的六大基本观念，包括资金时间价值、风险衡量、现金流量、资金成本、本量利分析、杠杆分析；第8~12章主要介绍公司理财的实务运用，包括筹集资金、投放资金、营运资金、分配资金、跨国公司理财；第13~15章主要介绍公司理财分析的基础知识，包括财务预算、财务控制、财务分析。

本书由陈德萍和卢悦编著。广东外语外贸大学会计学教授陈德萍博士负责全书框架和主体内容的修订并总纂全书，东北财经大学卢悦负责各章“理念导引”、“知识窗”和“课堂思考”等栏目的设计与撰写。由于知识水平有限，对国内外研究动态的了解也不够全面，书中难免存在疏漏与不当，恳请广大读者批评指正，以便在修订中得以改进，更好地服务于教学。使用本书教学的教师可致信820274738@qq.com，索取相关教学参考或交流意见。

学习和阅读建议：会计、会计电算化、财务管理专业建议学习全部内容；其他财经类相关专业可选学第1~12章。

编著者

2014年4月

第一版前言

随着我国资本市场的不断发展和壮大，理财在现代企业管理中扮演着越来越重要的角色。公司理财以微观经济学为理论基础，研究企业特别是公司制企业的资本价值经营问题，其核心是投资、融资和收益分配的管理。

根据教育部有关高职高专“产学研”相结合的精神以及“高等学校教学质量和教学改革工程”对精品课程教材的要求，本教材在编写的过程中紧紧围绕高职高专投资与理财及相近专业培养第一线所需要的能直接上岗的专门人才的目标，注重新知识的吸收，坚持循序渐进，由易到难，突出基础，加强举例，将公司理财基本概念、基本理论与基本方法、基本技能的介绍有机结合在一起，兼顾了“知识点”、“技能点”和“能力点”三者，并在各章的“学习目标”中分别列出了应掌握的“知识目标”、“技能目标”和“能力目标”，以便学生有针对性地学习和把握该门课程的精髓。同时着眼于“产学结合型”教育所要求的“双证沟通”，把专业职称考试、注册评估师和注册会计师考试所要求的知识、技能与能力融入到了教材内容中，体现了教材的实际使用价值和可操作性。

本书由广东财税高等专科学校（广东财经职业学院）陈德萍教授编著。全书分四篇内容：第一篇公司理财概述，主要阐述公司理财所涉及的基本概念，包括理财的产生与发展、财务活动与财务关系、理财目标与原则以及理财环境；第二篇公司理财原理，主要阐述公司理财的相关原理，包括资金时间价值原理、风险衡量原理、现金流量原理、资金成本原理、本量利分析原理以及杠杆原理；第三篇公司理财运用，主要阐述公司理财运用的相关技能，包括公司资金的筹集、投放、营运、分配以及跨国公司理财；第四篇预算分析基础，主要阐述预算分析的几个基础理论，包括财务预算、财务控制和财务分析等基础理论。本书的学习和阅读安排如下：投资专业、理财专业、财税专业等财经类专业必读第一、第二和第三篇；会计专业及相关专业必读第一、第二、第三和第四篇。

由于学识水平有限，书中难免存在疏漏、错误与不当之处，恳请读者批评指正。本书的编著得到了广东财税高等专科学校（广东财经职业学院）钟子英硕士、周建农硕士、黄瑞霞老师的大力帮助，在此表示感谢。

编著者

2005 年 10 月

目 录

第 1 章

公司理财概述

学习目标

知识目标：掌握理财活动和公司理财的概念；明确理财与公司管理的关系；了解理财的产生、发展和意义。掌握公司财务活动的概念和内涵；明确公司的经济活动、财务活动、财务关系及相关概念之间的联系；了解公司的经济活动和财务关系。掌握理财目标的概念和理财目标的选择与理财原则；了解理财目标的协调。掌握理财环境、经济环境、法律环境和金融环境的概念；明确理财环境和利息率的具体内容；了解理财的法规层次和制度。

理念导引

理财能增加财富吗？

有一位很有钱的老板，拥有多项产业。为了考核 3 个儿子中谁最适合继承自己的事业，他决定拿出 300 万元对他们进行测试：他给每个儿子 100 万元，并告诉他们可以采取一切合法手段从事生产经营活动，但必须独立经营，1 年后检查他们的经营业绩。

3 个儿子都继承了父亲的理财头脑。大儿子运用投资原理，将这 100 万元立即存入银行，以年利息率 10% 在 1 年后获利 10 万元，实现了 10% 的资本金利润率；二儿子运用风险投资原理，将这 100 万元投资于某项目，以年利润率 15% 在 1 年后获利 15 万元，实现了 15% 的资本金利润率；三儿子则运用负债经营原理，以 100 万元为抵押又获得 100 万元贷款，并以 200 万元投资于某项目，以年利润率 15% 在 1 年后获利 30 万元，实现了 30% 的资本金利润率。

讨论：理财的意义。

1.1　理财的产生与发展

1.1.1　理财的产生

理财是市场经济条件下公司最基本、最重要的一项管理活动。理财在经济活动中早已存在，但作为一项独立的管理工作并成为一门独立的学科则仅有百余年历史。公司理财，是指利用价值形式对公司经营活动进行的资金管理，是公司组织财务活动、处理财务关系的一项综合性经济管理工作。

18 世纪，西方产业革命使以机器为主要生产工具的工厂代替了手工作坊和手工工场，比较复杂的理财活动也随之出现。但当时的公司组织形式一般是独资或合伙，公司与外部的经济关系比较单纯，理财并没有成为一项独立的活动，而只是公司管理者活动的附属内容。

19 世纪末，资本主义国家工业化速度加快，科学技术迅速发展，在现代生产技术驱动下，新兴产业部门大量涌现，公司重组和兼并之风盛行，面向大众的股份有限公司应运而生并开始发展。随着投资主体的增加和经营规模的扩大，公司的外部经济联系逐渐增多，理财活动日趋频繁和复杂。这时，理财活动逐渐从公司管理者活动中分离出来，成为一项独立的工作。西方理财学也正是在这样的经济环境中，从经济学中分离出来，成为一门独立的管理学科。

1.1.2 理财的发展

1）西方理财的发展

百余年来，西方理财的发展经历了以下几个阶段：

第一阶段，19 世纪末至 20 世纪初。当时经济蓬勃发展，日益扩展的公司面临的主要问题是如何获取生产经营所需的资金，筹集资金成为公司理财的核心问题。因此，理财为扩展公司服务所要研究的是：公司有哪些资金来源，应采取什么方式筹集资金，以及与公司成立、兼并和证券发行等有关的法律事务。

第二阶段，20 世纪初（第一次世界大战）至 20 世纪 50 年代。当时，资本主义世界发生经济危机，经济萧条，公司资金周转困难，支付能力下降，成千上万的公司相继破产。严酷的事实使人们认识到，只有重视资金的使用效益、保持合理的资本结构、严格控制财务收支，公司才能立于不败之地。因此，理财由为公司扩展服务转变成为公司生存服务，所要研究的是：如何合理运用资金，维持公司的偿债能力；如何处理与破产、重组有关的财务问题；如何加强政府对证券的管理。

第三阶段，20 世纪 50 年代后期至 20 世纪末。第二次世界大战后，西方国家经济快速恢复，生产技术高度发展，产品产量迅猛增加，为寻找产品销路，公司逐渐向国外发展，跨国公司开始涌现。世界市场日益繁荣，公司之间的竞争也日益激烈。在此条件下，理财从方法到内容都发生了根本性变革，即理财已从单纯的筹资管理和资金运用管理发展为涉及多方面经济利益的收益分配管理。资本预算日趋完善，货币时间价值引起广泛重视，随着资本投资项目评价方法的发展，资本在公司内部的有效配置问题及资产管理问题也受到重视。理财逐渐形成以提高公司资本利润率和公司股票价格为目标，以时间价值和风险价值为基础，以预算管理、资产分析、财务分析为内容的一整套方法体系。理财的手段也日趋先进，电子计算机开始被运用并逐渐推广，各种数学模型也被运用于处理各种复杂的财务问题。在公司内部，财务决策同生产经营决策一起构成公司生产和发展的支柱。

第四阶段，20 世纪末至今。此时，西方理财活动已渗透到公司生产经营的各个方面。理财的研究范围除一些传统问题外，已扩展到最佳资本结构、投资组合理论、风险评估与预防、跨国理财等关系公司生存和发展的重大问题。现在，西方理财以公司为中心，着眼于公司的资金周转和价值最大化，以寻求资本和资产的最佳组合。

2）我国理财的发展

在新中国成立以前，我国社会经济发展迟缓，并长期处于落后状态，始终未形成独立的理财工作和理财学科。

中华人民共和国成立至改革开放以前，我国实行的是计划经济，并根据计划经济的特点建立了集中计划管理和统收统支的理财管理体制。这种体制对恢复我国经济和推动国民经济的高速发展曾起到十分重要的作用。但在此体制下，公司以完成国家下达的生产计划指标为任务，按计划取得资金，按规定使用资金，无自主筹集资金的必要，也无自主运用资金的权力，实现的盈利全部或大部分上缴国家，出现亏损则由国家弥补，理财工作相对薄弱。

改革开放以后，国家十分重视经济工作，对理财管理体制实施了一系列的改革，公司理财的自主权逐渐得到加强。随着改革开放的逐渐深入，社会主义市场经济体制得以建立，国家主要运用间接调控手段对经济工作进行控制和管理，市场在国家宏观调控下对资源配置起基础性作用，公司直接面向市场，成为自主经营、自负盈亏、自我发展、自我积累的独立商品生产经营实体，自主理财成为可能。随着社会主义市场经济的逐渐发展，市场竞争日益激烈，理财在公司管理中的战略地位日益显著，并成为促进我国公司生产和发展的重要手段。

1.1.3　理财的意义

1）理财是市场经济的需要

我国经济体制改革的目标是要建立社会主义市场经济体制。市场经济是依靠市场机制进行资源配置的经济。要保证市场机制充分发挥作用，必须创造诸多方面的条件。其中一个重要条件就是通过现代公司制度重塑市场竞争主体——公司；实现公司进入市场并按照市场供求关系和价值规律进行经营，实现公司内部结构、组织制度和管理制度科学化、规范化，使公司具有自我激励和自我约束相结合的经营机制。在一个竞争的市场条件下，一个公司经营是否成功，在很大程度上取决于公司理财是否卓有成效。公司要真正成为市场竞争主体并在市场中立于不败之地，就必须实现科学化管理。在资金短缺与发展需要、投资与效益的矛盾中，公司要运用科学的理财手段来提高竞争力，以达到增加公司价值的目的。

2）理财是加入世界贸易组织的需要

国内有关投资咨询专家认为：加入世界贸易组织（以下简称“入世”）后中国理财市场前景看好。随着国外理财工具、理财商品的大量进入，我国不仅有从事相关业务的律师、会计师、经济师，入世后还出现了专业的理财师。《中国银行业理财业务发展报告》显示，截至 2013 年 9 月末，理财资金余额 99 182 亿元，相比 2007 年年底的 5 300 亿元，资产规模增长了近 18.7 倍。近年来银行理财平均收益率保持在 4.0% 至 4.5% 之间，远高于同期 CPI，实现了理财客户资产的保值增值，有效维护了投资人利益。银行理财通过投资债券、信托贷款、委托贷款、股权等金融产品，打通了居民储蓄与企业融资之间的渠道，70% 以上的理财资金投向了实体经济，成为实体经济重要的渠道之一。

入世后，我国理财市场发生了巨大变化。从理财商品看，随着外资银行、保险、基金等进入中国，新的理财品种随之而来，我国的投资渠道不像过去那样狭窄了。从理财系统看，过去国内的理财系统非常落后。在国外，如果把数据输入电脑，几十秒钟就会显示出理财方案；而在国内，一套理财方案的设计可能需要 1 周甚至更长时间。日本信托类商品就有5 000多种，业务再精通的理财师也不可能记住每一个品种的具体数据，只能依赖软件。入世后，我国理财软件的开发和应用获得了较大的发展。

入世后，我国理财市场最大的变化还体现在“理财师”这一新职业的兴起。一方面，金融机构和公司内部的理财工作室越来越多，一些知识面广且有一定资历的专业人员成为金融机构和公司的专门理财师；另一方面，一部分公司或客户资源丰富的理财工作室独立进入市场，成立了专门的理财师事务所。国家经济景气监测中心公布的一项调查结果表明，约70%的居民希望自己有理想的理财顾问，50%以上的人愿意支付顾问费。面对理财产品市场的快速发展，理财规划师正变得“供不应求”。

3）理财是公司管理的需要

章首案例说明，运用不同的理财原理，以相同数额资金所得到的回报是不同的。同理，理财是公司管理的需要，采用不同的理财方法，合理分配资金、回避风险、提高效益，是公司的一项十分重要的工作。

知识窗 1-1 **负债经营的财务策略**

负债经营策略，主要依靠举债来实施或发展生产经营，其理财重点在于负债管理。

负债经营策略有两项标志：①持续地提高负债在公司资金中的比重；②提高负债比重的直接目的是增强公司的获利能力。

利用负债经营从财务收益的角度来讲是很有利的，其合理性体现在：①借入资金成本具有节税作用；②借入资金能降低公司加权平均资金成本率；③在公司息税前资金利润率超过负债利率的情况下，负债比重与自有资金利润率成正比；④在通货膨胀的情况下，通过负债经营可将通货膨胀的风险转嫁给债权人。

但负债经营也是有风险的，实施负债经营策略必须注意：①基本前提是公司息税前资金利润率高于负债利率；②密切关注金融市场的变化；③进行详尽的可行性研究，确定合理的负债数额及筹措方式；④运用灵活的手段进行负债管理，以增强这一财务策略的适用性。

1.2 财务活动与财务关系

1.2.1 公司经济活动

公司经济活动，是指公司的生产经营活动，主要包括资金的投入、投放和退出活动，以及公司组织的供应、生产、销售过程的活动。

在资金的投入、投放和退出活动中，资金投入是指资金的筹措，资金投放是指资金的投资和使用，资金退出是指各项税款的上缴和向股东分配利润。

在供应、生产、销售过程的活动中，供应过程是购入生产经营所需的材料物资，形成生产储备的过程，在此过程货币资金转化为储备资金；生产过程是将材料物资投入生产，加工成产成品的过程，要耗费材料、支付工资、发生固定资产使用的折旧费和其他费用，在此过程储备资金、部分货币资金和固定资产的价值转化为生产资金，当在产品加工完成并经验收入库，生产资金转化为成品资金；销售过程是将产成品销售出去并收回销售货款的过程，在此过程成品资金随着销售货款的收回转化为货币资金，这时收到的货款减去销售产品的成本就构成公司的利润，利润的一部分以所得税等形式上缴国家，净利润的一部分分配给投资者。

由此可见，公司的资金随着供产销活动不断改变形态，即从货币资金开始，依次转化为储备资金、生产资金、成品资金、货币资金，这种循环称为资金周转。公司在理财活动中，必须加强对各种资金形态增减变化的监督和管理，以获得良好的资金利用效果。

1.2.2 公司财务活动

公司财务活动，是指公司的资金筹集、资金投放、资金营运和资金分配等一系列行为。

1）资金筹集

资金筹集，是指公司筹措和集中所需资金的过程。按照有关政策的规定，公司可从各种渠道以各种形式筹集资金，这是公司经济活动的起点。

2）资金投放

资金投放，是指公司将筹集的资金投入使用的过程，包括公司内部使用资金的过程（如购置固定资产、无形资产和流动资产等）和对外投放资金的过程（如向其他公司投资设备、在证券市场购买股票等）。公司必须将筹集到的资金及时投入使用，以谋求最大的经济效益。

3）资金营运

资金营运，是指公司为满足日常经营活动的需要而垫支资金，或者因生产经营而收付资金的过程。在一定时期内资金周转越快，资金利用效率越高，公司经济效益越好。

4）资金分配

资金分配，是指公司对利润进行分割和分派的过程。公司通过投放资金而取得的各项收入，要依次弥补生产经营耗费、缴纳流转税和所得税，剩余为净利润，再从净利润中提取公积金和公益金，向投资者分配利润，最后将留存的利润用于扩大再生产。

1.2.3 公司财务关系

公司财务关系，是指公司在组织财务活动过程中与有关各方所发生的经济利益关系。公司财务关系主要包括：

（1）公司与政府之间的财务关系，是指公司按照税法规定向中央和地方政府缴纳各种税款、接受各级政府依法实施的宏观监督所形成的经济关系。这种关系具有无偿性和强制性。

（2）公司与投资者之间的财务关系，是指公司依法接受投资者投入的资金并向其支付投资报酬所形成的经济关系。这是一种受资与投资关系。

（3）公司与债权人之间的财务关系，是指公司向债权人借入资金并按借款合同的规定支付利息和归还本金所形成的经济关系。这是一种债务与债权关系。

（4）公司与受资者之间的财务关系，是指公司以购买股票或直接投资的形式向其他公司投资所形成的经济关系。这是一种投资与受资关系。

（5）公司与债务人之间的财务关系，是指公司将其资金以购买债券、提供借款或商业信用等形式出借给其他单位所形成的经济关系。这是一种债权与债务关系。

（6）公司与其内部的财务关系，是指公司与其内部各部门和员工之间、内部各部门之间在生产经营各环节相互提供产品或劳务，以及公司向员工支付劳动报酬等过程中所形成的经济关系。这是一种公司内部经济利益关系。

如前所述，公司理财是利用价值形式对公司经营活动进行的资金管理，是公司组织财务活动、处理财务关系的一项综合性经济管理工作。

知识窗 1-2　　理财，还是一般的福利？

《财富》杂志公布的2014年美国100家最适宜工作的公司之第2名是软件公司SAS。在榜的100家公司都为员工提供良好的福利待遇。而SAS公司之所以能够连续17年榜上有名，而且连续多年位居榜单前3名，是因为其员工所享受的待遇更加令人惊叹不已，包括现场医疗保健服务、高质量的育儿服务、面向员工子女的儿童夏令营，甚至还有一家美容院和一座占地66 000平方英尺的先进体育场馆。SAS公司的CEO吉姆·古德奈特（Jim Goodnight）认为公司的福利政策带来了宝贵的商业价值，公司最有价值的资产每天都会开车离开公司大门，而他的工作就是确保他们还会回来。事实上，这些最适宜工作的公司给予员工各种福利在使员工更具归属感时也以福利替代部分薪酬而节税，也是一种公司理财方式。

1.3　理财目标与原则

1.3.1　理财目标

1）理财目标的选择

理财目标，是指在特定的理财环境中，通过组织财务活动，处理财务关系所要达到的目的。理财目标主要有以下两种：

（1）利润最大化（或每股盈余最大化）

公司从事生产经营活动的目的是创造更多的剩余价值。只有每个公司都获得最大化的利润，整个社会的财富才可能实现最大化，从而带来社会的进步和发展。通常，利润最大化或每股盈余最大化是公司的目标，也是公司理财的目标。但利润最大化或每股盈余最大化不是一个完全适当的目标：首先，它没有具体指明预期报酬的时间或持续时间。一项从现在起5年后将产生50万元报酬的投资项目，是不是比在未来5年内每年都将产生10万元报酬的投资项目更有价值？这个问题必须应用资金的时间价值原理来回答。其次，它没有考虑预期盈余流入的风险或不确定性。有些投资项目比另一些投资项目的风险要大得多，如果这些项目被采纳，则预期盈余的流入将更加不确定。

（2）公司价值最大化（或股东财富最大化）

公司的目标必然是为其股东或投资者创造价值，理财目标就是公司价值最大化。公司价值体现为公司普通股股票的市场价格或公司的市场价值。公司虽不是一般意义上的商品，但也可以被买卖，要买卖必然要对公司进行市场评价，确定公司的市场价值或者公司价值。在对公司评价时，看重的不是公司已经获得的利润水平，而是公司潜在的获利能力。公司价值不是账面资产的总价值，而是公司全部财产的市场价值，它反映的是公司潜在或预期的获利能力。投资者在评价公司价值时，以投资者预期投资时间为起点，并将未来收入按预期投资时间的同一口径进行折现，这种计算办法考虑了资金的时间价值和风险问题。公司所得的收益越多，实现收益的时间越近，应得的报酬越是确定，则公司价值或股东财富越大。

以公司价值最大化作为理财目标，其优点主要表现在：①考虑了资金的时间价值和投资的风险价值。②反映了对公司资产保值增值的要求。在某种意义上，股东财富越多，公司价值就越大。③有利于克服管理上的片面性和短期行为，促使公司的资产保值或增值。④有利于社会资源合理配置。社会资金通常流向公司价值最大化或股东财富最大化的公司或行业，有利于实现社会效益最大化。

本书的统一主题是价值创造，对理财目标的选择是公司价值最大化或股东财富最大化。

2）理财目标的协调

（1）所有者与经营者矛盾的协调

所有者与经营者的矛盾：所有者的目标是公司价值最大化，经营者的目标是更多地增加享受成本（如工薪、奖金和其他待遇）。所有者与经营者矛盾的协调：所有者应采取让经营者的报酬与绩效相联系的办法，并辅之以相应的监督措施。

（2）所有者与债权人矛盾的协调

所有者与债权人的矛盾：所有者为了追求公司价值最大化，可能要求经营者投资风险高的项目或举借新债；债权人为了自身本息的安全，会反对高风险的公司行为。所有者与债权人矛盾的协调：债权人可在借款合同中加入某些限制性条款以保护自身的利益。

1.3.2　理财原则

1）成本效益原则

成本效益原则要求公司在理财中讲求投入和产出的比较，要求以尽可能少的资金垫支和劳动消耗，创造出尽可能多和尽可能好的劳动成果，满足社会不断增长的物质生活和文化生活的需要。

2）风险收益原则

风险收益原则要求公司不能不顾风险地追求最大收益，而应使风险和收益适当均衡，并采取措施分散风险，趋利避害，在此前提下提高利润率，争取最大收益。

3）总体平衡原则

总体平衡原则要求公司既要提高公司的营运能力和盈利程度，又要保持良好的支付和偿债能力。要求公司做到统筹兼顾，合理运用资金，保证公司资金收支平衡和良好的财务状况。

4）依法理财原则

依法理财原则要求公司遵守国家的法律、法规、准则和有关制度的规定，自觉接受国家有关部门的检查和监督。

5）权责利结合原则

权责利结合原则要求公司对内部各个部门、各个岗位，明确经济责任、赋予相应权力、给予适当经济利益，协调好各个部门的分配关系，做到权责利有机结合。

知识窗 1-3　　**投资必须快人一步**

投资冷门常可以风潮一起而成为抢手货，风潮一起就追涨自然可以赚上一笔。但想大赚一笔必须在市场还没有形成风潮前就预计到可能发生的变化，从而在低价位投资。投资必须快人一步才能赢得先机，所谓“一分心力，一分收获”，这就要求投资者先进行投资研究，并能够准确判断投资趋势。

1.4 理财的环境

理财的环境是指对公司理财产生影响作用的公司内外部条件。公司必须以理财环境为依据，在理财环境不断发展变化的前提下，组织权宜应变，制定与之相应的理财策略。影响公司理财的外部环境主要有经济环境、法律环境和金融环境。

1.4.1 理财的经济环境

经济环境是指影响公司理财的各种经济因素，主要包括经济周期、经济发展水平和经济政策等。经济周期是指经济活动沿着经济发展的总体趋势所经历的有规律的扩张和收缩。经济发展大体经历周期性的繁荣、衰退、萧条和复苏四个阶段。经济发展水平是指与经济增长相应的社会经济各个方面的发展水平，包括人均 GDP、社会结构、人口素质和生活质量等。经济政策是指国家制定的解决经济问题的指导原则和措施，包括财政政策、货币政策、产业政策和收入分配政策等。

1.4.2 理财的法律环境

法律环境是指影响公司理财的各项法律规范和市场规则等法律制度。理财相关法律制度可划分为国家法规和公司制度两个层次。

第一层次，国家制定的有关理财的法规，主要包括：

①财务会计法律制度，如《中华人民共和国会计法》、《企业会计准则》、《企业财务通则》、《小企业会计制度》等。

②税收法律制度，如《中华人民共和国税收征收管理法》、《中华人民共和国企业所得税法》、《中华人民共和国增值税暂行条例》、《中华人民共和国营业税暂行条例》等。

③金融证券法律制度，如《中华人民共和国票据法》、《中华人民共和国证券法》、《中华人民共和国保险法》、《中华人民共和国现金管理暂行条例》、《中华人民共和国外汇管理条例》、《支付结算办法》等。

④其他法律制度，如《中华人民共和国公司法》、《中华人民共和国企业破产法》、《中华人民共和国合同法》、《中华人民共和国担保法》、《中华人民共和国仲裁法》、《中华人民共和国公司登记管理条例》等。

第二层次，公司根据国家有关的法规并结合自身生产经营特点和管理要求而制定的各项内部管理制度，如《公司财务管理办法》、《公司固定资产管理规定》等。

1.4.3 理财的金融环境

金融环境是指影响公司理财的各项金融政策。金融环境是公司理财的主要环境因素，可从金融机构、金融市场和利率三个方面来理解。

1）金融机构

金融机构包括银行和非银行金融机构。

银行是指经营存款、放款、汇兑、储蓄等金融业务，承担信用中介的金融机构。非银行金融机构是指发行股票和债券、接受信用委托、提供保险等形式筹集资金，并将所筹资金运用于长期性投资，承担信用中介的金融机构。

我国的银行主要包括：①中央银行，即中国人民银行；②国有商业银行，如中国工商银行、中国农业银行、中国银行和中国建设银行；③国家政策性银行，如中国进出口银行、国家开发银行等；④其他银行，如交通银行、中信实业银行、广东发展银行、招商银行、中国光大银行等。银行的主要职能是充当信用中介、充当公司之间的支付中介、提供信用工具、充当投资手段和充当国民经济的宏观调控手段。

非银行金融机构主要包括信托投资公司和租赁公司等。信托投资公司，如中国国际信托投资公司，主要办理信托存款和信托投资业务，在国外发行债券和股票，办理国际租赁等。租赁公司，介于金融机构与普通公司之间，先筹集资金购买各种租赁物，然后出租给普通公司，经营租赁等于向普通公司提供短期资金，融资租赁等于向普通公司提供中长期资金。

2）金融市场

金融市场是指供资金供应者和需求者通过信用工具交易以融通资金的市场。它是实现货币借贷和资金融通以及办理各种票据和进行有价证券交易活动的市场；它是以资金为交易对象的市场，将资金作为一种“特殊商品”；它可以是有形的市场（有固定的场所和工作设备，如银行、证券交易所），也可以是无形的市场（如利用电脑、电传、电话等设施通过经纪人进行资金商品交易活动，可以跨越城市、地区和国家）。金融市场主要由外汇市场、资金市场（货币市场、资本市场）和黄金市场组成。

3）利率

利率是指资金的增值额同投入资金价值的比率，是衡量资金增值程度的数量指标。资金作为一种特殊商品，要以利率作为价格标准。因此，利率在资金分配及公司财务决策中起着重要作用。按照不同的标准可以对利率进行如下分类：

（1）按利率之间的变动关系可将利率分为基准利率和套算利率。基准利率是指在多种利率并存的条件下起决定作用的利率。所谓起决定作用，是指这种利率发生变动，其他利率也相应变动。基准利率，在国际上通常是中央银行的再贴现率，在我国是中国人民银行对商业银行贷款的利率。套算利率是指在基准利率确定后，各金融机构根据基准利率和借贷款项的特点而换算出的利率。例如，某金融机构规定贷款 AAA 级、AA 级、A 级公司的利率应分别在基准利率基础上加 0.5%、1%、1.5%，这样加总计算所得的利率便是套算利率。

（2）按利率与市场资金供求情况的关系可将利率分为固定利率和浮动利率。固定利率是指在借贷期内固定不变的利率。受通货膨胀的影响，实行固定利率会使债权人利益受到损害。浮动利率是指在借贷期内可以调整的利率。在通货膨胀条件下，采用浮动利率可以减少债权人的损失。

（3）按利率变动与市场的关系可将利率分为市场利率和法定利率。市场利率是指随资金市场供求关系自由变动的利率。法定利率是指由政府金融管理部门或中央银行确定的利率。

（4）按利率变动与当前多种因素的关系可将利率分为纯利率、通货膨胀补偿率（或称通货膨胀贴水）、风险报酬率。其中，风险报酬率又分为违约风险报酬率、流动性风险报酬率和期限风险报酬率三种。多种因素，是指除供给与需求这两个因素外的经济周期、通货膨胀、国家货币政策和财政政策、国际经济政治关系、国家利率管制等因素。

计算利率的一般公式可表示如下：

利率＝纯利率＋通货膨胀补偿率＋风险报酬率

＝纯利率＋通货膨胀补偿率＋违约风险报酬率＋流动性风险报酬率＋期限风险报酬率

知识窗 1-4 **中国入世后的变化**

(1) 以国家或区域为界的市场势必逐渐开放，世界统一市场终将形成。资源在全球范围的有效分配越来越重要。

(2) 融资市场扩大，外资金融机构可向中国企业提供服务，外国证券公司逐渐进入境内从事股票、债券的承销业务；企业竞争加剧，电信等产业将向外资开放；进口关税降低，各种非关税措施将逐渐取消；财务管理和会计核算要按国际通行规则进行，财务信息要规范化、透明化。

(3) 政府控制金融交易的比重会逐步下降，企业和个人理财者控制的金融交易会逐步增加，金融交易的形式也会更加多样化。法律环境的变化主要是税收的变化。税收的合理性将会改善，税收法规会随着政治和社会目标的变化而经常修订。税收对财务决策的影响会越来越大，每个理财者都会感受到越来越重要的纳税影响。

(4) 要严格遵守知识产权保护协议，在财务上要做好无形资产与人力资本估价、转让、折股与收益的财务处理工作。

课堂思考

加加食品总部在湖南长沙，主要产品是酱油。由于广东的气候更适合酿制酱油（主要是老抽），因此占据一线城市市场的都是广式酱油厂商。加加则避开一线城市，把重点放在二三线城市及县乡一级的市场。

加加目前在全国拥有 1 200 家总经销商，覆盖了全国 80% 以上的县。由它们把加加的产品批发给终端的零售店、超市、商场及农贸市场。这一策略带来的另一个优势是，由于在这些总经销商中，9 成以上都是中小经销商，议价能力不强，因此加加严格执行“先款后货”的方式。最终，加加不仅“应收账款”很少（占当年销售收入的 1%），而且还有许多预收账款（2010 年年末达 1. 15 亿元，相当于当年的月均收入）。

2010 年加加酱油毛利率很高，可达 33%，酱油为它带来了一半的收入，却贡献了七成的毛利。然而，加加另一个主要产品是“食用植物油”，其毛利率只有 12%，但它却占到加加收入的四成。介入这一业务的目的是，利用酱油营销网络，以及同属厨房食品的高度关联性，发挥协同效应，减少物流成本，创造更大效益。其基本原则是在控制风险的前提下，保证合理利润，不以追求产销规模为目的，加快产品周转，快速转移价格波动风险。特别是对加加而言，原材料的价格波动对公司影响很大。酱油和食用油的原材料占生产成本的比重分别达到五成和九成。这也是造成公司在供应商那里押款较多的原因，2010 年期末预付款就占流动资产的 31%。但是，加加的资产运营效率依然很高。相对其他同类上市公司—恒顺醋业、新赛股份、莲花味精等，加加每一元资产所能创造的收入为 1. 7 元，而其他公司则都不到 1 元。

资料来源 材料整理自 http：//tech. 163. com/14/0322/10/9NUDMG9100094ODU. html.

思考：加加食品在企业经营过程中涉及哪些理财原则？

温故知新

【本章小结】

19 世纪末，随着公司投资主体的增加、经营规模的扩大，公司与外部经济联系逐渐增多，理财活动日趋频繁和复杂。这时，理财活动逐渐从公司管理者活动中分离出来，成为一项独立的工作。理财学也正是在这样的经济环境中从经济学中分离出来，成为一门独立的管理学科。公司财务活动是指公司的资金筹集、资金投放、资金使用、资金收回和分配等一系列行为，它包括筹集资金、投放资金、营运资金和分配资金等四个方面的活动内容。理财目标是指在特定的理财环境中，通过组织财务活动处理财务关系所要达到的目的，即公司价值最大化（或股东财富最大化）。理财的环境包括经济环境、法律环境和金融环境。

【关键点】

概念：理财活动　公司理财　公司经济活动　公司财务活动　理财目标　成本效益原则　风险收益原则　总体平衡原则　理财环境　经济环境　法律环境　金融环境

观念：供产销过程　公司财务关系　资金的循环和周转　利润最大化　公司价值最大化　所有者与经营者的矛盾协调　所有者与债权人的矛盾协调　金融机构的内容　金融市场的内容　利息率的分类　利率的计算原理

【理解与应用】

1）选择题

（1）理财活动是（　　）条件下公司的一项最基本、最重要的管理活动。

A. 计划经济　　B. 商品经济　　C. 市场经济　　D. 资本主义市场经济

（2）（　　），理财活动逐渐从公司管理者活动中分离出来，成为一项独立的工作。

A. 15 世纪末　　B. 18 世纪　　C. 19 世纪末　　D. 17 世纪末至 18 世纪初

（3）19 世纪末至 20 世纪初，公司发展面临的主要问题是如何获取生产经营所需的资金，（　　）成为公司理财的核心问题。

A. 资金运用　　B. 资金筹集　　C. 资本有效配置　　D. 资产管理

（4）20 世纪末至今，西方理财活动已渗透到公司生产经营的各个方面，理财的研究范围已扩展到（　　）等重大问题。

A. 最佳资本结构　　B. 跨国理财　　C. 投资组合理论　　D. 风险的评估与预防

（5）供应过程是购入生产经营所需的材料物资、形成生产储备的过程，在此过程货币资金转化为（　　）。

A. 储备资金　　B. 成品资金　　C. 生产资金　　D. 货币资金

（6）（　　）是指公司为满足日常经营活动的需要而垫支资金，或者因公司生产经营而收付资金的过程。

A. 资金投放　　B. 资金筹集　　C. 资金营运　　D. 资金分配

（7）公司的资金随着供产销活动不断改变形态，即从货币资金开始，依次转化为（　　）、（　　）、（　　）、（　　），这样不断的循环称为资金周转。

A. 生产资金　　B. 货币资金　　C. 储备资金　　D. 成品资金

（8）（　　）与公司的经济关系是财务关系。

A. 主管政府部门　　B. 分公司　　C. 员工　　D. 供应商　　E. 客户

（9）（　　）要求公司既要提高公司的营运能力和盈利程度，又要保持良好的支付和偿债能力。

A. 权责利结合原则 B. 总体平衡原则 C. 成本效益原则 D. 风险收益原则

(10)（ ）要求公司在理财中讲求投入和产出的比较，以尽可能少的资金垫支和劳动消耗创造出尽可能多和尽可能好的劳动成果，满足社会不断增长的物质和文化生活需要。

A. 权责利结合原则 B. 总体平衡原则

C. 成本效益原则 D. 风险收益原则

(11) 以（ ）作为财务目标考虑了资金的时间价值和投资的风险价值。

A. 利润最大化 B. 每股盈余最大化

C. 公司价值最大化 D. 股东财富最大化

(12) 公司价值可以体现为（ ）。

A. 账面资产价值 B. 普通股市场价格

C. 潜在获利能力 D. 已获利润水平

(13) 按利率与市场资金供求情况的关系可将利率分为（ ）。

A. 浮动利率和固定利率 B. 基准利率和套算利率

C. 市场利率和法定利率 D. 纯利率、通货膨胀补偿率和风险报酬率

(14) 在通货膨胀条件下，采用（ ）可减少债权人的损失。

A. 套算利率 B. 市场利率 C. 固定利率 D. 基准利率

(15) 下列单位属于金融机构的有（ ）。

A. 信托投资公司 B. 租赁公司 C. 财务公司 D. 证券公司

(16) 金融市场主要由（ ）组成。

A. 货币市场 B. 黄金市场 C. 资本市场 D. 外汇市场

E. 证券市场 F. 产品市场

2）问答题

(1) 理财作为一门独立的学科是怎样产生的？

(2) 为什么理财是市场经济的需要？

(3) 为什么理财是公司管理的需要？

(4) 公司的经济活动主要包括哪些？它们之间有什么联系？

(5) 公司财务活动四方面内容之间有怎样的联系？

(6) 公司财务关系的主要内容是什么？

(7) 理财可选择的目标有哪些？对它们进行比较。

(8) 理财目标应当如何协调？

(9) 理财的原则有哪些？为什么要遵循这些原则？

(10) 理财环境包括哪些方面？

(11) 理财的金融环境包括哪些因素？

(12) 理财的法律制度主要有哪些种类？

3）案例分析

从网络或报刊找一个现实的理财案例，分析其理财目标和选择原则。

技能强化实训

实训目的

基本能力点：掌握理财与公司管理的关系。

能力拓展点：理解理财的重要意义。

实训课题

体会理财在公司管理中的作用。

实训组织

实训地点：某公司。

实训内容：了解该公司的理财情况。

实训成果：调研报告。

自我评价：分析自己在实训中的得失。

下章预习要点

概念：资金时间价值　一次性收付款项终值　一次性收付款项现值　普通年金终值　普通年金现值　递延年金现值

观念：单利与复利的区别　一次性收付款项的范围　年金的基本形式　偿债基金　资本回收额

第 2 章

基本观念：资金时间价值

学习目标

知识目标：掌握资金时间价值、单利、复利、年金、现值和终值的概念；明确各种年金的内涵及名义利率和实际利率的关系；了解资金时间价值观念对提高公司理财水平的意义。

技能目标：掌握复利以及各种年金的终值和现值的计算方法；能够进行利率、期间和各种系数之间的推算；会用各种现值和终值的原理解决理财决策中的问题。

能力目标：能运用资金时间价值观念进行财务管理活动和投融资决策。

理念导引

年初 1 元钱大于年末 1 元钱

某公司将 1 万元货币存入银行。在假定年利率为 10% 的情况下，1 年后该笔存款的本金与利息总和为 11 000 元。这多出的 1 000 元就是资金的增值额。某公司准备在 5 年后更新某项设备，预计需要资金 50 万元。为此，该公司准备在 5 年内每年等额存入银行一笔资金，5 年后将本金和利息用于购置设备。很明显，该公司每年存入银行的款项可以少于 10 万元。

讨论：资金的价值为什么会随时间变化？

2.1　资金时间价值概述

2.1.1　资金时间价值的概念

资金时间价值是公司理财的一个重要概念，也是公司理财决策必须考虑的重要因素。

资金时间价值，是指一定量资金在不同时点上的价值量的差额。资金时间价值是客观存在的经济范畴。在不考虑风险和通货膨胀的条件下，一定数量的货币资金在不同时点上具有不同的价值。以上案例充分说明，随着时间的推移，周转使用中的资金价值会发生增值，年初 1 元钱的价值大于年末 1 元钱的价值。

资金时间价值是商品经济和借贷关系高度发展的产物，是资金所有者和使用者分离的结果，其实质是资金因周转使用而产生的增值额，是劳动者所创造的剩余价值。

在商品经济高度发展的条件下，资金所有者将资金让渡给使用者，资金使用者将资金投入再生产过程以获取利润，再将所获利润的一部分作为资金的使用费支付给资金所有者。这就是资金增值额的真实来源。

2.1.2 单利和复利

1）单利

单利是指只按本金计息，每期利息（年、半年、季或月，下同）不加入本金增算次期利息的一种利息计算方法，即本生利。单利的计算公式如下：

单利＝本金×利率×期数

业务窗2-1

向银行存入3年期的定期储蓄存款1 000元，利率5%（无特指通常为年利率），按单利计算到期利息。

第一年利息＝1 000×5%＝50（元）

第二年利息＝1 000×5%＝50（元）

第三年利息＝1 000×5%＝50（元）

3年合计利息＝50×3＝150（元）

或 利息＝1 000×5%×3＝150（元）

2）复利

复利是指将每期利息加入次期本金再计利息，逐期滚算，利上加利的一种利息计算方法，即本生利、利滚利。复利的计算公式如下：

复利＝本金×（1+利率）^{期数}－本金

业务窗2-2

资料同业务窗2-1，按复利计算到期利息。

第一年利息＝1 000×5%＝50（元）

第二年利息＝1 050×5%＝52.50（元）

第三年利息＝1 102.50×5%＝55.125（元）

3年合计利息＝50+52.50+55.125＝157.625（元）

或 利息＝1 000×(1+5%)^{3}－1 000＝157.625（元）

2.1.3 资金时间价值的意义

我国过去曾长期忽视资金时间价值的运用，导致资金使用效率低下，给经济工作带来许多危害，如国拨资金无偿使用、固定资产闲置、流动资金占用过多、项目建设工期长等导致投资回收慢、投资效果差。改革开放以来，我国实行社会主义市场经济，逐步开放各种资金市场，建立各种形式的金融机构，实行商业信用等多种信用方式，运用债券、股票、本票、商业票据等多种信用工具，货币借贷关系普遍存在。由此看来，我国不仅有资金时间价值存在的客观基础，而且有充分运用它的迫切性。

把资金时间价值观念引入公司理财活动，在资金筹集、运用和分配等各方面充分考虑资金的时间价值因素，可使筹资、投资、分配决策更科学合理，有利于提高财务管理水平。

2.2 一次性收付款项的时间价值

为计算方便，先设定如下符号所代表的内容：I表示利息；P表示现值；F表示终值；

i 表示每一利息期的利率（或折现率）；n 表示计算利息的期数。

2.2.1 单利的终值和现值

资金的时间价值原则上是按复利计算的。为了便于同复利计算相比较，加深对复利的理解，在此先介绍单利的计算。

1）单利的终值

终值又称将来值，是指现在一定数额的现金在未来某一时点上的价值。单利终值的计算公式为：

$$F=P+P\cdot i\cdot n=P\ (1+i\cdot n)$$

业务窗 2-3

某人持有一张票面利率为 5% 的带息票据，面额为 4 000 元，出票日期为 9 月 1 日，期限为 3 个月，计算该持有者到期可得的本利。

$$F=4\ 000\times\left(1+5\%\times\frac{3}{12}\right)=4\ 050\ (\text{元})$$

除非特别指明，在计算利息时，按月计的全年为 12 个月，按天计的全年为 360 天。

2）单利的现值

现值又称本金，是指未来某一时点上的一定量现金折合到现在的价值。单利现值的计算同单利终值的计算是互逆的，由终值计算现值称为折现（或贴现）。单利现值的计算公式为：

$$P=\frac{F}{1+i\cdot n}$$

业务窗 2-4

某人希望在 5 年后取得 10 万元，用以购买小轿车。按单利计算此人现在需向银行存入的本金数额（假设利率为 5%）。

$$P=\frac{100\ 000}{1+5\%\times5}=80\ 000\ (\text{元})$$

2.2.2 复利的终值和现值

1）复利的终值

复利终值是指一定量的本金按复利计算，若干期后的本利和。复利终值的计算公式为：

$$F=P\cdot(1+i)^n$$

式中：$(1+i)^n$ 通常称作“一次性收付款项终值系数”，简称“复利终值系数”，用符号（F/P，i，n）表示。复利终值系数可直接查阅附录“复利终值系数表”获得。

上式亦作：

$$F=P\cdot(F/P,\ i,\ n)$$

业务窗 2-5

某人将 30 000 元存于银行，年存款利率为 5%，计算 3 年后的本利和。

$$F=30\ 000\times(1+5\%)^3=30\ 000\times1.157625=34\ 728.75\ (\text{元})$$

2）复利的现值

复利现值是指今后某一特定时间收到或付出的一笔款项，按折现率所计算的现在时点的价值。复利现值是复利终值的逆运算，其计算公式为：

$$P=\frac{F}{(1+i)^n}$$

或 $P=F\cdot(1+i)^{-n}$

式中：$(1+i)^{-n}$通常称作“一次性收付款项现值系数”，简称“复利现值系数”，用符号（P/F，i，n）表示，可直接查阅附录“复利现值系数表”获得。

上式亦作：

$$P=F\cdot(P/F, i, n)$$

业务窗 2-6

某人预计 5 年后可获得 5 万元现金，假设年利率（折现率）为 5%，计算其现值。

P=50 000×（P/F，5%，5）=50 000×0.7835=39 175（元）

2.3　年金的终值和现值

2.3.1　普通年金的终值和现值

年金是指一定时期内每次等额收付的系列款项，通常记作 A。年金，按其每次收付发生的时点不同，可分为普通年金、即付年金、递延年金、永续年金等四种。

在现实经济生活中，除了一次性收付款项，还存在一定时期内多次收付款项，即系列收付款项。如果每次收付的金额相等，则这样的系列收付款项就是年金，如保险费、折旧费、租金、等额分期收款、等额分期付款，以及零存整取或整存零取储蓄等。

1）普通年金的终值

普通年金又称后付年金，是指一定时期内每期期末等额收付的系列款项。年金终值是指一定时期内每期期末收付款项的复利终值之和，如零存整取的本利和。利用复利终值公式，可以计算出普通年金的每期收付款项的终值，然后相加即得普通年金终值，但是，这样计算非常麻烦，所以需要年金的直接计算公式，经推导（推导过程略），普通年金终值的计算公式为：

$$F=A\cdot\left[\frac{(1+i)^n-1}{i}\right]$$

式中：方括号部分通常称作“年金终值系数”，记作（F/A，i，n），可直接查阅附录“年金终值系数表”获得。

上式亦作：

$$F=A\cdot(F/A, i, n)$$

业务窗 2-7

某项目在 5 年建设期内每年年末向银行借款 150 万元，借款年利率为 10%，计算竣工时应付本息的总额。

F=150×（F/A，10%，5）=150×6.1051≈915.77（万元）

2）普通年金的现值

普通年金现值是指一定时期内每期期末收付款项的复利现值之和。利用复利现值公式计算出普通年金每期收付款项的现值再相加即得普通年金现值，但这样计算非常麻烦。经推导（推导过程略），普通年金现值的计算公式为：

$$P=A\cdot\left[\frac{1-(1+i)^{-n}}{i}\right]$$

式中：方括号部分称作“年金现值系数”，记作（P/A，i，n），可直接查阅附录“年金现值系数表”获得。

上式亦作：

$$P=A\cdot(P/A,i,n)$$

业务窗 2-8

某公司租入甲设备5年，每年年末需要支付租金50万元，利率为10%，计算租赁期内应支付租金总额的现值。

$$P=50\times(P/A,10\%,5)=50\times3.7908=189.54\text{（万元）}$$

3）年偿债基金和年资本回收额

（1）年偿债基金。年偿债基金是指为了在约定的未来某时点清偿某笔债务或积聚一定数额的资金而分次等额提取的存款准备金。年偿债基金的计算实际上是年金终值的逆运算，即已知年金终值F而求年金A。其计算公式为：

$$A=F\cdot\frac{1}{(F/A,i,n)}$$

或 $A=\dfrac{F}{(F/A,i,n)}$

式中：“偿债基金系数”，可按年金终值系数的倒数推算出来。

业务窗 2-9

假设某公司5年后要还清一笔1 500万元的借款，为此建立偿债基金账户，利率10%，计算每年年末应存入该账户的金额。

$$A=\frac{F}{(F/A,10\%,5)}=\frac{1\ 500}{6.1051}\approx245.70\text{（万元）}$$

（2）年资本回收额。年资本回收额是指在给定的年限内每年等额回收或清偿初始投入资本或所欠债务的金额。年资本回收额的计算是年金现值的逆运算，即已知年金现值P而求年金A。其计算公式为：

$$A=P\cdot\frac{1}{(P/A,i,n)}$$

或 $A=\dfrac{P}{(P/A,i,n)}$

式中：“资本回收系数”，可按年金现值系数的倒数推算出来。

业务窗 2-10

某公司准备现在向银行借款2 000万元，在10年内每年等额偿还，利率为10%，计算该公司每年年末应付的金额。

$$A=\frac{2\ 000}{(P/A,10\%,10)}=\frac{2\ 000}{6.1446}\approx325.49\text{（万元）}$$

2.3.2 即付年金的终值和现值

1）即付年金的终值

即付年金又称先付年金，是指一定期间内每期期初等额收付的系列款项。即付年金的终值是指一定期间内每期期初收付款项的复利终值之和。

即付年金的终值与普通年金的终值之间是期数加 1 或系数减 1 的关系。利用普通年金终值的计算公式可推导出计算即付年金终值的两个公式：

F=A·（F/A，i，n）·（1+i）

该式以 n 期普通年金终值为基础按期数加 1 的关系计算。

F=A·［（F/A，i，n+1）−1］

该式以 n+1 期普通年金终值为基础按系数减 1 的关系计算。

业务窗 2-11

某公司准备建立一项风险基金，假设公司于每年年初存入 100 万元，利率为 10%，计算 5 年后公司能一次取出的风险基金数额。

F=100×（F/A，10%，5）×（1+10%）=100×6.1051×1.1≈671.56（万元）

或　F=100×［（F/A，10%，6）−1］=100×（7.7156−1）=671.56（万元）

2）即付年金的现值

即付年金的现值是指一定期间内每期期初收付款项的复利现值之和。即付年金的现值与普通年金的现值之间是期数减 1 或系数加 1 的关系。利用普通年金现值的计算公式可推导出计算即付年金现值的两个公式：

P=A·（P/A，i，n）·（1+i）

该式以 n 期普通年金现值为基础按期数减 1 的关系计算。

P=A·［（P/A，i，n−1）+1］

该式以 n−1 期普通年金现值为基础按系数加 1 的关系计算。

业务窗 2-12

某公司因生产需要租入一台设备，租期 5 年，按租赁协议每年年初支付 10 万元租金，利率 10%，计算该公司该项支出相当于现在一次性支出的金额。

P=10×（P/A，10%，5）×（1+10%）=10×3.7908×1.1≈41.70（万元）

2.3.3　递延年金的现值

递延年金是普通年金的特殊形式。它是指第一次收付款发生时间不在第一期期末，而是隔若干期后才开始发生的系列等额收付款项。

递延年金的现值是在若干期后开始每期收付款项的现值之和。利用普通年金现值的计算公式可推导出计算递延年金现值的两个公式：

如图 2-1 所示，建立期数横轴坐标（与表 2-1 意义相同）：

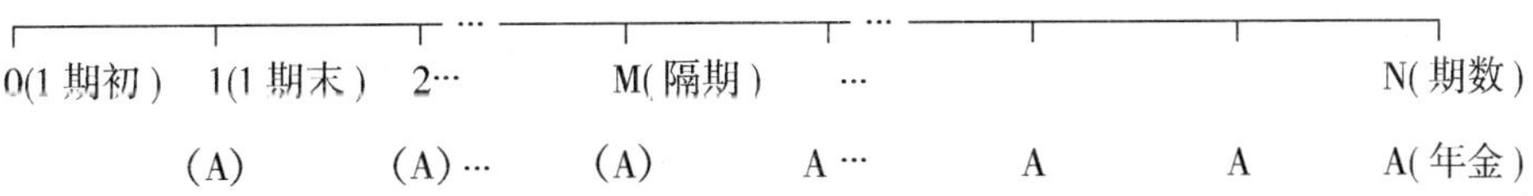

图 2-1　递延年金示意图

P=A·（P/A，i，n）·（P/F，i，M）

P=A·（P/A，i，N）−A·（P/A，i，M）

或　P=A·［（P/A，i，N）−（P/A，i，M）］

式中：N 表示递延年金总期数；M 表示递延年金的间隔期数；n 表示递延年金发生期数（n=N−M）。

前式将递延年金现值分解成 n 期普通年金和 M 期一次性款项两段计算；后式将递延年金现值分解成 N 期普通年金（递延年金+年金 A）和 M 期普通年金（年金 A）两段计算。见表 2-1。

表 2-1 **计算表**

年限	0	1	2	…	M	M+1	…	N-1	N
年金		（A）	（A）	（A）	（A）	A	A	A	A

备注：0 为年初；1 为第 1 年年末；（A）为假设 M 期年金；A 为递延年金

业务窗 2-13

某公司拟年初在银行建立一笔基金，以便能自第 6 年至第 10 年每年年末取出 5 万元偿付债务，假设银行存款利率为 10%，计算该公司应在最初一次存入的金额。

$P=50\ 000\times(P/A,\ 10\%,\ 5)\times(P/F,\ 10\%,\ 5)=50\ 000\times3.7908\times0.6209\approx117\ 690$（元）

或 $P=50\ 000\times[(P/A,\ 10\%,\ 10)-(P/A,\ 10\%,\ 5)]=50\ 000\times(6.1446-3.7908)=117\ 690$（元）

递延年金一般不计算终值，如需计算，可将递延年金发生期数 n 直接代入普通年金终值的计算公式来求得。

2.3.4 永续年金的现值

永续年金也是普通年金的特殊形式。它是无限期等额收付的特种年金，即期限趋于无穷的普通年金。永续年金持续期无限，没有终止的时间，因此没有终值，只有现值。

在理财实务中，存本取息和利率较高、持续期限较长的年金视同永续年金计算。由普通年金现值的计算公式可推导出永续年金现值的计算公式：

$$P=\frac{A}{i}$$

业务窗 2-14

某人长期持有某公司优先股 100 股，每年每股固定股利为 1.5 元，假设银行利息率为 10%，对该项股票进行估价。

$$每股价值=\frac{1.5}{10\%}=15（元）$$

总价值 = 100×15 = 1 500（元）

2.4 期间和利率的推算

2.4.1 期间的推算

在已知 F、P、i 或 P、A、i 的情况下，可以推算期间 n。推算期间的基本步骤如下：

第一步，计算出某系数（如复利终值系数、复利现值系数、年金终值系数、年金现值系数）的值 a。

第二步，查相应的系数表，沿着已知 i 所在列纵向查找，若能找到恰好等于 a 的系数值，则其对应的 n 值即为所求的期间值。

第三步，若在系数表中找不到恰好等于 a 的系数值，则查找最接近 a 的两个系数值 s_1、s_2（a 位于 s_1 和 s_2 之间）及其分别对应的 n 值（n_1、n_2），然后用插值法求 a 对应的 n 值。

由于 a 对应 n，s_1 对应 n_1，s_2 对应 n_2，且存在如下比例关系：

$$\frac{n_1-n}{n_1-n_2}=\frac{s_1-a}{s_1-s_2}$$

利用插值法推算期间的计算公式为：

$$n=\frac{s_1-a}{s_1-s_2}\times(n_2-n_1)+n_1$$

业务窗 2-15

已知 P=3 000，A=500，i=10%，求期数 n。

$$P=A\cdot(P/A, i, n)$$

$$3\ 000=500\times(P/A, 10\%, n)$$

$$(P/A, 10\%, n)=\frac{3\ 000}{500}=6$$

查普通年金现值系数表。在 i=10% 的列上纵向查找，无法找到恰好为 6 的系数值，于是将最接近 6 的两个系数值及其分别对应的期数（$s_1=5.7590$，$n_1=9$；$s_2=6.1446$，$n_2=10$）代入插值法计算公式：

$$n=\frac{5.7590-6}{5.7590-6.1446}\times(10-9)+9\approx9.6\text{（期）}$$

2.4.2　利率的推算

在已知 F、P、n 或 P、A、n 的情况下，可以推算利率 i。推算步骤基本同上，不同的是：若找不到恰好等于 a 的系数值，则查找最接近 a 的两个系数值 s_1、s_2（a 位于 s_1 和 s_2 之间）及其分别对应的 i 值（i_1、i_2），然后用插值法求 a 对应的 i 值。

利用插值法推算利率的计算公式就是将利用插值法推算期间的计算公式中的 n 替换为 i：

$$i=\frac{s_1-a}{s_1-s_2}\times(i_2-i_1)+i_1$$

业务窗 2-16

某公司于第一年年初借款 35 000 元，每年年末还本付息 5 000 元，连续 10 年还清。计算其借款利率。

$$P=A\cdot(P/A, i, n)$$

$$35\ 000=5\ 000\times(P/A, i, 10)$$

$$(P/A, i, 10)=\frac{35\ 000}{5\ 000}=7$$

查普通年金现值系数表。在 n=10 的行上横向查找，无法找到恰好为 7 的系数值，于是将最接近 7 的两个系数值及其分别对应的期数（$s_1=7.0236$，$i_1=7\%$；$s_2=6.7101$，$i_2=8\%$）代入插值法计算公式：

$$i=\frac{7.0236-7}{7.0236-6.7101}\times(8\%-7\%)+7\%\approx7.08\%$$

2.4.3　名义利率和实际利率的换算

通常情况下，已知的利率是指每年复利一次的年利率，也就是实际利率。但在实务中，复利的计息期不一定是年，还有可能是半年、季度、月或日。比如，某些借款按季计息，某些抵押贷款按月计息等。每年复利次数超过 1 次的年利率叫做名义利率，这种情况下的实际利率大于名义利率，它等于年内按复利次数计算的利息之和与本金的比率。1 年内复利多次时，可采取两种方法计算资金的时间价值。

方法一，将名义利率调整为实际利率再计算资金的时间价值。调整公式如下：

$$i=\left(1+\frac{I}{m}\right)^{m}-1$$

式中：i 表示实际利率；I 表示名义利率；m 表示每年复利次数。

方法二，将名义利率按年内复利次数计算为平均利率，将期数 n 换算为总期数 nm，再计算资金的时间价值。

业务窗 2-17

某公司现在存入银行 50 万元，利率 10%，每季度复利一次，计算 10 年后该公司能取出的本利和。

$$i=\left(1+\frac{10\%}{4}\right)^{4}-1\approx 10.38\%$$

$$F=P\cdot(F/P,\ i,\ n)=50\times(1+10.38\%)^{10}\approx 134.24\ (\text{万元})$$

如将数据代入方法二：

$$F=P\cdot\left(F/P,\ \frac{I}{m},\ nm\right)=P\cdot\left(1+\frac{I}{m}\right)^{nm}=50\times\left(1+\frac{10\%}{4}\right)^{10\times4}\approx 134.24\ (\text{万元})$$

知识窗 **把钱交给别人**

中国人很难接受“把钱交给别人用”，更难以接受“赚赔的风险还要由自己负担”。然而，这正是当代投资的潮流。全世界的投资渠道、投资工具日益多样化，收集各种信息要做到准确、全面将更加困难，收集成本也越来越高，单个投资者在市场上很难常立不败之地。因此，把资金委托给其他人，或购买受益凭证，或组建共同基金，成为投资的新思路之一。

课堂思考

陈先生 2013 年在工作所在城市购买一套家庭住房，贷款 60 万元，贷款年限为 20 年，假如还款方式为等额本息还款，即贷款按每月以相等的额度平均偿还贷款本息，贷款年利率为 6.55%。

思考：陈先生在未来的 20 年每月需偿还本息多少钱？

温故知新

【本章小结】

资金时间价值是客观存在的经济范畴。在不考虑风险和通货膨胀的条件下，一定数量的货币资金在不同时点上具有不同的价值。在现实经济生活中，除了一次性的收付款项外，还存在一定时期内多次收付的款项，每次金额相等的系列收付款项就是年金。年金是理财者必须掌握的重要概念之一。按收付时点不同，年金可分为普通年金、即付年金、递延年金、永续年金等。

【关键点】

概念：资金时间价值　一次性收付款项终值　一次性收付款项现值　普通年金终值

普通年金现值　递延年金现值

观念：单利与复利的区别　一次性收付款项的范围　年金的基本形式　偿债基金
资本回收额

【理解与应用】

1）选择题

（1）在利息不断资本化的情况下，资金时间价值的计算基础应采用（　　）。

A. 单利　　B. 复利　　C. 年金　　D. 递延年金

（2）年金按其每次收付发生的时点不同，可分为（　　）。

A. 普通年金　　B. 即付年金　　C. 递延年金　　D. 永续年金

（3）每期期初收款或付款的年金称为（　　）。

A. 即付年金　　B. 普通年金　　C. 递延年金　　D. 先付年金

（4）某人准备在 5 年后用 20 000 元购买电子琴，假设银行年复利率为 12%，此人现在应存入银行（　　）元。

A. 11 349　　B. 13 432　　C. 12 000　　D. 15 000

2）问答题

（1）资金时间价值的意义是什么？

（2）即付年金的终值与现值的特点有哪些？

（3）永续年金的现值怎样计算？

（4）折现率、期间和利率的推算方法有哪些？

3）技能题

（1）B 公司第 1 年年初和第 2 年年初对某设备投资均为 60 000 元，该项目第 3 年年初完工投产；第 3 年、第 4 年、第 5 年年末预期收益均为 50 000 元；银行存款复利利率为 8%。请按年金计算第 3 年年初投资额的终值和第 3 年年初各年预期收益的现值。

（2）某人计划 8 年后每年从银行提取现金 6 000 元，连续提取 10 年，在利率为 8% 的情况下，则现在应存入银行多少元现金？

（3）某人 5 年后需用现金 40 000 元，如果每年年末向银行存款一次，在利率为 6% 的情况下，每年年末应存入银行多少元现金？

（4）某人现在存入银行现金 20 000 元，在银行存款利率为 6% 的情况下，今后 10 年每年年末可提取现金多少元？

（5）某公司于年初存入银行 20 万元，在年利率为 12% 且每月复利一次的情况下，在第 5 年年末该公司可以取得的本利合计多少元？

（6）某人拟于明年年初借款 42 000 元，从明年年末开始，每年年末还本付息额均为 6 000元，连续 10 年还清。假设预期最低借款利率为 8%，此人能否按其计划借到款项？

4）案例分析

某公司拟购置一项设备，目前有 A、B 两种可供选择。A 设备的价格比 B 设备高 50 000元，但每年可节约维修保养费等费用 10 000 元。假设 A 设备的经济寿命为 6 年，利率为 8%，在 A、B 两种设备中必须选择其一的情况下，该公司应如何选择？

技能强化实训

实训目的

基本能力点：资金时间价值的计算。

能力拓展点：银行业务。

实训课题

了解银行的资金时间价值计算业务。

实训组织

实训地点：某银行柜台。

实训内容：了解利率和利息的计算情况，并分别列出当前的银行存贷项目中哪些用单利、哪些用复利。

实训成果：分析报告。

自我评价：百分制。

下章预习要点

概念：风险　经营风险　财务风险　风险报酬

观念：风险的种类及特点　风险报酬率与期望投资报酬率的关系　风险衡量指标　概率与随机事件

第 3 章

基本观念：风险衡量

学习目标

知识目标：掌握风险、经营风险、财务风险、风险的分类、风险报酬的概念以及收益和风险的联系；明确风险衡量应考虑的几种主要因素的含义；了解置信区间和置信概率的基本原理。

技能目标：掌握概率、期望值、标准离差、标准离差率、置信区间、置信概率的计算方法及与风险之间的联系，能够进行风险报酬率和风险报酬的计算。

能力目标：能对某项投资活动进行风险衡量，并根据风险与收益观念作出决策。

理念导引

盲目追风的投资

某企业总经理刘先生受人建议决定投资生产当时市场销售正旺的一种小家电。但由于市场热点突变，该企业的新产品生产出来就成了处理品，即便如此仍少有问津。于是刘先生想到了转产，可原本就有限的资金全都花到小家电上了，刘先生陷入束手无策的困境。这时他才意识到自己只顾盲目追风投资，对投资风险估计不足，犯了经商的大忌。

讨论：怎样考量项目投资的风险？

3.1 风险概述

3.1.1 风险的概念

从理财角度而言，风险是指由各种难以预料或无法控制的因素导致实际收益与预期收益发生背离而使公司蒙受经济损失的可能性。

风险的基本含义是未来结果的不确定性。一般情况下，风险可以看作实际结果与预期结果的偏离。从公司理财的角度来看，风险是描述实际发生的收益率与预期收益率不同的可能性和变动幅度，用于表示投资收益率的波动。风险反映的是未来各种可能的收益水平与预期收益率之间的离散程度。

风险本身可能带来超出预期的损失，也可能带来超出预期的收益。公司理财应利用风险衡量原理，尽量减少预期损失的发生，尽可能多地实现预期收益。

3.1.2 风险的种类

公司理财中的风险可按形成原因分为经营风险和财务风险两大类。

1）经营风险

经营风险又称业务风险，是指生产经营方面的因素给公司盈利带来的不确定性。公司生产经营的许多方面都会受到来自公司内外诸多因素的影响，具有很大的不确定性。例如，人、财、物价格的变动，竞争对手的变动，利率的调整，以及公司自身的决策失误等，都会引起公司生产经营方面的不确定，导致公司收益的不确定，从而给公司带来风险。

2）财务风险

财务风险又称筹资风险，是指举债给公司财务成果带来的不确定性。公司负债经营，意味着全部资金中除自有资金外还有一部分借入资金。公司息税前资金利润率和借入资金利息率的差额具有不确定性，这会对自有资金的盈利能力造成影响。当公司息税前资金利润率高于借入资金利息率时，负债经营可以使公司自有资金利润率提高；反之，当公司息税前资金利润率低于借入资金利息率，负债经营将导致公司自有资金利润率降低，甚至使公司发生亏损。此外，借入资金还需还本付息，一旦财务状况恶化，无力偿付到期债务，公司便会陷入财务困境甚至破产。

公司理财中的风险可按能否通过投资组合予以分散分为可分散风险和不可分散风险。

1）可分散风险

可分散风险是指某些只能对个别证券发挥作用的因素对收益产生的影响。这种风险通常只与企业的个别特性有关，比如公司的管理水平，因此，这种风险也被称为公司的特有风险。此外，由于这种风险只是与公司的特定情况有关，而并非由整体经济运行中的因素产生影响，因此，这种风险也称为非系统风险。

2）不可分散风险

不可分散风险是无法通过投资组合或者分散化投资来消除的风险。不可分散风险来自于对经济运行中所有企业都会产生影响的因素，它所造成的影响对任何企业都不可避免，比如战争、海啸等。这种风险反映市场的整体风险水平，因此被称为市场风险。

3.2 风险报酬和风险报酬率

3.2.1 风险报酬和风险报酬率的概念

风险报酬是投资者因冒风险进行投资而要求的超过无风险报酬的额外报酬。风险和报酬的基本关系是：风险越大，要求的报酬率越高。风险报酬率是投资者因承担风险而获得的超过时间价值率的那部分额外报酬率，即风险报酬额与原投资额的比率。

3.2.2 风险报酬和风险报酬率的计算

可以用公司预期投资额和风险报酬率的乘积计算风险报酬，其公式为：

风险报酬 = 预期投资额 × 风险报酬率

如果不考虑通货膨胀因素，风险报酬率的计算公式为：

风险报酬率 = 期望（要求）投资报酬率 − 资金时间价值率（或无风险报酬率）

而投资者进行风险投资所要求或期望的投资报酬率为：

期望投资报酬率 = 资金时间价值率（或无风险报酬率）+ 风险报酬率

“9.2 证券投资”将进一步说明以上公式的原理。

业务窗 3-1

某公司准备以 100 万元投资一项目，期望的投资报酬率为 18%，无风险报酬率为 8%，计算该项投资的风险报酬和无风险报酬。

该项投资的风险报酬率 = 18% - 8% = 10%

该项投资的风险报酬 = 100×10% = 10（万元）

该项投资的无风险报酬 = 100×8% = 8（万元）

3.3　风险衡量

风险衡量是公司理财中的一项重要工作，在进行风险衡量时主要应用概率、期望值、标准离差、标准离差率等指标。

3.3.1　概率

概率是指表示随机事件发生可能性及出现某种结果可能性大小的数值，通常采用百分数或小数的形式。随机事件是指在现实生活中或完全相同的条件下可能发生也可能不发生，可能出现这种结果又可能出现那种结果的某一事件。通常，把必然发生某事件的概率定为 1，把不可能发生某事件的概率定为 0，一般随机事件的概率则介于 0 与 1 之间，概率越大，就表示该事件发生的可能性越大。所有可能出现情况的概率之和必定为 1。

概率必须同时符合下列两个条件：

$$0 \leq P_i \leq 1$$

$$\sum_{i=1}^{n} P_i = 1$$

式中：P_i表示出现第 i 种结果的概率。

假设某公司一项目投产后预计取得的收益与市场销售好坏密切相关，见表 3-1。

表 3-1　**项目预计收益与市场销售关系概率表**　金额单位：万元

市场销售	年收益 X_i	概率 P_i
销售很好	9	0.1
销售较好	7	0.2
销售一般	5	0.4
销售较差	3	0.2
销售很差	1	0.1

注：表中概率之和为 1。

3.3.2　期望值

期望值是指一个概率分布中的所有可能结果以各自相应的概率为权数计算的加权平均值，是加权平均的中心值。其计算公式如下：

$$\text{期望值}(\bar{E}) = \sum_{i=1}^{n} X_i P_i$$

式中：X 表示随机事件；X_i表示随机事件的第 i 种结果。

业务窗 3-2

根据表 3-1 有关数据，计算该项目投产后预期收益的期望值。

预期收益的期望值（$\overline{E}$）$=9\times0.1+7\times0.2+5\times0.4+3\times0.2+1\times0.1=5$（万元）

3.3.3 标准离差

标准离差又称标准差，是反映概率分布中各种可能结果对期望值的偏离程度（离散程度）的一个数值。标准离差是一个绝对数指标，它以绝对数衡量决策方案的风险。在期望值相同的情况下，标准离差越大，则风险越大；反之，标准离差越小，则风险越小。

标准离差的计算公式为：

$$\text{标准离差}(\delta)=\sqrt{\sum_{i=1}^{n}(X_i-\overline{E})^2P_i}$$

业务窗 3-3

根据业务窗 3-2 有关数据，计算该项目投产后预计年收益与期望年收益标准离差。

$$\text{标准离差}(\delta)=\sqrt{(9-5)^2\times0.1+(7-5)^2\times0.2+(5-5)^2\times0.4+(3-5)^2\times0.2+(1-5)^2\times0.1}$$

$$\approx2.19\text{（万元）}$$

3.3.4 标准离差率

标准离差率是标准离差同期望值之比。标准离差率是一个相对数指标，它以相对数反映决策方案的风险程度。在期望值不同的情况下，标准离差率越大，则风险越大；反之，标准离差率越小，则风险越小。其计算公式为：

$$\text{标准离差率}(q)=\frac{\delta}{\overline{E}}$$

业务窗 3-4

根据“业务窗 3-2”和“业务窗 3-3”的有关数据，计算该项目投产后预计年收益的标准离差率。

$$\text{标准离差率}(q)=\frac{2.19}{5}=0.438$$

通过上述方法将决策方案的风险加以量化后，决策者便可据以作出决策：

对于单个方案，决策者可根据其标准离差（率）的大小，将其与设定的可接受的此项指标最高限值对比，若前者低于后者，则方案可取。

对于多个方案，决策者应选择低风险、高收益的优质方案，即选择标准离差最低、期望收益最高的方案。

高收益方案往往伴有高风险，低收益方案的风险程度往往也较低，究竟如何选择就要权衡期望收益与风险，并视决策者对风险的态度而定。持稳健态度的人可能会选择期望收益较低且风险也较低的方案，敢冒风险的人则可能选择风险高但收益也高的方案。

3.3.5 置信区间和置信概率

根据统计学原理，在正态分布情况下，置信区间是“期望值±X 个标准差”的区间，其对应的概率就是置信概率。置信区间（又称面积）被期望值均分，期望值左右两侧各占一半面积。在期望值±1 个标准差范围内的概率为 68.26%，期望值±2 个标准差范围内的概率为 95. 44%，期望值±3 个标准差范围内的概率为 99. 72%。已知置信概率，可以求出置信区间（反之也一样），直接计算比较麻烦，可以通过查阅“正态分布曲线面积表”（见附表五）获得。表中给出的是对称轴一侧的面积，即一半面积。例如，±1 个标准差，查纵向 1. 00，查横向 0. 00，对应的数字是 0. 3413，相应的面积就是 0. 6826（0. 3413×2）或 68. 26%。

业务窗 3-5

某公司有甲、乙两个风险投资方案，其预计收益的期望值均为 22. 5 万元，其标准离差分别是 87. 14 万元、5. 81 万元。计算分析两方案的风险。

①分析置信区间和置信概率，见表 3-2。

表 3-2　**置信区间和置信概率表**　金额单位：万元

置信概率	甲方案置信区间	乙方案置信区间
68. 26%	（22. 5±1）×87. 14	（22. 5±1）×5. 81
95. 44%	（22. 5±2）×87. 14	（22. 5±2）×5. 81
99. 72%	（22. 5±3）×87. 14	（22. 5±3）×5. 81

②从以上数据可知，甲方案预期收益的范围比乙方案的更大，故甲方案的风险较大。

业务窗 3-6

承续业务窗 3-5，计算甲、乙方案盈利的可能性（如图 3-1 所示）。

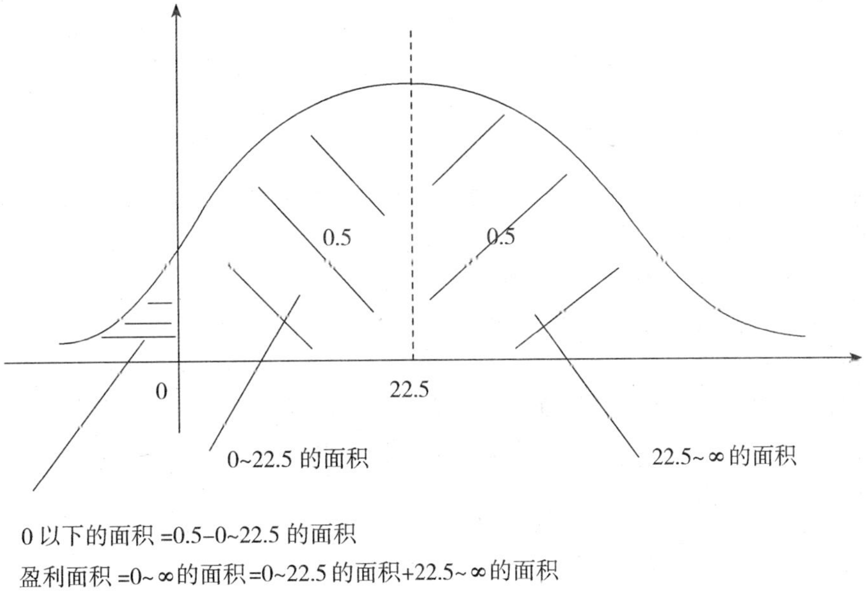

图 3-1　甲、乙方案盈利面积示意图

①甲方案：

盈利的面积，即计算 0 以上的面积。

0 以上的面积＝0～22. 5 的面积+22. 5 以上的面积＝0～22. 5 的面积+0. 5

0～22. 5 的面积＝22. 5÷87. 14≈0. 26

按系数 0. 26 查“正态分布曲线面积表”得 0. 1026。

盈利的可能性＝0. 1026+0. 5＝0. 6026＝60. 26%

亏损的可能性=100%-60.26%=39.74%

②乙方案：

0~22.5的面积=22.5÷5.81≈3.87

按系数3.87查“正态分布曲线面积表”约得0.5。

盈利的可能性=0.5+0.5=1=100%

亏损的可能性=0

以上计算说明，乙方案100%盈利，无风险。

业务窗3-7

承续业务窗3-6，计算两方案取得30万元以上盈利的概率。

①甲方案：

30以上的面积等于期望值22.5右侧面积（0.5）减去22.5~30的面积。

22.5~30的面积=（30-22.5）÷87.14≈0.09

按系数0.09查“正态分布曲线面积表”得0.0359。

盈利30万元以上的概率=0.5-0.0359=0.4641=46.41%

②乙方案：

22.5~30的面积=（30-22.5）÷5.81≈1.29

按系数1.29查“正态分布曲线面积表”得0.4015。

盈利30万元以上的概率=0.5-0.4015=0.0985=9.85%

以上计算说明，甲方案盈利30万元以上的概率为46.41%，而乙方案盈利30万元以上的概率为9.85%，即乙方案盈利30万元以上的可能性小。

通过业务窗3-5至业务窗3-7的计算分析可知，两方案的平均收益相同，但风险不等，甲方案收益较高但风险也较大。

知识窗 **沃尔玛风险管理成功的秘诀**

世界零售业巨头沃尔玛风险管理的成功经验一直为人津津乐道，究其原因，其良好的内部控制环境是其成功之道。依照COSO的报告，沃尔玛从下述几个方面入手，建立了良好的内部控制环境。第一，树立诚信的原则和道德价值观。第二，评定员工的能力，员工的能力在企业经营管理中的作用绝对重要，管理者的素质直接影响到企业的行为，进而影响到企业内部控制的效率和效果。第三，完善董事的监督管理职能。董事会是公司内部控制系统的核心，它必须为公司的经理层制定自身利益博弈的规则，对一个完善的内部控制而言，积极主动参与控制的董事必不可少。第四，管理哲学和经营风格，沃尔玛公司的创始人沃尔顿个性、风格、理念、价值观深刻影响着沃尔玛的发展和壮大。第五，责任的分配和授权，沃尔玛的成功法则之一就是公司高管善于授权和监督。

资料来源 http://www.docin.com/p-403987097.html.

课堂思考

万科成功的战略风险管理——从多元化到专业化

万科企业股份有限公司成立于1984年5月，1988年12月公司率先向社会发行股票，资产及经营规模迅速扩大。公司在创建之初，经历了多元化的喜悦与无奈，成立之初，万科已拥有55家附属公司及联营公司，涉及服装、饮料、商贸、文化等13个行业，而且都赚到了钱。但是好景不长，几年下来，由于经营范围广，战线拉得长，加上资金有限，万科各个行业难以实现规模经济，缺乏竞争优势。

之后王石等高层管理人员召开了重要会议，做出了万科从原有多元化模式收缩的决定，彻底改变了万科的经营模式和企业命运。决定将房地产和连锁商业确定为集团的核心产业，并提出“不熟不做，不懂不做”的专业化经营理念。在房地产行业万科继续做专，走了几步妙棋：

第一，避开当时获得高利润的高档写字楼、商住楼，而选择了投资居民住宅楼为主。

第二，在投资居民住宅楼开发模式中，切入点选择了城乡结合部的“住宅花园品牌”。一是征地容易而且价格低廉，为公司囤积了一大片土地资源，二是有利于降低住房价格。

第三，万科与中行等各大银行相继签订全面银企合作协议，搭建资金平台，开展新一轮扩张，初步形成以珠江三角洲、长江三角洲、环渤海三大区域为核心的房地产开发战略布局。

资料来源　http：//www. docin. com/p-403987097. html.

思考：多元化和专业化到底哪个才是分散风险的最好方法？

温故知新

【本章小结】

风险是指由各种难以预料或无法控制的因素导致实际收益与预期收益发生背离而使公司蒙受经济损失的可能性。一般情况下，风险可以看作实际结果与预期结果的偏离。从公司理财的角度来看，风险是描述实际发生的收益率与预期收益率不同的可能性和变动幅度。公司理财中的风险一般可按形成的原因分为经营风险和财务风险两大类，也可以分为可分散风险与不可分散风险两大类。公司理财应利用风险衡量原理，尽量减少预期损失的发生，尽可能多地实现预期收益。在衡量风险时主要应用概率、期望值、标准离差、标准离差率等指标。

【关键点】

概念：风险　经营风险　财务风险　可分散风险　不可分散风险　风险报酬

观念：风险的种类及其特点　风险报酬率与期望投资报酬率的关系　风险衡量指标　概率与随机事件

【理解与应用】

1）选择题

（1）甲方案的标准离差是 1.42，乙方案的标准离差是 1.06，如甲、乙两方案的期望值相同，则甲方案的风险（　　）乙方案的风险。

A. 大于　　B. 小于　　C. 等于　　D. 无法确定

（2）下列投资中，风险最小的是（　　）。

A. 购买政府债券　　B. 购买企业债券　　C. 购买股票　　D. 投资开发新项目

（3）在公司理财中，经常用来衡量风险大小的指标有（　　）。

A. 标准离差　　B. 边际成本　　C. 风险报酬率　　D. 标准离差率

(4) 下列说法不正确的有（　　）。

A. 风险越大，获得的风险报酬应该越高

B. 有风险就会有损失，二者是相伴而生的

C. 风险是不可预计和控制的，其概率也不可预测

D. 由劳动力市场供求关系的变化给企业带来的风险不属于经营风险

2）问答题

(1) 公司理财为什么要考虑风险？

(2) 衡量财务风险有什么作用？

(3) 风险怎样衡量？

(4) 什么是置信区间和置信概率？

3）技能题

某公司准备对外投资，现有3家公司可选，其年预期收益和相应概率见表3-3。

表3-3　**3家公司资料表**

市场状况	概率	年预期收益（万元）		
		A公司	B公司	C公司
良好	0.3	40	50	80
一般	0.5	20	20	20
较差	0.2	5	-5	-30

假定你是该公司的稳健型决策者，依据风险与收益原理就上述方案作出选择。

4）案例分析

(1) 某公司拟进行一项投资。在不同经济情况下，其概率分布和预期收益见表3-4。计算分析该项投资的盈利概率，以及该项投资报酬率在20%以上的概率。

表3-4　**概率分布及预期收益表**

经济情况	预期报酬率（%）	概率
繁荣	30	0.4
正常	20	0.5
衰退	5	0.1

(2) 甲、乙两方案的投资额均为15 000元，收益的概率分布见表3-5。计算甲、乙两方案与期望收益相差一个标准差的置信区间，并判断两方案的优劣。

表3-5　**概率分布表**

甲方案（元）	乙方案（元）	概率
5 250	3 000	0.4
1 500	1 500	0.5
-750	750	0.1

技能强化实训

实训目的

基本能力点：投资方案的风险计算。

能力拓展点：公司投资方案的风险分析。

实训课题

体会风险衡量对公司理财乃至公司生存、发展的意义。

实训组织

实训地点：某公司。

实训内容：了解该公司的投资情况及其分析投资方案风险的方法，分析其风险偏好。

实训成果：调研报告。

自我评价：百分制。

下章预习要点

概念：现金流量　经营成本　净现金流量　经营净现金流量

观念：现金流量的内容　净现金流量的简算原理　利润与现金流量的关系
原始总投资的内容

第 4 章

基本观念：现金流量

学习目标

知识目标：掌握现金流量的概念和内容；明确利润与现金流量的关系；了解现金流量对于评价投资项目经济效益的意义。

技能目标：掌握净现金流量的分析计算方法，能够进行单项固定资产投资、完整工业项目投资方式下净现金流量的计算。

能力目标：能通过分析现金流量指标评价不同投资项目的经济效益，从而选取投资方案。

理念导引

经济效益评价之惑

1975 年，美国最大商业企业之一 W. T. Grant 宣告破产，而此前一年其营业净利润近 1 000 万美元，经营活动提供营运资金 2 000 多万美元，银行贷款达 6 亿美元。1973 年该公司股票价格仍是其收益的 20 倍。该企业破产的原因就在于公司早在破产前 5 年的现金流量净额就已经出现了负数，高额利润不能支撑巨额生产性支出与债务费用，惨遭“成长性破产”。

讨论：Grant 股票投资者遭受损失的原因是什么？

4.1 现金流量概述

4.1.1 现金流量的概念

现金流量是指公司现金和现金等价物的流入和流出。就项目投资而言，现金流量是指投资项目在其计算期内因资本循环而可能或应该发生的各项现金流入与现金流出。它是计算项目投资决策评价指标的主要依据。项目投资决策所使用的现金概念是广义的现金，既包括各种货币资金，也包括项目需要投入的和公司拥有的非货币资源的变现价值（或重置成本）。

现金流量根据现金的流程可分为现金流入量、现金流出量和净现金流量。现金流入量是指投资方案的现实货币资金增加额，简称现金流入。现金流出量是指投资方案的现实货币资金减少额或需要动用的现金额，简称现金流出。净现金流量即现金流入与现金流出的差额。

公司理财中的现金流量，与财务会计所使用的现金流量相比，无论是具体构成内容还是计算口径都存在较大的差异。财务会计的现金流量是在期末已经发生的现金流入和现金流出，包括经营活动产生的现金净流量、筹资活动产生的现金净流量和投资活动产生的现金净流量。而公司理财中所使用的现金流量是指项目预计产生的现金流出量和现金流入量，是未来可能发生的。

4.1.2　现金流量对评价投资项目经济效益的意义

现金流量是以收付实现制为基础进行估算的。把现金流量作为评价投资项目经济效益的基础指标是因为：

（1）有利于考虑资金的时间价值。一个投资项目的现金流量包含了项目投资各个不同时期的现金流量，这就便于公司选用一定的折现率（资金成本率或贴现率）对各个不同时期的现金流量折现，以真实反映投资项目的经济效益。

（2）有利于客观评价项目投资经济效益。在计算现金流量时所用的都是现金的实际收付数额，排除了在利润核算中各种人为因素的影响。例如，按规定销售收入的确认以销售行为的发生为标准，但有一部分销售收入在当期不能全部收回；又如，利润的数额在一定程度上会受公司选用的存货计价方法和折旧方法的影响。然而，现金流量不考虑与现金收入、现金支出无关的项目，所以能比较客观地反映投资项目的经济效益。

（3）能反映投资项目的全部效益。现金流量包括的内容比较完整，既包括项目投资期的现金收支，还包括项目使用期和项目废弃时的全部现金收支，因此能较为全面地反映投资项目的经济效益。

（4）现金流量是企业经营活动得以维持的基础。现金对于企业就如血液对于人一样重要，不可缺少。一个项目能否维持下去，往往不在于其账面有多少利润，而在于企业有无足够的现金可用于各种支付。有利润的年份，不一定有足够的现金用于企业的各种支付，不一定有多余的现金用于再投资。所以，在企业的长期投资决策中，现金流量的分析往往比会计上的盈亏更重要。

4.2　现金流量的内容

4.2.1　现金流入量的内容

（1）营业收入，是指项目投产后每年实现的全部销售收入或业务收入，是经营期主要的现金流入项目。

（2）回收固定资产余值，是指投资项目的固定资产在终结点报废清理或中途变价转让处理时所回收的价值。

（3）回收流动资金，是指新建项目在项目计算期完全终止时（终结点）因不再发生新的替代投资而回收的原垫付的全部流动资金投资额。

回收流动资金和回收固定资产余值统称为回收额。

（4）其他现金流入量，是指除以上三项以外的现金流入项目。

4.2.2　现金流出量的内容

（1）建设投资（含更新改造投资），是在建设期内按一定的生产经营规模和建设内容进行的固定资产投资、无形资产投资和开办费等项目的总称，是建设期发生的主要现金流出量。它主要由工程费用、工程建设其他费用以及预备费用构成。工程费用包括土地工程费用、设备购置费用以及安装工程费用等。工程建设其他费用一般包括勘测设计费、研究试验费、临时设施费、工程监理费、工程保险费、办公费、试运转费以及施工机构迁移费。预备费用包括基本预备费用和涨价预备费用。建设投资形成的现金流出可能是一次性支出，也可能分几次支出。其中，固定资产投资是所有类型的投资项目必定发生的现金流出项目。

（2）流动资金投资，是指在完整的工业投资项目中发生的用于生产经营期周转使用的营运资金投资，又称为垫支流动资金。

建设投资与流动资金投资合称为项目的原始总投资。

（3）投资的机会成本。它是指若投资项目不占用企业现有的资产，则这些资产用于其他途径所能产生的现金净流量。这类投资的机会成本，虽未付出现金，却使企业减少了现金流入，在现金流量计算时应视同现金流出。

例如，假设某企业在厂区外拥有一块土地，这块地可以出售取得收入。现拟在这块土地上兴建销售大楼。在计算销售大楼投资时，不能因为没有动用额外的资金去购买土地，就可以不考虑这块土地的成本。因为，该企业若不利用这块土地兴建销售大楼，它就可以将这块土地移作他用，以产生收入。但由于此投资项目占用了这块土地，意味着企业放弃了这笔收入，而这笔收入就是使用土地的机会成本。

（4）经营成本，是指在经营期内为满足正常生产经营而动用现实货币资金支付的成本费用，又称为付现的经营成本（或称付现成本），是生产经营阶段最主要的现金流出项目。

经营成本（或付现成本）= 总成本 - 非付现成本

式中：非付现成本主要是指折旧、摊销和利息。

（5）税款，是指项目投产后依法缴纳的单独列示的各项税款，包括营业税、所得税等。

（6）其他现金流出，是指不包括在以上项目中的现金流出项目（如营业外净支出等）。

4.2.3 净现金流量的内容

净现金流量又称现金净流量，是指在项目计算期内每年的现金流入量与现金流出量之间的差额。其基本公式（其中 t 为年）为：

净现金流量（NCF_t）= 现金流入量（CI_t）- 现金流出量（CO_t）

4.2.4 估算现金流量应注意的问题

1）必须考虑增量现金流量

所谓增量现金流量，是指接受或拒绝某个投资方案后，企业总现金流量因此发生的变动。只有那些由于采纳某个项目引起的现金支出增加额，才是该项目的现金流出；只有那些由于采纳某个项目引起的现金流入增加额，才是该项目的现金流入。

2）区分相关成本和非相关成本

相关成本是指与特定决策有关的、在分析评价时必须加以考虑的成本。例如，差额成本、未来成本、重置成本、机会成本等都属于相关成本。与此相反，与特定决策无关的、在分析评价时不必加以考虑的成本是非相关成本。例如，沉没成本、过去成本、账面成本等往往是非相关成本。

3）充分关注机会成本

机会成本是指在决策中选择某个方案而放弃其他方案所丧失的潜在收益。机会成本并不是我们通常意义上的“成本”，它不是一种支出或费用，而是失去的收益。这种收益不是实际发生的，而是潜在的。尽管放弃的收益不构成企业真正的现金流出，也无需作为账面成本，但是必须作为选中的项目的成本加以考虑，否则就不能正确判断一个项目的优劣。

4）考虑投资方案对企业其他部门的影响

当我们采纳一个新项目后，该项目可能对企业的其他部门造成有利或不利的影响。在进行投资决策时也必须将这些影响视为项目的成本或收入，否则也不能正确评价项目对企业整体产生的影响。如新产品上市后，原有其他产品的销路可能减少，因此，在评价新产品的销售收入时，就必须预计其他产品销售减少所带来的损失，并将这部分计入新产品的成本。

4.3　利润与现金流量的关系

如上所述，利润是按权责发生制的原则确定的，这是会计核算的基础；而现金流量是按收付实现制的原则计算的，这是公司理财的基础。公司理财实务把现金流量作为研究分析的重点，而把利润放在次要的位置。这是因为：

一则，在公司理财分析中，研究现金流动状况比研究盈亏状况更重要。

在盈利年份不一定有足够的现金流入来支付日常的经营开支。比如，一些公司常在盈利年份出现资金周转不畅、现金短缺、财务状况不佳的情况。公司虽然账面盈利，但应收账款过多，而资金收回又不及时，无足够现金购买原材料和支付工资等有关费用，就只能向银行借款维持生产经营，于是增加了财务风险。

在盈利年份不一定能产生多余的现金来进行其他项目的再投资。比如，固定资产要更新改造，虽然每年都计提了折旧，但到更新时却拿不出资金来购买设备。所以，一个项目能否维持下去，不在于一定期间是否盈利，而在于有没有现金满足各种支付需要。

总之，现金一旦支出，就要保证其收回，只有将现金收回才能维持公司的日常开支，才能进行再投资活动。因此，在理财分析中，研究现金流动状况比研究盈亏状况更重要。

二则，在公司理财分析中，净现金流量可以取代利润作为评价投资效益的指标。

在整个项目投资期内，利润总计与净现金流量总计是相等的（见表 4-1），评价的最终结果是一致的。所以，净现金流量可以取代利润作为评价投资效益的指标。

三则，在公司理财分析中，现金流量不受折旧因素的影响，可以保证效益评价的客观性。

公司由于折旧方法的选择不同，采用直线法或加速折旧法，对公司利润会产生不同的影响，可能使投资效益的评价失去客观性，往往会对那些前期折旧多、利润相对少的投资项目作出不正确的评价。但是，现金流量不受折旧等人为因素的影响，可以保证效益评价的客观性，因为折旧在现金流量中是一项现金流入。

业务窗 4-1

某固定资产项目总投资额为1 200万元，工程款分4年平均投入，2年后开始投产，经济使用年限为5年。投产时垫付流动资金250万元，项目终了时收回。每年销售收入1 500万元，经营成本1 100万元。分别计算分析该项目采用直线法和加速折旧法的现金流量。

从表4-1的计算分析可知，整个投资年限内利润合计与净现金流量合计均为800万元，采用净现金流量可以取代利润指标。在两种不同的折旧方法下，每年的利润额也不同：在加速折旧法下，投资项目前期无利或微利，后期才发展；而在直线法下，利润虽然稳定，但发展后劲不足。现金流量则不受折旧等人为因素的影响，能够比较客观地反映投资项目现金收支的全貌，为投资决策提供科学的依据。

表4-1　　计算表　　单位：万元

项目年份		1	2	3	4	5	6	7	合计
收入	销售收入			1 500	1 500	1 500	1 500	1 500	7 500
直线法折旧	付现成本			1 100	1 100	1 100	1 100	1 100	5 500
	折旧			240	240	240	240	240	1 200
	利润			160	160	160	160	160	800
加速法折旧	付现成本			1 100	1 100	1 100	1 100	1 100	5 500
	折旧			400	320	240	160	80	1 200
	利润			0	80	160	240	320	800
现金流量	投资	-300	-300	-300	-300				-1 200
	经营净现金流量*			400	400	400	400	400	2 000
	流动资金			-250				250	0
	净现金流量	-300	-300	-150	100	400	400	650	800

* 经营净现金流量=收入-经营成本（或付现成本）

4.4　净现金流量的确定

4.4.1　净现金流量的简算

为简化净现金流量的计算，可以将项目计算期分为建设期和经营期（即项目计算期=建设期+经营期）分别计算净现金流量。

1）建设期净现金流量的简算

若原始投资均在建设期内投入，则建设期净现金流量可按以下简化公式计算：

净现金流量（NCF_t）=-原始投资额（I_t）

式中：t=0，1，2，…，s；s表示建设期年数；I_t表示一次投入或分次投入。

2）经营净现金流量的简算

经营净现金流量可按以下简化公式计算：

经营净现金流量（NCF_t）=营业收入-付现成本

经营某年净现金流量（NCF_t）=该年利润（P_t）+该年折旧（D_t）+该年摊销额（M_t）+该年应摊利息费用（C_t）+该年回收额（R_t）

式中：t=0，1，2，…，n；P_t表示净利润，若不考虑所得税因素则为营业利润。

3）所得税对经营净现金流量的影响

考虑所得税因素，经营净现金流量的计算有三种方法（假设不考虑摊销和利息等费用）。

（1）根据现金流量的定义计算。所得税是现金支付，应作为每年营业现金流量的减项。

经营净现金流量=营业收入-付现成本-所得税

（2）根据年末营业结果计算。公司每年的现金增加主要来自两个方面：一是当年增加的净利；二是计提的折旧以现金形式从销售收入中扣回，留在公司里。

经营净现金流量=税后净利+折旧

（3）根据所得税对收入和折旧的影响计算。由于税后成本、税后收入和折旧抵税，现金流量并不等于项目实际的收支金额。以下是最常用的公式：

经营净现金流量=税后净利+折旧

=（收入-付现成本-折旧）×（1-所得税税率）+折旧

=收入×（1-所得税税率）-付现成本×（1-所得税税率）+折旧×所得税税率

4.4.2　净现金流量的分析计算

1）单项固定资产投资

业务窗 4-2

某公司拟投入自有资金 50 万元购建一项固定资产，于建设起点一次投入，建设期 1 年，使用寿命 10 年，按直线法折旧，期末有 5 万元净残值，预计投产后每年可获营业利润 5 万元。不考虑所得税因素。

项目计算期=建设期+经营期=1+10=11（年）

固定资产原值=固定资产投资+建设期资本化利息=50（万元）

$$固定资产年折旧额=\frac{固定资产原值-净残值（或余值）}{固定资产使用年限}=\frac{50-5}{10}=4.5（万元）$$

终结点年回收额=回收固定资产余值+回收流动资金=5+0=5（万元）

建设期某年净现金流量（NCF_t）=-该年发生的原始投资额

NCF_0=-50 万元

NCF_1=0

某年经营净现金流量（NCF_t）=$P_t+D_t+M_t+C_t+R_t$

$NCF_{2\sim10}$=5+4.5+0+0+0=9.5（万元）

NCF_{11}=5+4.5+0+0+5=14.5（万元）

或用数轴表示，如图 4-1 所示。

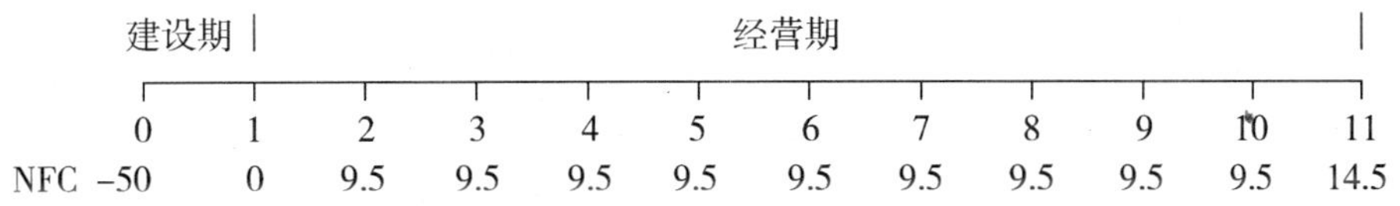

图 4-1　净现金流量数轴

业务窗 4-3

承续“业务窗 4-2”，考虑税率为 25% 的所得税的影响。

净利润 = 5×（1-25%）= 3.75（万元）

建设期净现金流量为：

NCF_0 = -50（万元）

NCF_1 = 0（万元）

经营期各年净现金流量为：

$NCF_{2\sim10}$ = 3.75+4.5+0+0+0 = 8.25（万元）

NCF_{11} = 3.75+4.5+0+0+5 = 13.25（万元）

2）完整的工业项目投资

业务窗 4-4

某公司投资于完整项目工程，所需资金250万元，其中固定资产投资200万元，开办费投资10万元，流动资金投资40万元，建设期1年，项目寿命期10年。所需资金中包括借入资金200万元（利息率10%，每年年末支付利息）。固定资产投资和开办费投资于建设起点投入，流动资金于完工时（即第1年年末）投入，于终结点一次回收。固定资产按直线法计提折旧，期满有20万元净残值。开办费自投产年份起分5年摊销完毕。预计投产后第1年获10万元利润，以后每年递增10万元。不考虑所得税因素。

项目计算期 = 1+10 = 11（年）

固定资产原值 = 200+20（资本化利息）= 220（万元）

固定资产年折旧额 = $\frac{220-20}{10}$ = 20（万元）

开办费年摊销额 = 10÷5 = 2（万元）

投产后每年利润分别为10万元，20万元，30万元，…，100万元。

终结点年回收额 = 20+40 = 60（万元）

建设期净现金流量为：

NCF_0 = -（200+10）= -210（万元）

经营期各年净现金流量为：

NCF_1 = -40 万元

NCF_2 = 10+20+2+0+0 = 32（万元）

NCF_3 = 20+20+2+0+0 = 42（万元）

NCF_4 = 30+20+2+0+0 = 52（万元）

NCF_5 = 40+20+2+0+0 = 62（万元）

NCF_6 = 50+20+2+0+0 = 72（万元）

NCF_7 = 60+20+0+0+0 = 80（万元）

NCF_8 = 70+20+0+0+0 = 90（万元）

NCF_9 = 80+20+0+0+0 = 100（万元）

NCF_{10} = 90+20+0+0+0 = 110（万元）

NCF_{11} = 100+20+0+0+60 = 180（万元）

业务窗 4-5

某公司投入自有资金110万元建设一固定资产项目，建设期为1年。该项目可使用10年，按直线法折旧，期满有净残值10万元。投入使用之初垫支流动资金20万元，投入使用后可使经营期第1~5年每年产品销售收入增加80万元，使第6~10年每年产品销售收入增加 70 万元，同时使第 1 ~ 10 年每年的经营成本增加 40 万元。所得税税率为 25%。

项目计算期 = 1+10 = 11（年）

固定资产原值 = 110 万元

固定资产年折旧额 = $\frac{110-10}{10}$ = 10（万元）

经营期 1 ~ 10 年每年总成本 = 40+10 = 50（万元）

经营期 1 ~ 5 年每年营业利润 = 80−50 = 30（万元）

经营期 6 ~ 10 年每年营业利润 = 70−50 = 20（万元）

经营期 1 ~ 5 年每年净利润 = 30−30×25% = 22.5（万元）

经营期 6 ~ 10 年每年净利润 = 20−20×25% = 15（万元）

按简化公式计算的净现金流量为：

NCF_0 = −110 万元

NCF_1 = −20 万元

$NCF_{2\sim6}$ = 22.5+10 = 32.5（万元）

$NCF_{7\sim10}$ = 15+10 = 25（万元）

NCF_{11} = 15+10+10+20 = 55（万元）

知识窗

增值税可影响现金流量

增值税是价外税，因此应缴增值税金额的不同并不影响企业的净现金流量。但安排不同的增值税进项税或销项税可引起企业收入、成本、费用和增值税之外税费的变化，进而产生不同的净现金流量。

课堂思考

据《重庆晚报》2011 年 6 月 18 日报道，剔除金融行业，第一季度 A 股所有上市公司经营性现金流由去年年末的 4 685 亿元下降到 268 亿元。如果再剔除“两桶油”，整个 A 股上市公司的经营性现金流则为负数。剔除金融行业，机械设备、房地产，建筑建材、交运设备、商业贸易、纺织服装及医药生物等行业都出现现金流紧张状况。其中机械设备和房地产行业现金流情况最差，均低于−400 亿元。

经营性现金流下降有诸多原因：关联交易赊销；下游企业不景气导致应收账款无法回收；原材料价格大幅上升；在景气上升阶段扩张过于迅猛……总之，A 股市场经营性现金流大幅下降意味着经营环境急剧恶化，更意味着圈钱潮来势汹汹。

资料来源　叶檀. 经营性现金流恶化是大跌罪魁祸首 [J]. 重庆晚报：2011-06-18.

思考：现金流的意义及现金流量在投资评价中的作用。

温故知新

【本章小结】

就项目投资而言，现金流量是指投资项目在其计算期内因资本循环而可能或应该发生的各项现金流出与现金流入。它包括现金流入量、现金流出量和净现金流量。经营成本又称为付现的经营成本或付现成本，是生产经营阶段最主要的现金流出项目。为简化净现金流量的计算，可以将项目计算期分为建设期和经营期（项目计算期 = 建设期 + 经营期），分别计算净现金流量。公司理财实务把现金流量作为研究分析的重点，而把利润放在次要的位置。

【关键点】

概念：现金流量　经营成本　净现金流量　经营净现金流量

观念：现金流量的内容　净现金流量简算原理　利润与现金流量的关系
　　　原始总投资的内容

【理解与应用】

1）选择题

（1）在项目投资中，节约的经营成本属于（　　）。

A. 现金流入　B. 现金流出　C. 回收额　D. 建设投资

（2）在全投资条件下，下列各项中不属于固定资产投资项目现金流出量的是(　　)。

A. 设备购置成本　B. 固定资产投资方向调节税

C. 经营成本　D. 归还借款的本金

（3）经营期限内任一年的净现金流量等于（　　）。

A. 原始投资额的负值　B. 原始投资与资本化利息之和

C. 该年现金流入量与流出量之差　D. 该年利润、折旧、摊销额和利息之和

（4）下列项目中，属于经营期现金流入的有（　　）。

A. 营业收入　B. 回收流动资金

C. 经营成本节约额　D. 垫支流动资金

2）问答题

（1）现金流量对评价投资项目经济效益的意义是什么？

（2）现金流出量包括哪些内容？

（3）为什么说研究现金流量比研究盈亏更重要？

（4）为什么说现金流量不受折旧的影响？

3）技能题

某固定资产投资项目的有关资料见表 4–2。

表 4–2　**资料表**　单位：万元

年数	0	1	2	3	4	5	合计
净现金流量	–500	200	100	100	200	100	200
复利现值系数	1	0. 8929	0. 7972	0. 7118	0. 6355	0. 5674	—
累计净现金流量							
折现的净现金流量							

在表 4–2 的空白处填上数字（保留全部小数）；计算该项目的静态投资回收期；列出该项目的原始投资额、项目计算期、净现值。

4）案例分析

已知某长期投资项目建设期净现金流量：NCF_0 为 –500 万元，NCF_1 为 –500 万元，NCF_2 为 0；第 3 ~ 12 年的经营净现金流量均为 200 万元，第 12 年年末的回收额为 100 万

元。行业基准折现率为 10%。分析评价该项目的经济效益。

提示：分析指标包括原始投资额、终结点净现金流量和净现值（NPV）（可在学习完“9.1 项目投资”后再回过头来重新做一下）。

技能强化实训

实训目的

基本能力点：现金流量的计算。

能力拓展点：投资项目的分析。

实训课题

体会现金流量对公司运营的意义。

实训组织

实训地点：某公司。

实训内容：了解该公司的现金流量情况及其控制现金流量的主要手段。

实训成果：调研报告。

自我评价：百分制。

下章预习要点

概念：资金成本　加权平均资金成本　资金的边际成本　债券资金成本

观念：筹资费用和用资费用的区别　资金成本的作用　资金边际成本的计算步骤　加权平均资金成本的意义

第 5 章

基本观念：资金成本

学习目标

知识目标：掌握资金成本的概念；明确5种个别资金成本、加权平均资金成本、资金边际成本的内涵；了解资金成本在投资决策中的重要性。

技能目标：掌握5种个别资金成本的计算方法；会计算综合资金成本；会比较不同资金组合的优劣。

能力目标：能对不同筹资方式筹集和使用资金的成本进行分析，作出筹资决策。

理念导引

自有资金就没有成本吗?

某公司拟斥巨资购建一项固定资产，董事会就此项投资的资金来源产生了争议：有的主张全部用自有资金来投资该项目，并以使用自有资金投资没有资金成本为理由；有的则认为应当利用财务杠杆原理，向银行贷款投资；有的则建议结合使用自有资金和贷款。最后，财务经理建议对公司现有业务的资金需求做个全面的评估，再决定采用哪种方式。

讨论：企业自有资金到底有没有成本呢?

5.1 资金成本概述

5.1.1 资金成本的概念

在市场经济条件下，公司筹集和使用资金总要付出相应的代价（即资金成本），比如向资金提供者支付一定数额的费用作为补偿。资金成本，就是公司筹集和使用资金必须支付的各种费用，包括筹资费用和用资费用。

筹资费用，是指公司在筹措资金过程中为获取资金而付出的费用，如向银行支付的借款手续费，因发行股票、债券而支付的发行费等。用资费用，是指公司因使用资金而付出的费用，如向股东支付的股利、向债权人支付的利息等。用资费用是资金成本的主要内容。筹资费用与用资费用的不同点是：筹资费用在筹措资金时一次支付，在用资过程不再发生；而用资费用是在使用资金过程中陆续支付。

资金成本可用绝对数表示，也可用相对数表示，但在公司理财中一般用相对数表示，即用资费用与实际筹得资金（即筹资数额扣除筹资费用后的差额）的比率。其计算公式如下：

$$资金成本（率）（K）=\frac{每年的资本费用（D）}{筹资数额（P）-筹资费用（F）}$$

$$=\frac{筹资数额（P）\times 用资费用率（i）}{筹资数额（P）-筹资数额（P）\times 筹资费用率（f）}$$

$$=\frac{筹资数额（P）\times 用资费用率（i）}{筹资数额（P）\times（1-筹资费用率（f））}$$

$$=\frac{用资费用率（i）}{1-筹资费用率（f）}$$

在理财实务中，如果用资费用是在所得税前支付的，需要考虑税前费用抵税的因素，则以上公式的分子要乘上“1-所得税税率（T）”：

$$K=\frac{i\cdot(1-T)}{1-f}$$

如果公司筹资时不发生筹资费用，则以上公式可分别改写为：

$$K=i$$

$$K=i\cdot(1-T)$$

5.1.2　资金成本的作用

资金成本的高低，一般要看该项投资的资金是借来的，还是投资者自有的。如资金是借来的，资金成本就是借款利率。如资金是自有的，则需要按照投资者的期望报酬来确定，此时资金成本率就是预期的投资报酬率。

资金成本在长期决策中非常重要，因为它是使新投资项目被接受的最低报酬率，任何预期获利水平不能达到这个报酬率的投资项目都将被舍弃；相反，预期获利水平超过这个报酬率的方案就是可采用的。资金成本是一种机会成本，通常由公司管理者根据银行挂牌的利率、证券投资的实际利率、股东权益获利水平及投资风险等因素综合考量而定。

5.2　个别资金成本

个别资金成本是指以单独的一种筹资方式筹集和使用资金而支付的成本，分为负债资金成本（债券资金成本、银行借款资金成本）和权益资金成本（优先股资金成本、普通股资金成本、留存收益资金成本）两类。

5.2.1　债券资金成本

债券资金成本分为筹资费用和用资费用：筹资费用一般较高，主要包括申请发行债券的手续费、债券注册费、印刷费、上市费以及推销费用等；用资费用即债券利息，于税前支付。

业务窗 5-1

某公司发行债券，面值 1 500 万元，期限 10 年，票面利率 12%，每年付息一次，发行费率 3%，所得税税率 25%，债券按面值等价发行，则该债券的资金成本为：

$$K=\frac{1\,500\times 12\%\times(1-25\%)}{1\,500\times(1-3\%)}\approx 9.28\%$$

5.2.2　银行借款资金成本

银行借款资金成本的计算与债券基本相同，银行借款利息也于税前支付。

业务窗 5-2

某公司向银行借入 100 万元，利率 10%，支付借款中介费 1 万元，所得税税率 25%，则该项借款的资金成本为：

$$K=\frac{100\times10\%\times(1-25\%)}{100-1}\approx7.58\%$$

5.2.3 优先股资金成本

优先股的股利于税后支付，且对于股利支付没有到期日。公司发行优先股，除定期支付股利外，还要支付一定的筹资费用。在公司理财实务中，优先股的股利率一般要大于债券的利息率，因为公司破产时，优先股股东的求偿权位于债券持有人之后，即优先股股东的风险大于债券持有人的风险。

业务窗 5-3

某公司发行优先股 100 万股，每股 1 元，按面值发行，发行手续费率为 4%，每年支付 10% 的股利，则该优先股的资金成本为：

$$\text{优先股资金成本}=\frac{10\%}{1-4\%}\approx10.42\%$$

5.2.4 普通股资金成本

在各种资金来源中普通股的资金成本最高，因为公司破产时，普通股股东的求偿权位于最后，即股东所承担的风险最大，普通股的报酬也应最高。普通股资金成本的计算有多种方法，为便于说明其原理，这里主要介绍简算法。

如果普通股每年股利固定不变，可视其为永续年金，则其计算公式为：

$$K=\frac{\text{每年固定股利（D）}}{\text{普通股发行价格（}P_0\text{）}\times\text{（1-普通股筹资费率（f））}}$$

如果普通股每年股利不断增加，假设年增长率为 g，则其计算公式为：

$$K=\frac{\text{第一年年末的股利（}D_1\text{）}}{P_0\cdot(1-f)}+g$$

业务窗 5-4

某公司发行普通股 10 万股，每股发行价 10 元，筹资费率 5%，第一年年末发放股利每股 0.6 元，以后每年增长 2%，则该股票的资金成本为：

$$K=\frac{0.6}{10\times(1-5\%)}+2\%\approx8.32\%$$

估价法是利用普通股现值估价公式来计算普通股资金成本的一种较为准确但也比较复杂的方法，将在“9.2 证券投资”中介绍。

5.2.5 留存收益资金成本

留存收益是企业所得税后形成的，是股东权益的一部分，也是公司的一项重要资金来源。留存收益虽然没有以股利的形式分发给股东，但股东同样以股东权益的形式分享利润，公司使用这部分资金同样要付出代价。留存收益资金成本是股东失去向外投资的机会成本，可采用普通股资金成本公式计算，但它不含筹资费用。

普通股每年股利固定不变时的留存收益资金成本计算公式如下：

$$K=\frac{D}{P_0}$$

普通股每年股利不断增加时的留存收益资金成本计算公式如下：

$$K=\frac{D}{P_0}+g$$

业务窗 5-5

某公司发行在外普通股 100 万股，每股市价 1 元。上年每股分配股利 0.2 元，留用净利润 20 万元。股东大会要求本年与上年同水平分配股利。

$$上年股利率=\frac{0.2}{1}\times100\%=20\%$$

由于上年留用净利润（留存收益）20 万元，假设该股票市价已同步增加 20 万元，则：

本年公司股票总市价 = 100×1+20 = 120（万元）

$$本年每股市价=\frac{120}{100}=1.2（元）$$

本年每股分配股利 = 1.2×20% = 0.24（元）

本年即使保持上年 20% 的股利发放水平，也比上年每股多支付 0.04 元股利，这就是使用留存收益 20 万元的代价，即留存收益的资金成本。

5.3　加权平均资金成本

加权平均资金成本又称综合资金成本，是指以各种资金占全部资金的比重为权数，对各种资金成本进行加权平均计算的资金成本。在实务中，公司可以从多种渠道、用多种方式来筹集资金，而不同方式筹集资金的成本是不同的，为了正确进行筹资和投资决策，就必须计算公司的综合资金成本。其计算公式为：

$$加权平均资金成本(K_w)=\sum_{j=1}^{n}W_jK_j$$

式中：W_j 表示第 j 种资金占总资金的比重；K_j 表示第 j 种资金的资金成本。

业务窗 5-6

某公司共有资金 3 000 万元，其中：普通股 1 200 万元、优先股 300 万元、债券 900 万元、留存收益 600 万元。各种资金的资金成本分别为：普通股 16%、优先股 12%、债券 6%、留存收益 15%。计算该公司加权平均资金成本。

①各种资金比重：

$$普通股（W）=\frac{1\,200}{3\,000}\times100\%=40\%$$

$$优先股（W）=\frac{300}{3\,000}\times100\%=10\%$$

$$债券（W）=\frac{900}{3\,000}\times100\%=30\%$$

$$留存收益（W）=\frac{600}{3\,000}\times100\%=20\%$$

②加权平均资金成本：

$$K_w=40\%\times16\%+10\%\times12\%+30\%\times6\%+20\%\times15\%=12.40\%$$

上述计算中的各种资金占全部资金的权数，是按照账面价值确定的，其资料容易获得，计算方便。但是账面价值反映的是历史的资本结构，不一定符合未来的状态。当资金的账面价值与市场价值差别较大时，比如股票、债券的市场价格发生较大变动，计算结果会与实际有较大差别，从而贻误筹资决策。为了克服这一缺陷，各种资金占全部资金权数的确定还可以按市场价值或目标价值加权确定。

市场价值权数是指股票、债券以市场价格确定权数，这样计算的综合资金成本能反映企业目前的实际情况。但是市场价格变动频繁，计算出的加权平均资金成本也是转瞬即逝的。

目标价值权数是指股票、债券根据预计的未来目标市场价值确定权数。这种权数能体现期望的资本结构，而不像账面价值权数和市场价值权数只反映过去和现在的资本结构。

5.4 资金的边际成本

资金的边际成本是指资金每增加一个单位而增加的成本。公司理财的投资、筹资环节都必须考虑资金的边际成本。这是因为公司的投资活动是不断进行的，公司不能仅仅考虑目前在用资金的成本，还要考虑为投资项目追加筹资的资金成本。

资金边际成本的计算步骤如下：

第一步，确定公司最优资金结构，即公司目前各种资金所占的最优比重。

第二步，确定各种筹资方式的资金成本，即分析当前金融市场上的利率情况，确定各种筹资方式的最佳资金成本。

第三步，计算筹资总额分界点，即根据已确定的资金结构和不同筹资方式的资金成本计算筹资总额分界点。

$$\text{筹资总额分界点}=\frac{\text{某一特定资金成本筹集到的该种资金}}{\text{该种资金在资本结构中所占的比重}}$$

第四步，计算各种筹资总额范围内的资金成本，即分析计算各种筹资总额范围内的加权平均资金成本。

业务窗 5-7

美达公司已有资金 500 万元，其中长期借款 100 万元，长期债券 125 万元，普通股 275 万元，对应的资金成本分别为 3%、10%、13%，平均资金成本为 10.25%。其他相关资料见表 5-1。公司拟筹资扩大经营规模，需要计算美达公司各种筹资总额范围内的资金边际成本。

表 5-1 **美达公司有关资料表**

资金种类	最优资金结构	拟筹资额	最佳资金成本
长期借款	20%	4 万元以下	3%
		4 万元～12 万元	5%
		12 万元以上	7%
长期债券	25%	20 万元以下	10%
		20 万元～40 万元	11%
		40 万元以上	12%
普通股	55%	55 万元以下	13%
		55 万元以上	15%

①计算筹资分界点。

长期借款资金成本为3%的筹资分界点 = 4÷20% = 20（万元）

长期借款资金成本为5%的筹资分界点 = 12÷20% = 60（万元）

长期借款资金成本为7%的筹资分界点为60万元以上。

长期债券资金成本为10%的筹资分界点 = 20÷25% = 80（万元）

长期债券资金成本为11%的筹资分界点 = 40÷25% = 160（万元）

长期债券资金成本为12%的筹资分界点为160万元以上。

普通股票资金成本为13%的筹资分界点 = 55÷55% = 100（万元）

普通股票资金成本为15%的筹资分界点为100万元以上。

②计算各种筹资总额范围内的资金成本。

由上述筹资分界点可得出以下6组筹资总额范围：20万元以下；20万元～60万元；60万元～80万元；80万元～100万元；100万元～160万元；160万元以上。

对以上6组范围分别计算加权平均资金成本（见表5-2），供追加筹资计划参考。

表 5-2　**加权平均资金成本计算表**

筹资总额范围	资金种类	资本结构	资金成本	加权平均资金成本
20 万元以下	长期借款	20%	3%	3%×20% = 0.6%
	长期债券	25%	10%	10%×25% = 2.5%
	普通股	55%	13%	13%×55% = 7.15%
	合计（边际资金成本）			10.25%
20 万元～60 万元	长期借款	20%	5%	5%×20% = 1%
	长期债券	25%	10%	10%×25% = 2.5%
	普通股	55%	13%	13%×55% = 7.15%
	合计（边际资金成本）			10.65%
60 万元～80 万元	长期借款	20%	7%	7%×20% = 1.4%
	长期债券	25%	10%	10%×25% = 2.5%
	普通股	55%	13%	13%×55% = 7.15%
	合计（边际资金成本）			11.05%
80 万元～100 万元	长期借款	20%	7%	7%×20% = 1.4%
	长期债券	25%	11%	11%×25% = 2.75%
	普通股	55%	13%	13%×55% = 7.15%
	合计（边际资金成本）			11.30%
100 万元～160 万元	长期借款	20%	7%	7%×20% = 1.4%
	长期债券	25%	11%	11%×25% = 2.75%
	普通股	55%	15%	15%×55% = 8.25%
	合计（边际资金成本）			12.40%
160 万元以上	长期借款	20%	7%	7%×20% = 1.4%
	长期债券	25%	12%	12%×25% = 3%
	普通股	55%	15%	15%×55% = 8.25%
	合计（边际资金成本）			12.65%

知识窗

投资需稳健

风险和收益总是正相关的，高收益必然高风险，这是投资学上铁的规律，绝无例外。这就要求投资者要有足够的风险防范意识。赚大钱当然是有可能的，只是血本无归的风险也同样高。因此，对高风险的投资项目投入的资金比例相对少才是稳健的投资选择。

课堂思考

余额宝的迅速崛起，引起相关部门的重视。全国政协委员、招商银行前行长马蔚华认为，余额宝存货币基金，货币基金又存回银行，转一圈钱的资本成本升高了，对实体经济没有任何意义。“我们现在研究的是对实体经济有帮助，而不是将钱转来转去。”

“没有银行协议存款，那余额宝的货币基金谁要？最终还不是要回到银行吗？现在如果商业银行的同业存款放开了，余额宝的盈利空间就很小了。”马蔚华表示，正是因为银行的活期存款没有放开，实行利率管制，储户要寻找高的收益，这个时候余额宝的收益较高。

相反，“中国基金之父”王连洲认为，余额宝等货币市场基金并不会动摇银行的存款基础。王连洲指出，“余额宝推高了市场利率”这一说法只是一个误解。

他说，从运作机制来看，中国货币市场基金连接了活期存款和银行间协议存款两个市场，主要投资于银行协议存款。也就是说，居民将银行活期存款转移到货币市场基金，货币市场基金再投资于银行协议存款，从整体上看，资金并没有太多流出银行体系，只不过不同市场的利率价格差被打破了。

此外，王连洲表示，货币市场基金打通了债券市场和银行存款的通道，扮演了专业化理财工具的重要角色。这一点，与中央一直以来强调要大力发展债券融资市场是完全一致的。这可以促使资金流向更有效率的领域，余额宝的贡献，不仅不是提升，反而能降低社会资本成本。

资料来源　证券时报网（深圳）。

思考：你怎么看待“余额宝提升资本成本”这一说法？

温故知新

【本章小结】

在市场经济条件下，公司筹集和使用资金必须支付一定的费用，这些费用就是资金成本，包括用资费用和筹资费用。资金成本对于长期投资决策非常重要，因为它是使新投资项目被接受的最低报酬率。个别资金成本是指以单独的一种筹资方式筹集和使用资金而支付的成本。在实务中，公司可以从多种渠道、用多种方式来筹集资金，并应计算综合资金成本以比较不同资金的组合。公司进行投资不能仅仅考虑目前在用资金的成本，还要考虑为投资项目追加筹资的成本，这就需要计算资金的边际成本。

【关键点】

概念：资金成本　加权平均资金成本　资金的边际成本　债券资金成本

观念：筹资费用和用资费用的区别　资金成本的作用　资金边际成本的计算步骤
加权平均资金成本的意义

【理解与应用】

1）选择题

(1) 债券成本一般要低于普通股成本，这主要是因为(　　)。

A. 债券的发行量小　　B. 债券的筹资费用少

C. 债券的利息固定　　D. 债券的追偿权优先于普通股，即风险较小

(2) 在个别资金成本中，属于权益资金成本的是(　　)。

A. 优先股资金成本　　B. 债券资金成本

C. 普通股资金成本　　D. 留存收益资金成本

(3) 在个别资金成本中，须考虑所得税因素的是(　　)。

A. 债券资金成本　　B. 银行借款资金成本

C. 优先股资金成本　　D. 普通股资金成本

(4) 影响企业综合资金成本的因素主要有(　　)。

A. 资金结构　　B. 个别资金成本

C. 筹资总额　　D. 筹资期限

2）问答题

(1) 筹资活动是不是一定会发生筹资费用？

(2) 个别资金成本主要有哪些？

(3) 在计算哪些个别资金成本时要考虑税收因素？

(4) 留存收益为什么有资金成本？

3）技能题

(1) 某企业向银行借入一笔长期借款，借款年利率12%，借款手续费率0.2%，所得税税率25%。计算该笔借款的资金成本。

(2) 某公司按面值发行1 000万元优先股，筹资费率为3%，年股利率为11%，所得税税率25%。计算该优先股的资金成本。

(3) 某公司留存收益100万元，上年公司对外发行普通股的股利率为12%，预计股利每年增长3%。计算该公司留存收益的资金成本。

4）案例分析

(1) 某公司拟发行一笔期限为5年的债券，债券面值为1 000万元，溢价发行，实际发行价格为面值的110%，票面利率10%，每年年末付息，筹资费率5%，所得税税率25%。计算该债券的资金成本并提出是否发行该债券的建议。

(2) 某公司拟发行普通股股票2 000万元，筹资费率6%，预计首年年末股利率为12%，以后股利年增长率为2%，所得税税率25%。计算该普通股的资金成本并提出是否发行该股票的建议。

技能强化实训

实训目的

基本能力点：资金成本的计算。

能力拓展点：综合资金成本的计算。

实训课题

体会资金成本对公司投资决策和经营效益的影响。

实训组织

实训地点：某公司。

实训内容：了解该公司的债券和股票发行情况及其资金成本。

实训成果：调研报告。

自我评价：百分制。

下章预习要点

概念：成本习性　固定成本　变动成本和混合成本　贡献毛益　回归分析法

观念：成本按习性分类　分解混合成本的方法　保本分析方法　目标利润规划

第 6 章

基本观念：本量利分析

学习目标

知识目标：掌握成本习性的概念和分类，以及贡献毛益的内涵；明确保本点的含义以及本、量、利之间的联系；了解成本习性分析在生产经营活动中的运用。

技能目标：掌握保本点的计算、目标利润的规划以及利润的敏感分析；会用本量利分析解决生产经营活动中的问题。

能力目标：能运用本量利观念对企业生产经营问题进行分析、判断并提出相应的对策。

理念导引

公司销售产品有盈利吗？

某公司全年只生产销售一种产品，销售单价 3 000 元，单位变动成本 2 000 元，固定成本 50 万元。该产品面向全国市场销售，且有多种同类竞争产品在售。此外，就使用价值而言，该产品有多种替代品在售。

讨论：该公司产品销售在什么情况下有盈利？为什么？

6.1 成本习性概述

6.1.1 成本习性的概念

成本习性又称成本性态，是指成本与业务量之间的依存关系，即成本如何随公司业务量的变动而变动。随着业务量的增加或减少，某一特定成本可能会随之提高或降低，或维持不变。管理者必须能够预测随着业务量的增减变动，哪些成本会随之发生变动及相应的变动量。研究成本习性，从数量上具体掌握成本与业务量之间的规律性联系，可以为公司正确地进行最优管理决策和改善经营管理提供许多重要的信息，同时便于事先控制成本和挖掘降低成本的潜力，最大限度地降低成本，增加盈利，实现最佳经济效益。

6.1.2 成本按成本习性的分类

成本按成本习性可分为固定成本和变动成本两大类。但是，在理财实务中，由于成本项目的复杂性，公司要先行将成本分为固定成本、变动成本和混合成本三大类，再将混合成本分解为固定成本和变动成本两类，最终将所有成本项目归并为固定成本和变动成本两大类。

成本与业务量之间的依存关系，可用以下函数来描述：

$$y=a+bx$$

式中：y 表示总成本；b 表示单位变动成本；a 表示固定成本总额；x 表示业务量总额。

1）固定成本

固定成本，是指其成本总额在一定时期和一定业务量范围内不受业务量增减变动影响而固定不变的成本。属于固定成本的主要有折旧费、保险费、管理人员工资、办公费等，只要产销量在一定范围内变动，这些费用每年的支出水平都基本保持固定不变。由于这些成本是固定不变的，单位固定成本将随着产量的增加而变小。值得注意的是，固定成本总额只是在一定时期和业务量的一定范围内保持不变，超过了相关范围，固定成本也会发生变动。因此，必须和一定时期、一定业务量联系起来分析固定成本。

固定成本还可进一步分为约束性固定成本和酌量性固定成本两类：

（1）约束性固定成本，属于公司“经营能力”成本，是公司一定时期（通常为一年）内为维持一定的业务量所必须负担的、管理层决策不能轻易改变其数额的固定成本，如厂房、机器设备的折旧费、保险费等。公司的经营能力一经形成，在短期内很难有重大改变，因而这部分成本有很强的约束性，要想降低约束性固定成本，只能从合理利用经营能力入手。

（2）酌量性固定成本，属于公司“经营方针”成本，是根据公司的经营方针由管理层确定的一定时期（通常为一年）内管理层决策可以改变其数额的固定成本，如广告费、研究与开发费、职工培训费等。这些成本是可以随公司经营方针的变化而变化的，因此，要降低酌量性固定成本，就要在预算时精打细算，合理确定这部分成本的数额。

2）变动成本

变动成本，是指其成本总额随着业务量增减变动成同比例增减变动的成本，如直接材料、直接人工等。但从产品的单位成本来看则恰好相反，业务量增减变动的同时，产品单位成本中的变动成本保持不变。同样值得注意的是，变动成本和产销量成本成正比例变化也是有一定范围的，超过了一定范围，这种关系就不存在了。

3）混合成本

混合成本，是指那些虽然也随业务量的变动而变动，但不成正比例变动，不能简单地归入变动成本或固定成本的成本。在理财实务中，为了提供准确的管理信息，对混合成本应采取适当的方法，将其中的变动和固定两种因素分解出来，并分别归入变动成本和固定成本中去，即建立 $y=a+bx$ 函数关系，求得 a 和 b。

分解混合成本的方法主要有高低点法和回归分析法。

（1）高低点法，是以某一特定期间内最高业务量（高点）混合成本与最低业务量（低点）混合成本之差除以最高业务量与最低业务量之差，计算出单位变动成本的值，然后确定固定成本总额，从而可达到分解混合成本目的的一种方法。其计算公式如下：

$$y=a+bx$$

$$b=\frac{\text{高点混合成本}（y_1）-\text{低点混合成本}（y_2）}{\text{高点业务量}（x_1）-\text{低点业务量}（x_2）}$$

$$a=y_1-bx_1$$

或 $a=y_2-bx_2$

业务窗 6–1

某公司第 1～6 年实际发生的机器工作小时和混合维修成本资料见表 6–1，运用高低点法分解混合维修成本。

表 6–1　　某公司机器工作小时和混合维修成本资料表

年份	机器工作小时 x（万小时）	混合维修成本 y（万元）
1	5	60
2	15	85
3	10	70
4	20	85
5	30	115
6	25	95
合计	105	510

b=（115–60）÷（30–5）=2.2（元/小时）

代入高点组数据：

a=115–2.2×30=49（万元）

代入函数关系式：

y=49+2.2x

式中：混合维修成本分解为固定成本 49 万元，变动成本 2.2x 万元。

（2）回归分析法，是根据一系列历史成本资料计算出能代表平均成本水平的直线截距和斜率分别作为固定成本和单位变动成本的一种成本分解方法。其计算公式如下：

$$y = a + bx$$

$$b = \frac{n\sum x_i y_i - \sum x_i \sum y_i}{n\sum x_i^{\ 2} - (\sum x_i)^2}$$

$$a = \frac{\sum y_i \quad b\sum x_i}{n}$$

业务窗 6–2

针对“业务窗 6–1”的资料，运用回归分析法分解混合维修成本。计算过程见表 6–2。

表 6–2　　计算过程表

年份	机器工作小时 x（万小时）	混合维修成本 y（万元）	xy	x^2
1	5	60	300	25
2	15	85	1 275	225
3	10	70	700	100
4	20	85	1 700	400
5	30	115	3 450	900
6	25	95	2 375	625
合计	105	510	9 800	2 275

将表 6-2 中的数据代入公式：

$$b=\frac{6\times9\ 800-105\times510}{6\times2\ 275-105^2}=2\ (元/小时)$$

$$a=\frac{510-2\times105}{6}=50\ (万元)$$

代入函数关系式：

$$y=50+2x$$

式中：混合维修成本分解为固定成本 50 万元，变动成本 2x 万元。

注意：以上两种计算方法的结果都有一定的误差。

6.2 本量利分析

6.2.1 贡献毛益

贡献毛益又称边际利润，是指销售收入超过变动成本的金额。它不是公司实现的营业利润。贡献毛益要先用来补偿固定成本，余额才能为公司提供利润。贡献毛益不够补偿固定成本意味着亏损。所以，贡献毛益是公司盈利与否及产品对公司最终利润贡献大小的重要标志。

贡献毛益的表现形式如下：

贡献毛益＝销售收入－变动成本

单位贡献毛益＝销售单价－单位变动成本

$$贡献毛益率=\frac{贡献毛益}{销售收入}\times100\%=\frac{单位贡献毛益}{销售单价}\times100\%$$

贡献毛益以绝对数表现产品的盈利性。贡献毛益率是表现产品盈利性的相对指标，它可以用于不同公司、不同时间、不同内部单位之间的比较，因而更准确、更具有说服力。

$$贡献毛益率=\frac{销售收入-变动成本}{销售收入}=1-\frac{变动成本}{销售收入}=1-变动成本率$$

业务窗 6-3

某公司以单价 10 元销售某产品 50 000 件，产品单位变动成本 6 元（制造成本 3 元，销售成本 2 元，其他成本 1 元）。计算贡献毛益率和变动成本率。

单位贡献毛益＝10－6＝4（元）

贡献毛益率＝4÷10×100%＝40%

变动成本率＝1－40%＝60%

6.2.2 保本分析

保本点又称盈亏临界点，是指收入和支出相等条件下的销售量或销售收入。一定时期内，公司从事生产经营活动的全部耗费都必须从其取得的销售收入中得到补偿。当销售收入正好补偿变动成本和固定成本时，公司不盈不亏。

1）单一产品保本分析

销售收入－变动成本－固定成本＝利润

设利润＝0，则有：

$$Q\cdot P-Q\cdot b-a=Q\cdot(P-b)-a=0$$

式中：Q 代表销量；P 代表单价；b 代表单位变动成本；a 代表固定成本。

得到保本点的计算公式如下：

$$保本点销量（Q）=\frac{a}{P-b}$$

$$保本点销售额（S）=\frac{a}{P-b}\cdot P=\frac{a}{贡献毛益率}$$

业务窗 6-4

某公司全年产销单一产品，销售单价 3 000 元，单位变动成本 2 000 元，固定成本 50 万元。计算该产品的保本点。

保本点销量（Q）= 500 000÷1 000 = 500（件）

保本点销售额（S）= 500×3 000 = 1 500 000（元）= 150（万元）

2）多种产品保本分析

若公司同时生产多种产品，则一般要先计算综合贡献毛益率，再求得保本销售额，然后根据各种产品的单价计算其保本销售量。其计算公式如下：

综合贡献毛益率 = 全部产品贡献毛益率÷全部产品销售收入×100%

保本销售额 = 全部固定成本÷综合贡献毛益率

某种产品保本销售量 = 该种产品保本销售额÷该种产品单价

业务窗 6-5

某公司产销甲、乙、丙三种产品，有关资料见表 6-3。

表 6-3 **某公司资料表**

项目	甲产品	乙产品	丙产品
预计产销量（件）	12 000	8 000	5 000
销售单价（元/件）	10	18	25
单位变动成本（元）	7	12	22
全年固定成本（元）	80 000		

①销售收入 = 12 000×10+8 000×18+5 000×25 = 389 000（元）

变动成本 = 12 000×7+8 000×12+5 000×22 = 290 000（元）

贡献毛益 = 389 000-290 000 = 99 000（元）

②综合贡献毛益率 = 99 000÷389 000×100% ≈25. 45%

③保本销售额 = 80 000÷25. 45% ≈314 342（元）

④甲产品保本销售量 = 314 342×（120 000÷389 000×100%）÷10≈9 697（件）

乙产品保本销售量 = 314 342×（144 000÷389 000×100%）÷18≈6 465（件）

丙产品保本销售量 = 314 342×（125 000÷389 000×100%）÷25≈4 040（件）

6. 2. 3 目标利润规划

影响利润的因素主要有销售数量、销售单价、单位变动成本和固定成本等，这些因素并不是孤立存在的，而是相互影响的。在理财活动中，为了保证预期的盈利水平可实现，往往要事先规划利润目标，从而确定应当采取的多种措施。目标利润规划按以下公式进行：

销量×单价-销量×单位变动成本-固定成本 = 利润

业务窗 6-6

某公司目前年产甲产品 5 000 件，销售单价为 30 元，单位变动成本为 24 元，全年固定成本 30 000 元。公司处于不盈不亏状态。如果要实现 15 000 元的目标利润，可以采用以下综合措施：

①降低销售单价，扩大销售量。公司要努力挖掘生产潜力，增加产品产量，同时还要使增产的产品能够实现销售，只有适当削减产品销售单价。设销售产品单价降低 10%，可实现目标利润的销售量为：

$$\frac{30\ 000+15\ 000}{30\times(1-10\%)-24}=15\ 000\text{（件）}$$

可见，在现有条件下实现目标利润，要求当销售单价降到 27 元（降低率 10%）时销售量在原有基础上增加 2 倍。

②降低销售单价，扩大销售数量，同时降低单位变动成本。在降低销售单价并扩大销售量的同时，节约生产耗费或争取材料采购价格优惠，可使单位变动成本降低。如果公司销售单价能降低 8%，销售量又能增加 1 倍，为实现目标利润拟改进工艺、节约材料和减少工时消耗，要求单位变动成本为：

$$\frac{10\ 000\times30\times(1-8\%)-30\ 000-15\ 000}{10\ 000}=23.10\text{（元）}$$

由此可见，在现有条件下，销售单价降低 8%，销售量增加 1 倍，单位变动成本降低 3.75%（（24-23.10）÷24×100%），才能保证目标利润的实现。

③降低变动成本，压缩固定成本。在公司生产经营能力和市场销售量的限制下，降低销售单价不能扩大销售量，要实现目标利润就只能从成本方面挖掘潜力：一方面降低单位变动成本；另一方面压缩固定成本。设单位变动成本降低 11.25%，实现目标利润的固定成本为：

$$5\ 000\times[30-24\times(1-11.25\%)]-15\ 000=28\ 500\text{（元）}$$

由此可见，在现有条件下实现目标利润，要求单位变动成本降低 2.70 元（降低率 11.25%），同时固定成本压缩 1 500 元（30 000-28 500）。

6.2.4 利润的敏感分析

利润的敏感分析，就是分析导致利润质变（盈亏转变）的参数变化界限，各参数变化对利润变化的影响程度，以及各参数变动时如何调整销量以保证原目标利润的实现。

1）导致利润发生质变的参数变化界限

单价、单位变动成本、固定成本和销售量的变化都会影响利润。敏感分析就是利用最大最小法的原理，确定能引起利润目标发生质变的各参数变化的界限。

（1）单价的最小值。单价下降会使利润下降，下降到一定程度，利润将变为零。这个导致利润变为零的单价就是公司能承受的单价最小值。

（2）单位变动成本的最大值。单位变动成本上升会使利润下降，下降到一定程度，利润将变为零。这个导致利润变为零的单位变动成本就是公司能承受的单位变动成本最大值。

（3）固定成本最大值。固定成本上升也会使利润下降，并趋近于零。这个导致利润趋于零的固定成本就是公司能承受的固定成本最大值。

（4）销售量最小值。销售量最小值是指使公司利润为零的销售量，即盈亏临界点销售量。

2）各参数变化对利润变化的影响程度

各参数变化都会引起利润的变化，但其影响程度各不相同。利润对一些参数的变化反应十分敏感，这类参数为敏感因素；利润对一些参数的变化反应比较迟钝，这类参数为不敏感因素。反映敏感程度的指标是敏感系数，其公式为：

$$敏感系数=\frac{目标利润值变动百分比}{参数值变动百分比}$$

下面两个业务窗就分别从以上两方面说明了利润的敏感分析。

业务窗 6-7

某公司生产甲产品，单价 3 元，单位变动成本 1.80 元，预测期分摊固定成本 60 000 元，预计产销量 100 000 件。计算单价最小值 P、单位变动成本最大值 b、固定成本最大值 a 和销售量最小值 x。

预测年度利润＝100 000×（3−1.80）−60 000＝60 000（元）

100 000×（P−1.80）−60 000＝0⇒P＝2.40（元）

单价降至 2.40 元，即单价降低 20%（0.6÷3×100%）时，公司由盈利转为亏损。

100 000×（3−b）−60 000＝0⇒b＝2.40（元）

单位变动成本上升至 2.40 元，即单位变动成本上升 33%（0.60÷1.80×100%）时，公司利润由 60 000 元降至零。

100 000×（3−1.80）−a＝0⇒a＝120 000（元）

固定成本增至 120 000 元，即固定成本增加 100%（60 000÷60 000×100%）时，公司由盈利转为亏损。

x＝60 000÷（3−1.80）＝50 000（件）

销售计划如果只完成 50%（50 000÷100 000×100%），则公司利润为零。

业务窗 6-8

承续“业务窗 6-7”，就单价、单位变动成本、固定成本、销售量在其他因素不变的情况下单独增长 20%，计算相应的利润敏感系数。

①计算单价的敏感程度。

P＝3×（1+20%）＝3.60（元）⇒V＝100 000×（3.60−1.80）−60 000＝120 000（元）

目标利润值变动百分比＝（120 000−60 000）÷60 000×100%＝100%

单价的敏感系数＝100%÷20%＝5

单价对利润的影响很大，利润以 5 倍的速率随单价变化，即每降价 1%，利润下降 5%。

②计算单位变动成本的敏感程度。

b＝1.8×（1+20%）＝2.16（元）⇒V＝100 000×（3−2.16）−60 000＝24 000（元）

目标利润值变动百分比＝（24 000−60 000）÷60 000×100%＝−60%

单位变动成本的敏感系数＝−60%÷20%＝−3

单位变动成本对利润的影响也比较大，单位变动成本每上升 1%，利润减少 3%。

③计算固定成本的敏感程度。

$a=60\ 000\times(1+20\%)=72\ 000$（元）$\Rightarrow V=100\ 000\times(3-1.80)-72\ 000=48\ 000$（元）

目标利润值变动百分比 $=(48\ 000-60\ 000)\div 60\ 000\times 100\%=-20\%$

固定成本的敏感系数 $=-20\%\div 20\%=-1$

固定成本每上升1%，利润减少1%，即固定成本增加时，利润等量减少。

④计算销售量的敏感程度。

$x=100\ 000\times(1+20\%)=120\ 000$（件）$\Rightarrow V=120\ 000\times(3-1.80)-60\ 000=84\ 000$（元）

目标利润值变动百分比 $=(84\ 000-60\ 000)\div 60\ 000\times 100\%=40\%$

销售量的敏感系数 $=40\%\div 20\%=2$

销售量每上升1%，利润将增加2%。

从以上计算分析可知，就该公司利润对各因素的敏感程度排序，首先是单价（敏感系数5），其次是单位变动成本（敏感系数-3），再次是销售量（敏感系数2），最后是固定成本（敏感系数-1）。其中敏感系数为正值的是单价、销售量，敏感系数为负值的是单位变动成本、固定成本。

知识窗　欲速则不达

对于想要在一夜之间成为百万、千万甚至亿万富翁的人，我们的忠告是：投资理财绝对不适合你。因为，投资理财靠的是“慢工出细活”。利用理财创造财富的力量，虽然比我们想象的要来得大，但是所需的时间却也比想象的来得久。

投资理财能够缓慢而稳健地致富。那种幻想用小钱投资，而在短时间内赚取亿万财富的人，我们可以坦率地告诉他，除了博彩游戏，别无他途。试想，母亲可否不经历怀胎十月而生出婴儿？农民可否缩短稻苗成长的时间？财富的增长与生命的成长一样，均是在复利的作用下点点滴滴日积月累形成的。对投资理财而言，欲速则不达。

课堂思考

中小书店正面临大型书城和在线图书销售网站的激烈竞争，诸多经营中的问题正困扰着书店经营者，如何选择适销对路的图书品种，使库存书本既保证不缺货又不过多占压资金，设计既能吸引读者又能产生利润的销售折扣。

思考：如何发挥本量利分析的作用，帮助中小书店盈利？

温故知新

【本章小结】

成本习性是成本与业务量之间的依存关系，即成本如何随公司业务量的变动而变动。成本按成本习性可分为固定成本和变动成本两大类，对混合成本要用合适的方法分解为固定成本和变动成本。贡献毛益不是公司实现的营业利润，而是销售收入超过变动成本的差额。一定时期内，公司从事生产经营活动的全部耗费都必须从其取得的销售收入中得到补偿，保本点就是正好补偿全部耗费的销售收入。若公司同时生产多种产品则要进行多种产品的保本分析。为了保证目标利润的实现，往往要从多方面采取措施，并要进行利润的敏感分析。

【关键点】

概念：成本习性　固定成本　变动成本和混合成本　贡献毛益　回归分析法

观念：成本按习性分类　分解混合成本的方法　保本分析方法　目标利润规划

【理解与应用】

1）选择题

(1) 成本的特点是在相关范围内(　　)。

A. 总额固定　　B. 单位额固定

C. 总额随业务量成反比例变动　　D. 单位额随业务量成反比例变动

(2) 混合成本不包括(　　)。

A. 半变动成本　　B. 酌量性固定成本

C. 半固定成本　　D. 约束性固定成本

(3) 边际贡献可按如下公式计算(　　)。

A. 销售收入−变动成本

B. 销售收入−变动成本−酌量性固定成本

C. （销售单价−单位变动成本）×产销数量

D. 单位边际贡献×产销数量

(4) 下列项目中，属于变动成本的是(　　)。

A. 直接材料　　B. 直接人工

C. 广告费　　D. 职工培训费

2）问答题

(1) 公司理财为什么要研究成本习性?

(2) 固定成本是固定不变的吗?

(3) 为什么要分解混合成本?

(4) 贡献毛益就是利润，对吗?

3）技能题

(1) 某公司只生产一种产品，销售单价 4 元，单位变动成本 1.50 元，全月固定成本 1 000 元。分析下列变动对保本点的影响：其他条件不变，固定成本增加 3 000 元；其他条件不变，单位变动成本降低 0.3 元；其他条件不变，销售单价提高 0.7 元。

(2) 某公司目前年产 X 产品 8 000 件，销售单价 5 元，单位变动成本 3 元，全年固定成本 10 000 元。计划年度，公司拟提高利润 8%。分析：可采取哪些单项措施？如果固定成本只能降低 1 000 元，要实现目标利润，单位变动成本应降低多少？如果通过降低销售单价、扩大销售量来实现目标利润，销售单价降低到 4.50 元，销售量应达到多少？

4）案例分析

某公司 A 产品单价为 5 元，单位变动成本为 3 元，预计产量为 10 000 件，分摊的固定成本为 10 000 元。

要求：分析影响利润各因素的最大值、最小值；分析各因素的敏感系数。

技能强化实训

实训目的

基本能力点：本量利分析。

能力拓展点：目标利润规划。

实训课题

体会本量利分析对企业目标利润规划的意义。

实训组织

实训地点：某公司。

实训内容：了解该公司的本量利分析方法及其在目标利润规划中的应用。

实训成果：调研报告。

自我评价：百分制。

下章预习要点

概念：杠杆　经营杠杆　财务杠杆　复合杠杆

观念：杠杆观念　经营杠杆理论计算原理　财务杠杆和财务风险的关系
复合杠杆与其他杠杆的联系

第 7 章

基本观念：杠杆分析

学习目标

知识目标：掌握经营杠杆、财务杠杆、复合杠杆的概念；明确经营杠杆、财务杠杆与复合杠杆之间的关系，以及它们与经营风险、财务风险、公司风险的联系；了解杠杆分析观念在理财活动中的作用。

技能目标：掌握经营杠杆、财务杠杆、复合杠杆系数的理论和实务计算公式；会用杠杆分析观念来分析公司财务状况变化的规律。

能力目标：能对症下药地制定理财策略，为企业经营管理活动的预测、决策服务。

理念导引

负债融资之于小企业

国际上通常认为50%的资产负债率是企业的安全线，过度负债容易导致过高的财务风险。而小企业的经营特点和融资特点使得其资产负债率相对较高。喜欢冒险的企业家往往追求较高的资产负债率，为股东实现较高的收益。但由此引发的财务风险所带来的额外收益一般很少，有时甚至不足以弥补风险带来的损失。如果企业在一个较稳定的行业中占据了一个较有利的市场地位，那么较高的负债率会为企业带来较大的收益。但如果企业的经营状况较差，企业的各种条件都可能随时变化，那么这种不确定性对企业净利润的影响就较大，财务杠杆会使这种情况更加恶化，使企业的风险加大。如果企业有较强的融资能力，尤其是能够及时筹集到流动资金，那么企业就会倾向较大的负债率，即追求较高的财务风险。

讨论：影响小企业资产负债率的主要因素。

7.1 经营杠杆分析

7.1.1 经营杠杆的概念

经营杠杆又称营业杠杆，是指固定生产经营成本的存在使利润变动率大于业务量变动率的现象。在相关范围内，业务量的增加一般不会改变固定成本的总额，但会使单位固定成本降低，从而提高单位产品利润，并使利润增长率大于业务量增长率；反之，业务量减少会使单位固定成本升高，从而减少单位产品利润，并使利润下降率大于业务量下降率。经营杠杆是理财分析的一个重要概念，可帮助公司管理者根据预计销售变动率来预测计划期利润额。

7.1.2 经营杠杆的计量

经营杠杆对不同公司的作用程度是不同的，因此，需要根据各公司的实际情况对其经营杠杆进行计量。为此，理财实务中要计算经营杠杆系数，即息税前利润变动率相对于业务量（或销售额）变动率的倍数，也称为经营杠杆率。

1）经营杠杆系数的理论计算公式

$$经营杠杆系数=\frac{息税前利润变动率}{产销量变动率}$$

或 $$DOL=\frac{\Delta P/P}{\Delta S/S}$$

式中：P 表示变动前（基期）息税前利润（为了提供完整的财务信息，采用息税前指标）。息税前利润=税后利润+所得税+利息。ΔP 表示息税前利润变动额。S 表示变动前（基期）产销量。ΔS 表示产销量变动额。

2）经营杠杆系数的实务计算公式

上述经营杠杆系数理论计算公式要求变动前（基期）和变动后（计划期）的有关数据已知，而理财实务中往往只有变动前（基期）数据，变动后（计划期）数据需要预测，因此要运用简便的实务计算公式：

$$经营杠杆系数（DOL）=\frac{基期贡献毛益（M）}{基期息税前利润（P）}$$

上式分子和分母之差即固定成本，可见经营杠杆能发挥作用是由于固定成本的存在。

业务窗 7-1

某公司产品销售和成本的有关资料见表 7-1，分别按照理论计算公式和实务计算公式计算该公司的经营杠杆系数。

表 7-1 某公司产品销售和成本有关资料表 金额单位：元

	产销量变动前	产销量变动后	变动额	变动率
销售额	15 000	18 000	3 000	20%
变动成本	9 000	10 800	1 800	20%
贡献毛益	6 000	7 200	1 200	20%
固定成本	3 000	3 000	—	—
息税前利润	3 000	4 200	1 200	40%

理论计算公式：DOL=40%÷20%=2

实务计算公式：DOL=6 000÷3 000=2

业务窗 7-2

保中公司基期贡献毛益总额为 90 000 元，基期利润为 50 000 元，计划期销售量将增加 25%，预测计划期利润。

DOL=90 000÷50 000=1.8

$$计划期利润=P\cdot\left(1+\frac{\Delta S}{S}DOL\right)=50\,000\times(1+25\%\times1.8)=72\,500（元）$$

7.1.3　经营杠杆和经营风险的关系

经营风险又称业务风险，是指由生产经营方面的原因给公司盈利带来的不确定性。产生公司经营风险的主要原因是市场需求和成本等因素的不确定性，经营杠杆本身并不是利润不稳定的根源。但是，公司经营风险的大小和经营杠杆有重要关系。经营杠杆扩大了市场和生产等不确定因素对利润变动的影响。产销量增加时息税前利润将以 DOL 倍数的幅度增加，而产销量减少时息税前利润又将以 DOL 倍数的幅度减少。可见，经营杠杆系数越高（固定成本越高），利润变动越激烈，公司的经营风险就越大。

1）经营杠杆和经营风险关系分析一

息税前利润（P）= 贡献毛益（M）-固定成本（a）

将上式代入经营杠杆系数的计算公式，可推导出：

$$DOL=\frac{M}{M-a}$$

该式表明：a 越大，分母就越小，DOL 就越大，即在其他因素一定的情况下，固定成本越高，则 DOL 越大，公司经营风险也就越大。

2）经营杠杆和经营风险关系分析二

应用风险衡量观念，经过多种风险例证（略）得出结论：固定成本越高，经营杠杆系数越大，则公司每股利润的标准离差越大，公司的经营风险也就越大。

7.2　财务杠杆分析

7.2.1　财务杠杆的概念

财务杠杆，是指固定财务费用的存在使每股利润变动率大于息税前利润变动率的这种债务对投资者收益影响的现象。在实务中，公司每年的债务利息和优先股股利通常都是固定不变的，当息税前利润增大时，每 1 元息税前利润所负担的固定财务费用就会相对减少，意味着普通股获得更多的盈余；反之，就意味着普通股盈余的下降。这就是公司利用负债筹资方式增加普通股持有者收益的财务杠杆作用。

7.2.2　财务杠杆的计量

财务杠杆对不同公司的作用程度是不同的，因此，需要根据各公司的实际情况对其财务杠杆进行计量。为此，理财实务中要计算财务杠杆系数，即普通股每股利润变动率相对于息税前利润变动率的倍数，也称为财务杠杆率。

1）财务杠杆系数的理论计算公式

$$财务杠杆系数=\frac{普通股每股利润变动率}{息税前利润变动率}$$

或 $$DFL=\frac{\Delta E/E}{\Delta P/P}$$

式中：E 表示变动前（基期）普通股每股利润或普通股利润；ΔE 表示普通股每股利润变动额或普通股利润变动额。

业务窗 7-3

中兴公司和中北公司的资金总额均为 300 万元，息税前利润均为 30 万元，息税前利润增长率均为 20%。其余资料见表 7-2。计算两公司的财务杠杆系数。

表 7-2 **两公司资料表** 金额单位：元

项目	中兴公司	中北公司
股本（100 元/股）	3 000 000	1 500 000
发行在外股数	30 000	15 000
长期债务	0	1 500 000
资金总额	3 000 000	3 000 000
息税前利润	300 000	300 000
利息（利息率 8%）	0	120 000
税前利润	300 000	180 000
净利润（所得税税率 25%）	225 000	135 000
每股利润	7.5	9
增长变动后		
息税前利润增长率	20%	20%
增长后息税前利润	360 000	360 000
债务利息	0	120 000
税前利润	360 000	240 000
净利润（所得税税率 25%）	270 000	180 000
每股利润	9	12
每股利润增加额	1.5	3
每股利润增长率	1.5÷7.5×100% = 20%	3÷9×100% ≈ 33.33%

中兴公司 DFL = 20% ÷ 20% = 1

中北公司 DFL = 33.33% ÷ 20% ≈ 1.67

2）财务杠杆系数的实务计算公式

财务杠杆系数的理论计算公式要求变动前（基期）和变动后（计划期）数据已知，而理财实务中往往只有变动前（基期）数据，变动后（计划期）数据需要预测。因此要运用简便的实务计算公式：

$$\text{财务杠杆系数（DFL）}=\frac{\text{基期息税前利润（P）}}{\text{基期税前利润（}P_s\text{）}}$$

式中：分子和分母之差即固定财务费用（利息 I），可见财务杠杆能发挥作用是因为固定财务费用的存在。

如发行优先股，要考虑优先股相关因素，则上式变为：

$$\text{财务杠杆系数（DFL）}=\frac{\text{基期息税前利润（P）}}{\text{基期税前利润（}P_s\text{）}-\dfrac{\text{优先股股利}}{1-\text{所得税税率}}}$$

业务窗 7-4

承续“业务窗 7-3”，计算两公司的财务杠杆系数。

中兴公司 DFL = 300 000 ÷ 300 000 = 1

中北公司 DFL=300 000÷180 000≈1.67

以上计算说明，在息税前利润增长 20% 的情况下，中兴公司每股利润增长 20%，而中北公司却增长了 33.33%。可见，在利润增加时，中北公司每股利润的增长幅度大于中兴公司；当然，当利润减少时，中北公司每股利润的减少也会快于中兴公司。这就是财务杠杆作用的差异。因此，公司息税前利润较多、增长幅度较大时，适当地利用负债性资金，发挥财务杠杆的作用，可增加每股利润，使股票价格上涨，增加公司价值。

7.2.3　财务杠杆和财务风险的关系

财务风险又称筹资风险，是指由于举债而给公司财务成果带来的不确定性。公司为取得财务杠杆利益，就要增加负债，一旦息税前利润下降，不足以补偿固定利息支出，公司的每股利润就会下降得更快。当债务资本比率较高时，投资者将负担较多的债务成本，并承受较多财务杠杆作用所引起的收益变动的冲击，从而加大财务风险；反之，当债务资本比率较低时，财务风险较小。现举例分析财务杠杆和财务风险的关系。

1）财务杠杆和财务风险关系分析一

业务窗 7-5

承续“业务窗 7-3”。假设息税前利润下降 20%，其他资料不变。计算分析两公司的财务风险，见表 7-3。

表 7-3　**两公司资料表**　单位：元

降低变动后		
项目	中兴公司	中北公司
息税前利润增长率	-20%	-20%
变动后息税前利润	240 000	240 000
债务利息	0	120 000
税前利润	240 000	120 000
净利润（所得税税率 25%）	180 000	90 000
每股利润	6	6
每股利润减少额	3	6
每股利润增长率	3÷9×100% ≈33.33%	6÷12×100% =50%

可见，在息税前利润下降 20% 的情况下，中兴公司没有负债，每股利润下降了 33.33%；中北公司有负债，每股利润下降了 50%，财务风险较大。进一步假设息税前利润下降 60%，则中北公司税前利润降为 0，如果不能及时扭转局面，可能会濒临破产。

税前利润（P_s）= 息税前利润（P）−利息（I）

将上式代入财务杠杆系数计算公式：

$$DFL=\frac{P}{P-I}$$

该式表明，I 越大分母越小，则 DFL 越大，也就是说固定利息越高，DFL 越大，公司财务风险也就越大。可见，在其他因素一定的情况下，公司旨在利用财务杠杆的负债增加可能带来较大的利润，也可能使利润大幅度下降甚至亏损，公司的财务风险增大。

2）财务杠杆和财务风险关系分析二

应用风险衡量观念，经过多种风险例证（略）得出结论：公司负债经营，财务杠杆系数越大，则公司每股利润的标准离差也越大，公司的财务风险也就越大。

7.3 复合杠杆分析

7.3.1 复合杠杆的概念

复合杠杆，是指由于同时存在固定生产经营成本和固定财务费用，经营杠杆和财务杠杆共同作用，导致产销量稍有变动就会使每股盈余产生更大变动的现象。如前所述，经营杠杆直接影响息税前利润，财务杠杆直接影响税后利润或每股收益，所以经营杠杆又称第一阶段杠杆，财务杠杆又称第二阶段杠杆，两种杠杆叠加产生复合杠杆作用，使产销量变动直接与每股盈余相联系，直观地提供销售与利润关系的信息，是一个非常重要的指标。

7.3.2 复合杠杆的计量

复合杠杆对不同公司的作用程度是不同的，因此需要根据各公司的实际情况对复合杠杆进行计量。为此，理财实务中要计算复合杠杆系数，即普通股每股利润的变动率相对于业务量变动率的倍数，也称为复合杠杆率。

1）复合杠杆系数的理论计算公式

$$复合杠杆系数（DTL）=\frac{普通股每股利润变动率}{产销量变动率}=\frac{\Delta E/E}{\Delta S/S}$$

或 复合杠杆系数（DTL）= 经营杠杆系数（DOL）× 财务杠杆系数（DFL）

业务窗 7-6

某公司有关资料见表7-4。计算该公司的复合杠杆系数。

表 7-4 某公司有关资料表

项目	2012 年	2013 年	2013 年比 2012 年增加
销售收入（100 件）（万元）	1 500	1 800	20%
变动成本（万元）	600	720	20%
固定成本（万元）	600	600	—
息税前利润（万元）	300	480	60%
利息（万元）	120	120	—
税前利润（万元）	180	360	100%
净利润（万元）（所得税税率 25%）	135	270	100%
发行在外普通股（万股）	100	100	—
每股利润（元）	1.35	2.70	100%

DTL = 100% ÷ 20% = 5

可见，在复合杠杆的作用下，产销量增加20%，每股利润增加100%，每股利润增加速度是产销量增加速度的5倍；反之，产销量下降会导致每股利润以其5倍的速度下降。

2）复合杠杆系数的实务计算公式

复合杠杆系数的理论计算公式要求变动前（基期）和变动后（计划期）数据已知，

而理财实务中往往只有变动前（基期）数据，变动后（计划期）数据需要预测，因此要运用简便的实务计算公式：

$$复合杠杆系数（DTL）=\frac{基期贡献毛益（M）}{基期税前利润（P_s）}$$

如发行优先股，则上式变为：

$$复合杠杆系数（DTL）=\frac{基期贡献毛益（M）}{基期税前利润（P_s）-\frac{优先股股利}{1-所得税税率}}$$

或　复合杠杆系数（DTL）= 经营杠杆系数（DOL）×财务杠杆系数（DFL）

以上公式分子和分母之差即固定生产经营成本和固定财务费用之和。可见，复合杠杆能发挥作用是由于固定生产经营成本和固定财务费用的存在。

业务窗 7-7

仍以“业务窗 7-6”某公司有关资料为例，计算复合杠杆系数。

DTL =（1 500-600）÷180 = 5

也就是说，公司的产销量每增加 1%，每股利润增加 5%。

7.3.3　复合杠杆和公司风险的关系

公司风险包括经营风险和财务风险。在复合杠杆的作用下，当公司经济效益好时，每股利润会大幅度上升；当公司经济效益差时，每股利润会大幅度下降，使公司出现复合风险，即公司风险。一般来说，在其他因素不变的情况下，固定生产经营成本和固定财务费用越大，复合杠杆系数越大，公司风险越大；反之，公司风险越小。

1）复合杠杆和公司风险关系分析一

税前利润（P）= 贡献毛益（M）-固定成本（a）-利息（I）

将上式代入复合杠杆系数的计算公式：

$$DTL=\frac{M}{M-a-I}$$

该式表明，a 和 I 越大分母越小，则 DTL 越大，即在其他因素一定的情况下，固定生产经营成本和固定利息费用越大，DTL 越大，公司风险也就越大。

2）复合杠杆和公司风险关系分析二

应用风险衡量观念，经过多种风险例证（略）得出结论：固定生产经营成本和固定利息费用越大，复合杠杆系数越大，则公司每股利润的标准离差越大，公司的风险也就越大。

知识窗　**杠杆收购**

杠杆收购，是指公司或个体利用自己的资产作为债务抵押，从而以最低程度的现金开支收购另一家公司的策略，也可以说是获取或控制其他公司的一种方法。杠杆收购的突出特点是：收购方为了进行收购而大规模融资，通常可达总收购价的 70%，甚至全部，并且融资往往是以目标公司的资产及未来收益为抵押，借贷利息也将以被收购公司的未来现金流来支付。

课堂思考

现有一项投资，需要 50 万元的资本，预计会有 30% 的报酬率，有以下两种方案：

方案一：贷款20万元，年利率15%；其他用自有资金。

方案二：全部用自有资金。

投资后，由于受经济周期、市场竞争环境和行业因素等的影响，预期报酬率未能达到30%，而是13%。

思考：是不是负债越高越好？

温故知新

【本章小结】

经营杠杆是指固定生产经营成本的存在使息税前利润变动率大于业务量变动率的现象。财务杠杆是指固定财务费用的存在使每股利润变动率大于息税前利润变动率的现象。复合杠杆是指在经营杠杆和财务杠杆的共同作用下，产销量稍有变动就会使每股盈余产生更大变动的现象。杠杆和风险有着密切的关系，在发挥杠杆作用的同时要尽量回避风险。

【关键点】

概念：杠杆　经营杠杆　财务杠杆　复合杠杆

观念：杠杆观念　经营杠杆理论计算公式　财务杠杆和财务风险的关系
　　　复合杠杆与其他杠杆的联系

【理解与应用】

1）选择题

(1) 经营杠杆给企业带来的风险是指(　　)。

A. 成本上升的风险

B. 利润下降的风险

C. 业务量变动导致息税前利润更大变动的风险

D. 业务量变动导致息税前利润同比例变动的风险

(2) 财务杠杆说明(　　)。

A. 增加息税前利润对每股利润的影响　B. 企业经营风险的大小

C. 销售收入的增加对每股利润的影响　D. 可通过扩大销售影响息税前利润

(3) 复合杠杆系数(　　)。

A. 指每股利润变动率相当于业务量变动率的倍数

B. 等于经营杠杆系数与财务杠杆系数之积

C. 反映息税前利润随业务量变动的剧烈程度

D. 反映每股利润随息税前利润变动的剧烈程度

(4) 只要企业的经营利润为正数，则经营杠杆系数(　　)。

A. 恒大于1　　　　B. 与固定成本成反比

C. 与销售量成正比　　　　D. 与企业的风险成反比

2）问答题

(1) 为什么要进行杠杆分析？

(2) 怎样计算经营杠杆系数？

(3) 公司产生经营风险的原因是什么？

(4) 财务杠杆与固定财务费用之间存在怎样的关系？

3）技能题

(1) 某公司基期实现销售收入 300 万元，变动成本总额为 150 万元，固定成本为 80 万元，利息费用为 10 万元。计算该公司经营杠杆系数。

(2) 某公司资金总额为 600 万元，负债比率为 40%，负债利息率为 10%。该年公司实现息税前利润 70 万元，公司每年固定支付 4 万元的优先股股利，所得税税率 25%。计算该公司的财务杠杆系数。

4）案例分析

某公司当年销售产品 10 万件，单价 50 元，单位变动成本 30 元，固定成本总额 100 万元。公司负债 600 万元，年利息率 12%，并须每年支付优先股股利 10 万元，所得税税率 25%。计算该公司当年的边际贡献、息税前利润总额、复合杠杆系数。

技能强化实训

实训目的

基本能力点：杠杆系数的计算。

能力拓展点：财务杠杆分析。

实训课题

考察杠杆分析在企业的实际应用水平，以及杠杆效应对企业业绩的作用。

实训组织

实训地点：某房地产开发企业。

实训内容：了解该企业对杠杆观念的利用情况。

实训成果：调研报告。

自我评价：百分制。

下章预习要点

概念：公司筹资　定量预测法　商业信用条件　资金结构

观念：公司筹资的方式　公司资金需要量预测方法　息税前利润（每股利润）分析法　比较资金成本法

第 8 章

实务运用：筹集资金

学习目标

知识目标：掌握公司筹资、所有者权益、负债、股票、债券、融资租赁，以及商业信用和资金结构的概念；明确各种筹资方式的内涵和优缺点；了解筹资活动对公司资金结构的影响及意义。

技能目标：掌握流动资金需要量、债券发行价格、融资租赁租金和资金结构的计算方法；能够进行各种筹资方式的成本计算并确定合理的资金结构；会利用公司筹资和资金结构相关知识进行筹资方案评估。

能力目标：能综合运用资金需求预测、筹资和资金结构相关知识进行财务管理活动和公司筹资决策。

理念导引

长江三峡债券发行情况

中国长江三峡工程开发总公司是迄今为止在中国发债次数最多且每次发债都有产品创新的企业。三峡工程的动态投资总额为 2 039 亿元。工程的资金需求从 1993 年到 2005 年逐年上升，从 2005 年到 2009 年工程收尾阶段呈下降趋势，但仍旧保持在每年 100 亿元到 200 亿元的水平。从 1996 年至今，中国长江三峡工程开发总公司共发行了 8 期 10 种企业债券，以企业债形式融资 325 亿元：1996 年，3 年期，10 亿元；1999 年，10 年期，30 亿元；2001 年，15 年期，30 亿元；2001 年，10 年期，20 亿元；2002 年，20 年期，50 亿元；2003 年，30 年期，30 亿元；2006 年，20 年期，30 亿元；2007 年，10 年期，25 亿元；2009 年，5 年期，70 亿元；2009 年，7 年期，30 亿元。

讨论：中国长江三峡工程开发总公司为何青睐企业债券融资？

8.1 筹资概述

筹资，是指公司根据生产经营、对外投资及调整资金结构的需要，通过一定渠道，采取适当方式，获取所需资金的一种行为。

8.1.1 筹资分类

筹资是公司理财的一项重要活动。按资金使用期限的长短，可将公司筹集的资金分为短期资金与长期资金两种。按照资金来源渠道的不同，可将公司筹集的资金分为所有者权益和负债两大类。

1）短期资金与长期资金

短期资金一般是指供使用 1 年以内的资金，通常采用商业信用、银行流动资金借款等方式来筹集。短期资金主要用于现金、应收账款、存货等，一般在短期内可收回。

长期资金一般是指供使用 1 年以上的资金，通常采用吸收投资、发行股票、发行债券、长期借款、融资租赁、留存收益等方式来筹集。长期资金主要用于新产品的开发和推广、生产规模的扩大、厂房和设备的更新，一般需几年甚至十几年才能收回。

2）所有者权益和负债

所有者权益是指投资人对公司净资产的所有权，包括投资者投入公司的资本及持续经营中形成的经营积累，如资本公积金、盈余公积金和未分配利润等。资本是公司在工商行政管理部门登记的注册资金，是各种投资者以实现盈利和社会效益为目的，为进行生产经营、承担民事责任而投入的资金。公司通过发行股票、吸收直接投资、内部积累等方式筹集的资金都属于公司的所有者权益。所有者权益一般不用还本，因而称为公司的自有资金或主权资金。公司采用自有资金的方式筹集资金，财务风险小，但付出的资金成本相对较高。

负债是公司所承担的能以货币计量、需以资产或劳务偿付的债务。公司通过发行债券、向银行借款、融资租赁等方式筹集的资金属于公司的负债，到期要归还本金和利息，因而又称为公司的借入资金或负债资金。公司采用借入资金的方式筹集资金，一般要承担较大的财务风险，但付出的资金成本较低。

8.1.2　筹资方式

筹资方式是指公司筹集资金所采用的具体形式。公司应选择合理的方式筹资。认识筹资方式的种类，有利于公司选择适宜的筹资方式并进行有效的筹资组合，降低筹资成本，提高筹资效益。

目前我国公司的筹资方式主要有权益资金筹集方式和负债资金筹集方式。权益资金筹集方式包括吸收直接投资、发行股票（普通股或优先股）和利用留存收益等。负债资金筹集方式包括借入资金、发行债券、融资租赁、商业信用等。

具体的筹资方式还将在后面详细介绍（见“8.3 权益资金筹集”和“8.4 负债资金筹集”）。

8.2　公司资金需要量预测

筹资前公司要对组织未来生产经营活动的资金需要量进行估计、分析和判断。固定资产资金需要量的预测一般是通过投资决策、编制资本预算完成的，详细内容将在有关章节加以说明。在正常经营的情况下，公司资金需要量预测的内容主要是流动资金需要量。公司资金需要量的预测方法主要有定性预测法和定量预测法。

8.2.1　定性预测法

定性预测法是指预测人员根据调查研究所掌握的情况和数据资料，凭借自己的知识和经验对资金需要量作出判断。一般在缺乏完备、准确的历史资料时采用定性预测法。

定性预测法的主要步骤是：由熟悉公司经营情况和财务状况的专家，根据其经验对未来经营情况和财务情况进行分析判断，提出资金需要量的初步意见；再通过各种形式，如信函调查、开座谈会等形式，在与本地区同类公司情况进行对比的基础上，对专家的初步意见加以修订，最终得出预测结果。

定性预测法简便、灵活，但不能揭示资金需要量和有关因素之间的数量关系，所以应与定量预测法结合使用。

8.2.2 定量预测法

定量预测法是指以资金需要量与有关因素的关系为依据，在掌握大量历史数据资料的基础上，选用一定的数学方法加以计算，并将计算结果作为预测数的一种方法。

定量预测法种类很多，下面主要介绍预测流动资金需要量的常用方法：销售百分比法、高低点法和回归分析法。

1）销售百分比法

销售百分比法是在分析报告年度资产负债表有关项目与销售额关系的基础上，根据市场调查和销售预测取得的资料确定资产、负债和所有者权益有关项目占销售额的百分比，并依此推算出流动资金需要量的一种方法。

销售百分比法的计算分析步骤是：第一步，确定资产、负债和所有者权益的有关项目占销售额的百分比；第二步，确定需要增加的资金；第三步，确定对外界资金的需求数量。

其计算公式为：

$$\text{公司对外界资金需要量}=\frac{A}{S_0}\cdot\Delta S-\frac{B}{S_0}\cdot\Delta S-E\cdot P\cdot S_1$$

式中：A 表示随销售额变化的资产；B 表示随销售额变化的负债；S_0表示基期销售额；S_1表示预测期销售额；ΔS 表示销售额变动额；E 表示收益留存比率；P 表示销售净利率。

业务窗 8-1

根据江南公司 2013 年 12 月 31 日资产负债表，按照预测要求分析整理出来的有关数据见表 8-1。该公司 2013 年实现销售收入 250 万元，预计 2014 年销售收入将增加 20%，剩余生产能力可以满足需要。假设销售净利率为 10%，收益留存比率为 25%。预测 2014 年该公司的资金需要量。

表 8-1 江南公司资产负债表项目

2013 年 12 月 31 日 单位：万元

资产	金额	负债及所有者权益	金额
库存现金	15	应付费用	15
应收账款	35	应付账款	30
存货	65	短期借款	55
固定资产净值	85	公司债券	25
		实收资本	50
		留存收益	25
合计	200	合计	200

①确定有关项目占销售额的百分比。

由于有足够的剩余生产能力满足扩大销售的需要，不需要增加固定资产。经分析，随销售收入变化而变化的项目及其所占销售收入百分比见表 8–2。

表 8–2　**江南公司资料表（1）**

资产	占销售收入百分比（%）	负债及所有者权益	占销售收入百分比（%）
库存现金	6	应付费用	6
应收账款	14	应付账款	12
存货	26	短期借款	—
固定资产净值	—	公司债券	—
		实收资本	—
		留存收益	—
合计	46	合计	18

②确定需要增加的资金。

从表 8–2 可以看出，销售收入每增加 100 元，资金需要量就增加 46 元，同时商业信用（资金来源）增加 18 元。所以，销售收入每增加 100 元最终使公司资金需要量净增加 28 元（（46–18）或 100×（46%–18%））。2014 年销售收入增加 50 万元（250×20%），则公司该年度需要增加资金 14 万元（50×28%）。

③确定对外界的资金需要量。

由于 2014 年年初公司留存收益为 7.5 万元（250×120%×10%×25%），所以该公司必须向外界融通资金 6.5 万元（14–7.5）。

以上计算分析，也可直接代入公式：

江南公司对外界资金需要量 =（46%–18%）×250×20%–25%×10%×250×120% = 6.5（万元）

2）高低点法

根据企业资金占用总额与产销量之间的关系，将资金划分为不变资金（a）和变动资金（b）两部分，设产销量为自变量 x，资金占用量为因变量 y，它们之间的关系可以用下式表示：

$$y = a + bx$$

高低点法预测资金需要量的公式推导如下：

$$b = \frac{\text{高点资金占用量}(y_1) - \text{低点资金占用量}(y_2)}{\text{高点销售收入}(x_1) - \text{低点销售收入}(x_2)}$$

$$a = y_1 - bx_1$$

或　$a = y_2 - bx_2$

利用 $y = a + bx$ 预测资金需要量 y。

业务窗 8–2

某公司前 5 年有关资金占用与销售收入情况见表 8–3。假设第 6 年的预计销售收入为 500 万元，预测第 6 年该公司的资金需要量。

表 8-3 **资金占用与销售收入表** 单位：万元

年度	销售收入（x）	资金占用（y）
1	300	21
2	360	23
3	390	25
4	420	28
5	450	30

$b=(30-21)\div(450-300)=0.06$

$a=30-0.06\times450=3$

则 $y=3+0.06x$

预计第 6 年资金需要量 $=3+0.06\times500=33$（万元）

3）回归分析法

回归分析法预测资金需要量的公式推导如下：

$$y=a+bx$$

$$b=\frac{n\sum x_iy_i-\sum x_i\sum y_i}{n\sum x_i^{\ 2}-(\sum x_i)^2}$$

$$a=\frac{\sum y_i-b\sum x_i}{n}$$

式中：x_i 表示第 i 期的产销量；y_i 表示第 i 期的资金占用量。

利用 $y=a+bx$ 预测资金需要量 y。

业务窗 8-3

根据“业务窗 8-2”的资料，用回归分析法预测第 6 年该公司的资金需要量。

计算有关数据，见表 8-4。

表 8-4 **江南公司资料表（2）**

年度（n）	销售收入（x）	资金占用（y）	xy	x^2
1	300	21	6 300	90 000
2	360	23	8 280	129 600
3	390	25	9 750	152 100
4	420	28	11 760	176 400
5	450	30	13 500	202 500
$\sum n=5$	$\sum x=1\,920$	$\sum y=127$	$\sum xy=49\,590$	$\sum x^2=750\,600$

$$b=\frac{5\times49\,590-1\,920\times127}{5\times750\,600-1\,920^2}\approx0.06$$

$a=(127-0.06\times1\,920)\div5=2.36$

$y=2.36+0.06x$

预计第 6 年资金需要量 $=2.36+0.06\times500=32.36$（万元）

在理财实务中，也可以先运用高低点法和回归分析法分别计算资金的各具体项目

（如现金、应收账款、材料等）的 b 和 a，然后将各具体项目的 b 和 a 汇总，求出公司资金总的 b 和 a，再利用预测方程式 $y=a+bx$ 预测公司的资金需要量。

8.3　权益资金筹集

权益资金的筹集主要有吸收直接投资、发行普通股、发行优先股和利用留存收益等方式。

8.3.1　吸收直接投资

吸收直接投资是指公司按照共同投资、共同经营、共担风险、共享利润的原则，直接吸收国家、法人、个人投入资金的一种筹资方式。

发行股票要有股票作媒介，而吸收直接投资则无须公开发行债券。直接投资的出资者都是公司的所有者，他们对公司具有经营管理权。公司经营状况好，盈利多，各方可按出资比例分享利润；若公司经营状况差，盈利少，甚至亏损乃至破产，则各方要在其出资额内按比例承担损失。

1）吸收直接投资的类型

公司吸收的直接投资主要有三种类型：①国家投资，是指有权代表国家投资的政府部门或者机构以国有资产投入公司，由此形成的资本称为国家资本。吸收国家投资是国有公司筹集自有资金的主要方式。②法人投资，是指法人单位以其依法可以支配的资产投入公司，由此形成的资本称为法人资本。③个人投资，是指社会个人或本公司内部员工以个人合法财产投入公司，由此形成的资本称为个人资本。

2）吸收直接投资的出资方式

公司在采用吸收直接投资这一方式筹集资金时，投资者可以直接用现金出资，也可以用实物（厂房、机器设备、材料物资）、无形资产、土地使用权等作价出资。

3）吸收直接投资的优缺点

吸收直接投资的优点在于：所筹集的资金属于自有资金，能增强公司的信誉和借款能力；可以直接获取投资者的先进设备和先进技术，有利于尽快形成生产能力；可以根据公司的经营状况向投资者支付报酬，财务风险较小。吸收直接投资的缺点在于：所需负担的资金成本较高；公司控制权容易分散，因为投资者一般都要求获得与投资额相适应的经营管理权。

8.3.2　发行普通股

普通股票简称普通股，是股份公司依法发行的具有管理权的、股利不固定的股票。普通股具备股票的最一般特征，是股份公司资本的最基本部分。

1）普通股的种类

（1）按股票票面是否记名分类，可将普通股分成记名股票和无记名股票。记名股票是在股票上载有股东姓名或名称并将其记入公司股东名册的一种股票。记名股票要同时附有股权手册才能领取股息和红利。记名股票的转让、继承都要办理过户手续。无记名股票是指在股票上不记载股东姓名或名称的股票。凡持有无记名股票者都可成为公司股东。无记名股票的转让、继承无需办理过户手续，只要将股票交给受让人，就可发生转让效力，移交股权。

（2）按股票票面有无金额分类，可将普通股分为面值股票和无面值股票。面值股票是指在股票的票面上记载每股金额的股票。股票面值主要是在发行时作为确定发行价的参考，一旦发行完毕即失去意义，因为发行后，确定股票价值的是市价。无面值股票是指股票票面不记载每股金额的股票。无面值股票仅表示每一股在公司全部股票中所占的比例。国际通行做法是发行无面值股票。

（3）按发行对象和上市地区分类，可将普通股分为A股、B股、H股和N股。A股是以人民币标明票面金额，并以人民币认购和交易的股票。B股是以人民币标明票面金额，以外币认购和交易的股票。A股、B股在我国内地发行和上市。H股为在中国香港上市的股票，N股是在纽约上市的股票。

2）普通股股东的权利

普通股的持有者为普通股股东，其权利主要有参与管理权、分享净收益权、出售或转让股份权、优先认股权、剩余财产要求权。

（1）普通股股东具有参与公司管理的权利，主要表现为：①投票权，即有权投票选举公司董事会成员，并参与公司其他有关重大问题的投票表决。②查账权，即有权对公司查账，但一般委托会计师事务所实施。③阻止权，即有权阻止公司管理者的越权行为。

（2）分享净收益是普通股股东的一项基本权利。净收益的分配方案由股东大会根据公司的盈利数额和财务状况来决定。

（3）股东有权出售或转让股票，这也是普通股股东的一项基本权利。

（4）当公司增发普通股时，普通股股东有权按原持有股份的比例优先认购新股票。

（5）当公司解散或破产时，普通股股东有权要求分配剩余财产。但是，属于公司破产清算的财产变价收入，应先清偿债务，再支付优先股股东，最后分配给普通股股东。

3）普通股筹资的优缺点

发行普通股是公司筹集资金的一种基本方式，其优点主要有：①无固定利息负担。公司的股利分配取决于公司的利润水平和股利政策。②无固定到期日。普通股不用偿还“本金”。③筹资风险小。普通股不存在不能偿付的风险，因此风险最小。④增加公司的信誉。普通股是自有资金，可为偿付债务提供保障，因而有助于提高公司的信用价值。

但是，普通股筹资也有一些不足，比如：①资金成本较高。由于普通股股利是税后利润，普通股资金成本大于债务筹资的成本。②可能分散控制权。普通股筹资时，如原股东不能以同比例购买的话，会增加新股东，使公司控制权分散。③可能降低每股净收益。发行新股可能降低每股净收益，进而引起股价的下跌。

8.3.3 发行优先股

优先股票简称优先股，是股份公司依法发行的具有一定优先权的股票，兼有债券性质。从法律上讲，优先股是公司自有资金的一部分，优先股股利必须从净利润中支付，但优先股股利是固定的，这与债券利息相似。

普通股持有人把优先股看成是一种特殊债券，因为它必须在普通股之前取得收益，分享资产。债券持有人将优先股视为股票，因为它对债券起保护作用，可以减少债券投资的风险。公司管理者视优先股具有双重性质，因为优先股不用偿还本金，但又需要支付固定的股利。所以，公司利用优先股筹资时，应兼顾这两方面的特性。

1）优先股的种类

（1）按股利是否可以累积，可将优先股分为累积优先股和非累积优先股。累积优先股是指各营业年度未支付的股利可累积起来，并由以后营业年度的盈利一起支付的优先股。采用累积优先股，当公司无力支付固定股利时可将其累积起来，待公司营业状况好转再补发这些股利。非累积优先股是指只按当年利润支付股利，而不累积补付股利的优先股。在非累积优先股方式下，若公司本年度的盈利不足以支付全部优先股股利，所欠部分不在以后年度补发。

（2）按是否可以转换成普通股分类，可将优先股分为可转换优先股与不可转换优先股。可转换优先股是指可在一定时期内按一定比例转换为普通股的优先股，其转换价格取决于转换时优先股与普通股的现行价格。不可转换优先股是指不能转换成普通股的优先股。不可转换优先股只能用于获得固定股利。

（3）按是否参与利润分配，可将优先股分为参加优先股和不参加优先股。参加优先股是指不仅能取得固定股利，还有权参加利润分配的优先股。参加优先股又细分为：参加全部分配的优先股（与普通股等额分享当期剩余利润）和参加部分分配的优先股（只能部分地分享当期剩余利润）。不参加优先股是指不能参加剩余利润分配，只能取得固定股利的优先股。

（4）按能否被公司收回分类，可将优先股分为可赎回优先股与不可赎回优先股。可赎回优先股又称可收回优先股，是指公司可以按一定价格收回的优先股。至于是否收回，在什么时候收回，则由公司来决定。不可赎回优先股是指不能收回的优先股。在实际工作中，大多数优先股均是可赎回优先股，因为不可赎回优先股是公司的一项永久而固定的财务负担。

由以上分类可以看出，对股东有利的优先股是累积优先股、可转换优先股、参加优先股和可赎回优先股。

2）优先股股东的权利

通常说，普通股不“普通”、优先股不“优先”。优先股股东的权利主要表现在：

（1）优先的分利权，即优先分配股利的权利，它是优先股的最主要特征。优先股固定股利通常在支付普通股股利之前支付。

（2）优先的分财权，即优先分配剩余财产的权利。对于公司破产时的财产变价收入，优先股的求偿权在债权人之后，但先于普通股。

（3）有限的管理权。优先股股东在公司没有表决权，但是对公司研究与优先股有关的问题有适当的参与权。

3）优先股筹资的优缺点

利用优先股筹资的优点主要有：①无到期日，不需偿还“本金”。但也有些优先股附有收回条款。②股利支付既固定又具有弹性。优先股一般采用固定股利，但财务状况不佳时，也可暂时不支付优先股股利。③可以增强公司的信誉。优先股属于自有资金，可在一定程度上增强公司的信誉。

但利用优先股筹资也有其缺点：①资金成本高。优先股股利也是税后支付的，且数额相对固定，因此比普通股成本要高。②筹资限制多。因为附有一定的“优先”条款，利用优先股筹资受到的限制远多于普通股。

8.3.4 利用留存收益

利用留存收益，是指根据公司的股利分配政策留存一定数量的净利润以满足公司生产经营发展对资金的需要。留存收益筹资的优点主要有：①资金成本较普通股低。②保持普通股股东的控制权，不会稀释原有股东的控制权。③可以增强公司的信誉。

但利用留存收益筹资也有其缺点：①筹资数额有限制。②资金使用受制约。留存收益中某些项目，如法定盈余公积金的使用，受国家有关规定的制约。

有关留存收益筹资的问题将在“11.3 收益分配”中详细介绍。

8.4 负债资金筹集

负债资金的筹集主要有借入资金、发行债券、融资租赁和商业信用等方式。

8.4.1 借入资金

借入资金是指公司根据借款合同从银行或非银行金融机构借入的需要还本付息的款项，一般分为银行借款和其他借款，下面主要介绍银行借款。

1）银行借款的种类

（1）银行借款按借款的期限可分为短期借款、中期借款和长期借款。短期借款是指借款期限在1年以内（含1年）的借款；中期借款是指借款期限在1年以上（不含1年）5年以下（含5年）的借款；长期借款是指借款期限在5年以上（不含5年）的借款。

（2）银行借款按借款是否需要担保可分为信用借款、担保借款和票据贴现。信用借款是指以借款人的信誉为依据而获得的借款，公司取得这种借款无需以财产做抵押。担保借款是指以一定的财产做抵押或由保证人担保所取得的借款。票据贴现是指公司以持有的未到期的商业票据向银行贴付一定的利息而取得的借款。

（3）银行借款按借款的用途可分为基本建设借款、专项借款和流动资金借款。基本建设借款是指公司因为从事新建、改建、扩建等基本建设项目的资金需要而向银行申请借入的款项。专项借款是指公司为专门用途而向银行申请借入的款项，包括更新改造借款、大修理借款、科研开发借款等。流动资金借款是指公司为满足流动资金需求而向银行申请借入的款项，包括生产周转借款、临时借款、结算借款和卖方信贷等。

（4）银行借款按提供贷款的机构可分为政策性银行贷款和商业银行贷款。政策性银行贷款是指执行国家政策性贷款业务的银行向公司发放的专门贷款。例如，国家开发银行为满足公司承建国家重点建设项目的资金需要而提供贷款，中国进出口银行为大型设备的进出口提供买方或卖方信贷等。商业银行贷款是指由各商业银行向公司提供的贷款。这类贷款主要为满足公司生产经营的资金需要。

2）借入资金的取得和使用

根据借贷双方签订的合同，贷款银行按期发放贷款，借款公司便可取得相应的资金。贷款银行若不按合同约定按期发放贷款，应赔付违约金。借款公司若不按合同的约定用款，也应赔付违约金。

3）借入资金的偿还

公司应按借款合同的规定按时足额归还借款本息。通常，贷款银行会在短期贷款到期一个星期之前，中长期贷款到期一个月之前，向借款公司发送还本付息通知单。借款公司在接到还本付息通知单后，要及时筹备资金，按期还本付息。如果不能按期偿还借款，应在借款到期之前向银行申请贷款展期，但是否展期由贷款银行根据具体情况决定。

4）银行借款的信用条件

银行发放贷款通常都是带有信用条件的，如信贷额度、周转信贷承诺、补偿性余额、抵押借款、偿还条件等。

（1）信贷额度又称贷款限额，是借款人与银行在协议中规定的允许借款的最高限额。如果公司信誉恶化，银行就可根据信贷额度条款不再继续提供贷款。

（2）周转信贷承诺，是指银行具有法律义务地承诺提供不超过某一最高限额的贷款协议。在协议的有效期内，只要公司借款总额未超过最高限额，银行必须满足公司任何时候提出的借款要求。公司通常要为贷款限额的未使用部分向银行支付一笔承诺费。

业务窗 8-4

某公司 2013 年享有某银行的周转信贷承诺额为 3 000 万元，承诺费率为 0.3%，该公司在年度内使用了 2 100 万元。计算该公司 2013 年年末应向银行支付的承诺费。

该公司应向银行支付的承诺费 =（3 000-2 100）×0.3% =2.7（万元）

（3）补偿性余额，是指银行要求借款人在银行中保持按贷款限额或实际借用额的一定百分比（通常为 10% ~20%）计算的最低存款余额。补偿性余额有利于贷款银行降低贷款风险，但提高了借款的实际利率，加重了借款公司的利息负担。

业务窗 8-5

某公司按年利率 10% 向银行借款 150 万元，银行要求保留 15% 的补偿性余额。计算该公司的实际借款额和利率。

公司实际可以动用的借款 =150×（1-15%）= 127.5（万元）

该项借款的实际利率 =10% ÷（1-15%）≈11.76%

（4）抵押借款，是指银行向财务风险较大、信誉不好的公司提供以抵押品为担保的贷款。其目的是降低银行蒙受损失的风险。借款的抵押品通常是借款公司的应收账款、存货、股票、债券以及房屋等。

抵押借款的具体程序是：第一步，公司提出申请，银行接受借款抵押品。第二步，评估抵押品并确认其价值。第三步，银行决定贷款金额，一般为抵押品价值的 30% ~50%。这一比率的高低取决于抵押品的变现能力和银行对风险的态度。第四步，办理借款。

抵押借款的资金成本通常高于非抵押借款，这是因为：银行将抵押借款视为一种风险贷款，因此收取较高的利息；银行管理抵押借款更为严格，为此往往另外收取手续费；公司取得抵押借款还会限制其抵押财产的使用和将来的借款能力。

（5）偿还条件，主要是指还款期限和偿还方式。借款公司应在规定的期限内还清本息，贷款到期后仍无力偿还的，视为逾期贷款，银行要加收逾期罚息。贷款的偿还方式有到期一次偿还和在贷款期内定期等额偿还两种方式。银行通常希望采用定期等额偿还方式，因为到期一次偿还本息会加重公司还款时的财务负担，增加拒付风险。

5）借款利息的支付方式

（1）利随本清法，又称收款法，是指在借款到期还本时向银行支付利息的方法。

（2）贴现法，是指银行向公司发放贷款时先从本金中扣除利息部分，而到期时借款公司按全额偿还本金的一种付息方法。在贴现法下，公司可用的贷款金额是本金扣除贴息后的余额，因此，实际利率高于名义利率。

业务窗 8-6

某公司采用贴现法付息，从银行取得借款 300 万元，期限 1 年，年利率 10%。计算该公司可动用的贷款金额和实际利率。

实际可动用的贷款 = 300 − 30 = 270（万元）

该项贷款的实际利率 = 10% ÷（1 − 10%）≈ 11.11%

6）以银行借款筹资的优缺点

以银行借款筹资的优点在于：①筹资速度快。与发行证券相比，向银行借款所需时间一般较短，可以迅速地获取资金。②筹资成本低。一般而言，为银行借款所支付的利息比债券利息低，且向银行借款不发生印制证券等筹资费用。③借款弹性好。一般情况下，银行借款的数额和条件可以修改，借款到期后，如有正当理由，还可延期归还。

以银行借款筹资的缺点在于：公司举借长期借款的财务风险较大，筹资数额也有限。

8.4.2 发行债券

企业债券通常又称为公司债券，是企业依照法定程序发行，约定在一定期限内还本付息的债券。发行债券是公司筹集资金的一种重要方式。

1）企业债券的基本要素

（1）债券的面值，是指债券的票面金额，它是债券到期时偿还债务的金额。债券面值包括两个基本内容：币种和面值金额。币种可用本国货币，也可用外币，这取决于发行者的需要和债券的种类；面值金额可以是 1 000 元、5 000 元等。

（2）债券的期限，是指债券从发行之日起至到期日之间的时间。债券都有明确的到期日，如 1 年、3 年或 5 年等，债券的期限有日益缩短的趋势。

（3）债券的利率，一般是年利率。面值与利率相乘可得出年利息。债券利率一般为固定利率，也有浮动利率。

（4）债券的价格，理论上应等于债券的面值，但由于资金市场上供求关系和利息率的变化，债券的市场价格往往高于或低于面值。所以，债券的面值是固定的，它的价格却是经常变化的。债券的价格由市场利率来决定，但计息还本仍以债券的面值为依据。

2）企业债券的种类

（1）按有无抵押担保可将企业债券分为信用债券、抵押债券和担保债券。信用债券又称无抵押担保债券，是仅凭债券发行者的信用发行而没有抵押品做抵押或担保人做担保的债券。信用债券只适用于信用等级高的发行人。抵押债券是指以一定抵押品做抵押而发行的债券。当公司没有足够的资金偿还债券时，债权人可将抵押品拍卖以收回资金。抵押债券又可细分为不动产抵押债券、设备抵押债券和证券抵押债券。担保债券是指由一定的保证人做担保而发行的债券。当公司没有足够的资金偿还债券时，债权人可要求保证人偿还。保证人应是符合《中华人民共和国担保法》的公司法人。

（2）按债券是否记名可将企业债券分为记名债券和无记名债券。记名债券是指在券面上注明债权人姓名或名称，同时在发行公司的债权人名册上进行登记的债券。转让记名债券时需要背书，同时在公司债权人名册上变更姓名或名称。无记名债券是指债券票面未注明债权人姓名或名称，也不用在债权人名册上登记债权人姓名或名称的债券。无记名债券的转让无需背书，即时生效，因而比较方便。

（3）债券还有可转换债券和无息债券等其他形式。可转换债券是指其持有人可在一定时期内按规定将其转换为普通股的债券。无息债券是指票面上不标明利息，按面值折价出售，到期按面值归还本金的债券。

3）企业债券的发行和定价

企业债券的发行基本上与股票的发行相同，也要经过发行准备、提出申请、选择合适的承销人、向社会公布"债券出售说明书"以及发行债券等若干步骤。

发行债券时需要确定其发行价格。由于资金市场上的利息率是经常变化的，而公司债券上的利息率一经确定便不再进行调整，资金的市场利率与债券的票面利率可能发生差异，所以债券的发行价格有三种：等价发行、折价发行和溢价发行。等价发行又叫面值发行，是指按债券的面值发行债券；折价发行是指以低于债券面值的价格发行债券；溢价发行是指按高于债券面值的价格发行债券。

债券发行价格是到期票面金额的现值加上利息的年金现值之和。其计算公式为：

$$\text{债券发行价格}=\frac{\text{票面金额}}{(1+\text{市场利率})^{\text{期数}}}+\sum\frac{\text{票面金额}\times\text{票面利率}}{(1+\text{市场利率})^{\text{期数}}}$$

或　债券发行价格＝票面金额×（P/F，i，n）＋利息×（P/A，i，n）

业务窗 8-7

某公司拟发行面值 1 000 元、票面利率 10%、期限 5 年的债券。分别假设到债券正式发行时市场利率为 8%、10%、12%，计算相应的债券发行价格。

①资金市场上的利率为 8% 时，可采用溢价发行：

债券发行价格＝1 000×（P/F，8%，5）＋1 000×10%×（P/A，8%，5）

＝1 000×0.6806＋100×3.9927

＝1 079.87（元）

发行价格不高于 1 079.87 元，投资者就会购买。

②资金市场上的利率为 10% 时，可采用等价发行：

债券发行价格＝1 000×（P/F，10%，5）＋1 000×10%×（P/A，10%，5）

＝1 000×0.6209＋100×3.7908

＝999.98（元）

发行价格不高于 1 000 元，投资者就会购买。

③资金市场上的利率为 12% 时，应采用折价发行：

债券发行价格＝1 000×（P/F，12%，5）＋1 000×10%×（P/A，12%，5）

＝1 000×0.5674＋100×3.6048

＝927.88（元）

发行价格不高于 927.88 元，投资者才会购买此债券。

确定债券的发行价格，除了要考虑市场利率外，通常还要考虑政治、经济等环境因素。

4）债券的偿还

债券的偿还有多种方法，但通常采用的是到期一次以现金偿还的方式。我国发行的债券目前也多数采用此种方式。债券到期日前 3 天，债券发行人应将兑付的资金划入指定的账户，以便用于债券的偿还。

5）债券筹资的优缺点

债券筹资的优点主要表现在：①筹资成本低。与股票筹资相比，发行债券的费用较低，债券利息作为税前费用还有抵税作用。②控制权不分散。债券持有人无权干涉公司管理，股东控制权不分散。③负债经营，发挥财务杠杆作用。

债券筹资的不足主要是筹资的风险大。因为债券有固定的到期日，并定期支付利息，当公司的负债比率达到一定程度后，财务风险就会大大增加。

8.4.3 融资租赁

1）融资租赁的特点

租赁是指在约定的期限内，出租人将资产使用权让与承租人以获取租金的行为。租赁按不同性质和形式可以分为经营租赁和融资租赁。经营租赁是指承租人为满足生产经营上的临时性或季节性需要，从出租人那里租入资产，并按合同支付租金的租赁业务。融资租赁又称财务租赁或资本租赁，是指与资产所有权有关的全部风险和报酬实际上转移给承租人的租赁业务，常见的是融资租赁固定资产等。融资租赁的主要特点是：

（1）出租人购买。一般由承租人向出租人提出正式申请，由出租人融通资金引进承租人所需设备，然后再租给承租人使用。

（2）租赁期限较长。融资租赁的租期一般为租赁财产寿命的75%以上。

（3）租赁合同稳定。在融资租赁期内，承租人必须连续支付租金，非经双方同意，中途不得退租。这样既能保证承租人长期使用资产，又能保证出租人在基本租期内收回投资并获得一定利润。

（4）处置方式多样。租赁期满后，可选择多种办法处理租赁财产，如将设备作价转让给承租人、由出租人收回或延长租期续租等。

（5）出租公司不承担经常费用。在租赁期间内，出租人一般不提供维修和保养设备服务，也不承担相应的费用。

2）融资租赁的基本程序

进行融资租赁，首先应选择信誉高的租赁公司，向其提出申请并办理租赁委托，然后由承租公司与租赁公司的一方或双方共同选定设备，签署购货协议，再由承租公司与租赁公司签订租赁合同，由承租公司验收租赁设备，向保险公司办理投保事宜，并按合同规定的租金数额、支付方式等向租赁公司支付租金。融资租赁合同期满时，租赁公司应按租赁合同的规定处置租赁设备，一般是低价卖给承租公司或无偿转给承租公司。

3）融资租赁租金的计算

融资租赁的租金包括设备价款和租息两部分，租息又可分为租赁公司的融资成本、租赁手续费等。设备价款是租金的主要内容，由设备的买价、运杂费和途中保险费等构成。融资成本是指租赁公司为购买租赁设备而筹集资金的成本，即设备租赁期间的利息。租赁手续费包括租赁公司承办租赁设备的营业费用和一定的利润。

4）融资租赁租金的支付方式

租金的支付方式，按支付时期长短，可以分为年付、半年付、季付和月付等多种。

租金的支付方式，按支付时点不同，可以分为先付租金和后付租金两种。

租金的支付方式，按每期支付金额是否相同，可以分为等额支付和不等额支付两种。

5）融资租赁租金的计算方法

在公司理财实务中，计算融资租赁租金的方法是年金法。

（1）后付租金的计算。承租公司大多会与租赁公司商定采取后付等额租金的方式支付租金，即普通年金：

A=P·（P/A，i，n）

（2）先付租金的计算。承租公司有时也会与租赁公司商定采取先付等额租金的方式支付租金，即即付年金：

A=P·［（P/A，i，n-1）+1］

6）租赁筹资的优缺点

租赁筹资的优点主要表现在：①筹资迅速直接。融资租赁是将筹资与设备购置、安装同时进行，因此往往比借款购置设备更迅速、灵活，直接地为公司提供新的资金来源。②年均还款负担轻。融资租赁租金是在整个租期内分期支付，不存在到期一次归还大量本金的压力。③税收负担轻。融资租赁租金可在税前扣除，具有抵减所得税的作用。

融资租赁的缺点主要是资金成本较高。融资租赁的租金通常要比银行借款或发行债券所负担的利息高得多。

8.4.4　商业信用

商业信用是指在商品交易中延期付款或延期交货所形成的借贷关系，是公司之间的一种直接信用关系。商业信用是一种短期融资方式。

1）商业信用的主要形式

（1）赊购商品。赊购商品是一种最常见的商业信用形式。在这种形式下，买卖双方发生商品交易，买方收到商品后不立即支付现金，可延期到一定时间以后再付款，利于买方资金周转，也利于卖方扩大销售。

（2）预收货款。预收货款也是一种最常见的商业信用形式。在这种形式下，卖方要先向买方收取货款，并延期到一定时期以后交货，相当于卖方向买方先借用了一笔无息资金。

（3）商业汇票。商业汇票是指由收款人或付款人（或承兑申请人）签发，由承兑人承兑并于到期日向收款人（或被背书人）支付款项的票据。根据承兑人的不同，商业汇票可分为商业承兑汇票和银行承兑汇票。商业承兑汇票是指由收款人（或付款人）开出，经付款人承兑的汇票。银行承兑汇票是指由收款人（或承兑申请人）开出，由银行审查并承兑的汇票。商业汇票是一种期票，是反映应付账款和应收账款的书面证明，是一种短期融资方式。

2）商业信用条件

商业信用条件是指销货人对付款时间和现金折扣所作的具体规定。现金折扣就属于一种信用条件，如“2/10，1/20，N/30”表示在 10 天内付款可享受 2% 的现金折扣、10～20 天内付款可享受 1% 的现金折扣，而 20～30 天内必须付款且无现金折扣。

国际上的各种信用交易活动广泛应用现金折扣，主要是为了加速账款收现。现金折扣一般为发票金额的 1%～5%。在这种信用交易的条件下，买方若在折扣期内付款，则可获得现金折扣；若放弃现金折扣，则可在稍长的时间内占用卖方的资金，但会发生放弃现金折扣的机会成本。放弃现金折扣的机会成本可以按以下公式计算：

$$资金成本率=\frac{现金折扣百分比}{1-现金折扣百分比}\times\frac{360}{放弃现金折扣延期付款天数}$$

业务窗 8-8

某公司拟以“3/10，N/30”信用条件购进一批材料而不准备享受现金折扣。计算该公司放弃现金折扣的机会成本。

$$资金成本率=\frac{3\%}{1-3\%}\times\frac{360}{30-10}\approx55.67\%$$

买方应尽量争取享受此项折扣，因为丧失现金折扣的机会成本远高于一般投资报酬率。

3）商业信用融资的优缺点

商业信用融资的优点主要有：①筹资方便。商业信用与商品买卖同时进行，属一种自然性融资。②筹资成本较低。如果没有现金折扣或公司不放弃现金折扣，则利用商业信用筹资没有实际成本。③无限制条件。商业信用在条件规定期内一般没有其他限制。

但是，商业信用有期限较短的不足。如果公司享受现金折扣，则资金占用时间会更短；如果放弃现金折扣，则要付出较高的成本代价。

8.5 资金结构

8.5.1 资金结构概述

1）资金结构的概念

资金结构是指构成公司资金总额的各种资金及其比例关系。不同筹资方式的组合决定着公司资金的结构及其变化。公司资金分为负债资金和权益资金两类，因此，资金结构就取决于负债资金的比例，即负债在公司全部资金中所占的比重。

2）最佳资金结构

最佳资金结构是指在一定条件下使公司加权平均资金成本最低、公司价值最大的资金结构。只有权衡财务风险和资金成本的关系，才能确定最佳资金结构。从理论上讲，最佳资金结构是存在的，但由于公司内部条件和外部环境经常变化，确定最佳资金结构十分困难。

8.5.2 确定资金结构的方法

1）息税前利润与每股利润分析法

息税前利润与每股利润分析法又称每股利润无差异点法，是指将公司的盈利能力与股东财富联系起来，即将息税前利润与每股利润联系起来，分析资金结构与每股利润之间的关系，进而确定合理的资金结构的方法。

分析计算原理：通过测算每股利润无差异点的息税前利润，确定发行普通股有利的息税前利润数额和发行公司债券有利的息税前利润数额。

设筹资方式 1 的每股利润 E_1 等于筹资方式 2 的每股利润 E_2，则：

$$\frac{(\overline{P}-I_1)(1-T)-D_1}{N_1}=\frac{(\overline{P}-I_2)(1-T)-D_2}{N_2}$$

式中：$\overline{P}$ 表示每股利润无差异点的息税前利润；I 表示利息；D 表示优先股股利；N 表示

普通股股数。

业务窗 8-9

中佳公司现有资金 150 万元，无优先股，预计盈利能力为 40 万元，所得税税率 25%，有关资料见表 8-5。该公司准备再筹集 50 万元，计算分析其应发行股票还是债券。

表 8-5　**中佳公司资料表**　单位：万元

筹资方式	原资金结构	增加筹资后资金结构	
		增发普通股	增发公司债券
公司债券（利率 8%）	20	20	20+50
普通股（每股面值 10 元）	40	40+20 *	40
资本公积	50	50+30 *	50
留存收益	40	40	40
资金合计	150	200	200
普通股股数（万股）	4	6	4

* 每股发行价 25 元，50 万元计 2 万股。其中：股本 20 万元（2 万股×10 元）、资本公积 30 万元（50 万元-20 万元）

$$\frac{[\bar{P}-(20\times8\%)]\times(1-25\%)-0}{6}=\frac{[\bar{P}-(70\times8\%)]\times(1-25\%)-0}{4}$$

$$\frac{(\bar{P}-1.6)\times75\%}{6}=\frac{(\bar{P}-5.6)\times75\%}{4}$$

$\bar{P}=13.6$（万元）

代入 E_1 或 E_2：

$E_1=E_2=(\bar{P}-1.6)\times(1-25\%)\div6=(13.6-1.6)\times75\%\div6=1.5$（元）

由以上计算可知，当盈利能力 P>13.6 万元时，利用负债筹资较为有利；当盈利能力 P<13.6 万元时，不应再增加负债，以发行普通股为宜；当盈利能力 P=13.6 万元时，采用两种筹资方式的盈利没有差别。而该公司预计盈利能力 P 为 40 万元，故宜采用发行公司债券的方式进行筹资。

绘制息税前利润与每股利润分析图，更能一目了然地说明问题，见图 8-1（根据业务窗 8-9）。可以采用简单方法绘图：确定发行普通股和发行债券的交点（13.6，1.5），即无差别点；在横轴上，发行普通股的点为（1.6，0），方案 2 发行公司债券的点为（5.6，0）；根据两点成一线的原理，分别作出两个方案的直线。

息税前利润与每股利润分析图简单明了。从图 8-1 中可以看到：当息税前利润大于 13.6 万元时，债券融资的每股利润大于普通股融资的每股利润；反之，当息税前利润小于 13.6 万元时，普通股融资的每股利润大于债券融资的每股利润。而息税前利润等于 13.6 万元时，两种筹资方式的每股利润相等。

但是，息税前利润与每股利润分析法只考虑了资金结构对每股利润的影响，并假定每股利润最大时股票价格也最高，而没有考虑随着负债的增加，投资者的风险加大，股票价格和公司价值也会下降。所以，不宜单纯用此法分析筹资方案。

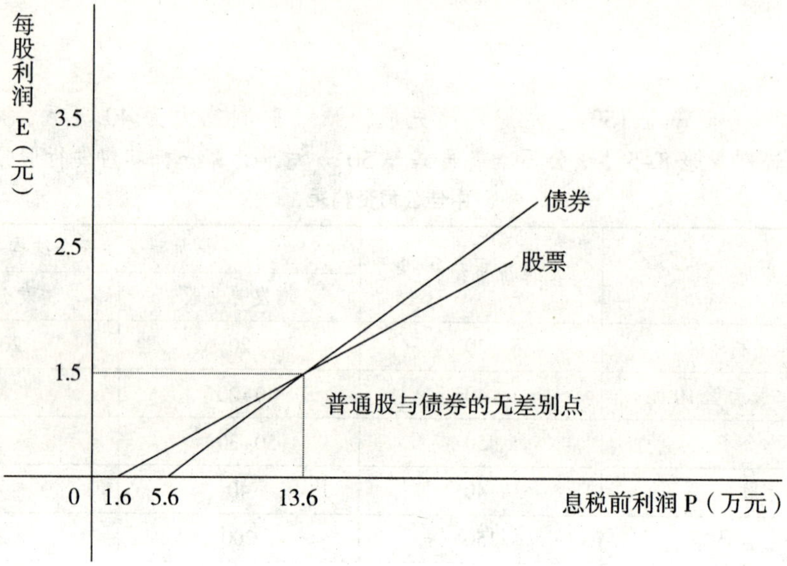

图 8-1 息税前利润与每股利润分析图

2）比较资金成本法

比较资金成本法是指公司在作出筹资决策之前，先拟定若干个备选方案，分别计算各方案的加权平均资金成本，并根据加权平均资金成本的高低来确定资金结构的方法。这种方法简单明了，是确定资金结构的一种常用方法。

业务窗 8-10

中伟公司现有资金总额 2 400 万元，其中债券 1 200 万元（年利率 10%），普通股 1 200万元（每股面值 1 元，发行价 10 元，共 120 万股）；今年期望股利为 1 元/股，预计以后每年增长 5%；所得税税率 25%。

该公司为扩大生产拟增资 600 万元，现有 3 个备选方案：

A 方案：增发债券 600 万元，利率 12%，可能引起每股市价降至 8 元，股利不变。

B 方案：增发债券 300 万元，利率 10%；增发普通股 30 万股，股利不变。

C 方案：增发普通股 50 万股，每股市价 12 元。

假设增发股票发行价仍为 10 元，发行各种证券均无筹资费。选择该公司最佳筹资方案。

①分别计算各方案的加权平均资金成本。

$$现有资金加权平均资金成本=50\%\times10\%\times（1-25\%）+50\%\times\left(\frac{1}{10}+5\%\right)=11.25\%$$

$$A方案加权平均资金成本=\frac{1\ 200}{3\ 000}\times10\%\times（1-25\%）+\frac{600}{3\ 000}\times12\%\times（1-25\%）+\frac{1\ 200}{3\ 000}\times\left(\frac{1}{8}+5\%\right)=11.8\%$$

$$B方案加权平均资金成本=\frac{1\ 200+300}{3\ 000}\times7.5\%+\frac{1\ 200+300}{3\ 000}\times15\%=11.25\%$$

$$C方案加权平均资金成本=\frac{1\ 200}{3\ 000}\times7.5\%+\frac{1\ 200+600}{3\ 000}\times\left(\frac{1}{12}+5\%\right)=11\%$$

②对各方案加权平均资金成本进行比较，并作出决策。

根据上述计算结果，C 方案的加权平均资金成本最低，所以应选用 C 方案，即该公司最佳资金结构为 40% 的负债资金和 60% 的自有资金。

3）风险分析法

以上两种方法的分析都没有考虑风险因素。而在现实中，随着每股利润（收益）的增长，风险也会加大。如果每股利润的增加不能补偿风险增加所需的报酬，那么即使每股利润增加，股价仍然会下降。公司的最佳资金结构应当使公司的总价值最高，而使每股利润最大的资金结构不一定是最佳资金结构。因此，理财实务常用的是风险分析法，即在考虑风险因素基础上确定最佳资金结构的分析法。

公司市场总价值的计算公式如下：

公司市场总价值（V）= 股票的市场总价值（V_G）+债券的市场总价值（V_Z）

其中：

$$债券的市场总价值（V_Z）= 债券的现值 = \sum_{t=1}^{n} 票面利息 \times (P/F, i, t) + 面值 \times (P/F, i, n)$$

$$股票的市场总价值（V_G）= \frac{(息税前盈余(P) - 利息(I)) \times (1-所得税税率(T))}{权益资本的成本(K_S)}$$

$$权益资本的成本（K_S）= 无风险报酬率+风险报酬率 = R_f + \beta_p (K_m - R_f)$$

公司综合资金成本的计算公式如下：

公司综合资金成本 = 税前债务利息率×（1-所得税税率）×债务占总资金的比重+权益资金成本×股票占总资金的比重

= 税后债务资金成本×债务占总资金的比重+权益资金成本×股票占总资金的比重

业务窗 8-11

美科公司目前的自有资金为 3 000 万元，全部由股票组成。为优化资金结构，公司拟发行债券，购回部分股票。公司的息税前盈余为 750 万元。有关债务和权益的资金成本资料见表 8-6，优惠所得税税率为 20%。确定该公司的最佳资金结构（假设该公司债券的市场价值等于其面值）。

表 8-6　**不同债务水平的债务利息率和权益资金成本表**

债券的市场价值（万元）	税前债务利息率（%）	股票 β 值	股票无风险报酬率（%）	股票风险报酬率（%）	权益资金成本（%）
0	—	1.1	10	15	15.5
300	10	1.15	10	15	15.75
600	10	1.2	10	15	16
900	12	1.3	10	15	16.5
1 200	14	1.45	10	15	17.25
1 500	16	1.6	10	15	18

备注：股票 β 值由证券机构提供；权益资本的成本的计算见本章

根据相关资料可知，债券发行数逐渐增加，用以购回股票，股票则逐渐减少。计算分析见表 8-7。在没有债务的情况下，公司的市场总价值等于股票的市场价值 3 871 万元。当债务逐渐增加时，公司的市场总价值也随之上升，在债务达到 600 万元时，公司的市场总价值最大，为 3 945 万元，综合资金成本也最低，为 14.78%。所以，债务为 600 万元时的资本结构是公司的最佳资金结构。

表 8-7 美科公司最佳资金结构分析表

债券市场价值（万元）	股票市场价值（万元）	公司市场总价值 V（万元）	债务资金成本（%）	权益资金成本（%）	综合资金成本（%）
(1)	(2)	(3)	(4)	(5)	(6)
0	3 871①	3 871	—	15.5	15.5
300	3 600②	3 900	8③	15.75	15.15⑤
600	3 345	3 945	8	16	14.78
900	2 935	3 834	9.6④	16.5	14.88
1 200	2 451	3 651	11.2	17.25	15.26
1 500	1 990	3 490	12.8	18	15.76

备注：

①=750×（1-20%）÷15.5%≈3 871（万元）

②=（750-300×10%）×（1-20%）÷16%=3 600（万元）

③=10%×（1-20%）=8%

④=12%×（1-20%）=9.6%

⑤=8%×300÷3 900+15.75%×3 600÷3 900≈15.15%

4）因素分析法

因素分析法是指在定性分析的基础上，认真考虑影响资金结构的各种因素，并根据这些因素来确定公司的合理资金结构的方法。

采用这种方法的关键是科学地分析影响资金结构的各种因素：

（1）公司的销售增长。根据复合杠杆的原理，预计未来销售的增长率，决定普通股每股利润的增长。

（2）公司对待风险的态度。敢于冒险的公司所有者和管理人员，可能会安排比较高的负债比例；反之，持稳健态度者则只使用较少的债务。

（3）贷款人和信用评级机构的影响。贷款人和信用评级机构的态度往往成为决定资金结构的关键因素。

（4）公司所处的行业。不同行业的资金结构有很大差别，必须根据公司所处行业的特点考虑最佳的资金结构。

（5）公司的规模。通常，公司规模大，筹集资金的方式多，负债比率较低；反之，公司规模小，筹资方式相对单一，负债比率则较高。

（6）公司的财务状况。公司获利能力强，财务状况好，就有能力承受财务上的风险。

（7）公司资产的结构。固定资产雄厚的公司，主要通过非流动负债和发行股票筹集资金；流动资产较多的公司，主要通过流动负债来筹集资金。

（8）公司所得税税率。所得税税率越高，负债的好处越多，故采用举债方式可发挥税前费用的减税作用。

（9）利息率水平的变动。利息率暂时较低且估计有可能上升时，发行长期债券可在若干年内把利率固定在较低水平上。

在实际工作中，理财人员应认真分析上述因素，根据经验并结合运用定量分析法和定性分析法，确定公司的最佳资金结构。

知识窗　**选择有利的付款方式**

老陈和小王各有 10 万元，小王用 10 万元买下一套商品房，而老陈却用 10 万元买下 10 套同质的商品房。原来，他们两人付款的方式不同：老陈每套房只付了 1 万元的首付款，其余房款则使用了贷款；而小王用 10 万元一次付清了全部房款。看来付款方式大有文章。有利的付款方式，就意味着投资条件的改善。初涉房地产投资者对此尤应重视。

课堂思考

某公司自建立以来一直无长期债务，资金全部由普通股股本组成，股票账面价值为 1 000 万元。去年公司息税前盈余为 300 万元，所得税税率为 25%。在权益资本占长期资金来源 100% 的资金结构下，公司的加权平均资金成本为 15%，公司的股票价值为 1 500 万元，公司当前的总价值也是 1 500 万元。但随着公司的发展，公司的财务总监和财务经理认为这种资金结构不合理，于是向总经理提出改善公司资金结构的建议，却遭到拒绝。总经理认为：不论公司有无负债，加权平均资金成本都是固定不变的，因此公司的总价值也是固定不变的。公司利用财务杠杆时，即使债务资金成本不变，但由于负债的增加会加大权益的风险，使权益资金成本上升，这样加权平均资金成本不会因为负债比率的提高而降低，而是维持不变。所以，资金结构与企业价值无关，决定企业价值的应是营业收益。

思考：如果你是财务经理，会怎样说服总经理呢？

温故知新

【本章小结】

筹资，是公司通过一定渠道，采取适当方式，获取所需资金的一种行为。筹集资金前要对资金需要量进行预测，预测方法主要有定性预测法和定量预测法。公司筹资来源分为权益资金和负债资金。权益资金的筹集方式主要有吸收直接投资、发行普通股票、发行优先股票和利用留存收益等。负债资金的筹集方式主要有借入资金、发行债券、融资租赁和商业信用等。最优资金结构是在一定条件下使公司加权平均资金成本最低、公司价值最大的资金结构。只有权衡财务风险和资金成本的关系，才能确定最优的资金结构。

【关键点】

概念：公司筹资　定量预测法　商业信用条件　资金结构

观念：公司筹资的方式　公司资金需要量预测方法　息税前利润与每股利润分析法　比较资金成本法

【理解与应用】

1）选择题

(1) 将资金分为所有者权益和负债两大类，其标志是(　　)。

A. 资金的来源渠道　　B. 资金使用时间的长短

C. 资金的用途　　D. 资金的筹集方式

(2) 可以筹措长期资金的筹资方式有(　　)。

A. 商业信用　　　　　　　　　　B. 吸收直接投资

C. 发行债券　　　　　　　　　　D. 融资租赁

(3) 下列资金中，不能采取融资租赁方式筹集的有(　　)。

A. 银行信贷资金　　　　　　　　B. 非银行金融机构资金

C. 其他企业资金　　　　　　　　D. 国家财政资金

(4) 与普通股筹资相比，负债筹资的特点有(　　)。

A. 筹集的资金需到期偿还　　　　B. 不论经营好坏，需固定支付债务利息

C. 会分散企业的控制权　　　　　D. 不会分散企业的控制权

2) 问答题

(1) 吸收直接投资的类型有哪些?

(2) 股票的种类有哪些?

(3) 债券的要素主要有哪些?

(4) 融资租赁有哪些特点?

3) 技能题

(1) 某公司发行5年期债券，面值为1 000元，为期1年，票面利率为10%。分别计算市场利率为8%和12%时的债券发行价格。

(2) 某公司按年利率10%从银行借入100万元，银行要求公司按贷款额的15%保持补偿性余额。计算该项贷款的实际利率。

(3) 某公司2009—2013年的销售量和资金需要量的历史资料见表8-8。假定2014年的销售量预计为320件。预测该公司2014年的资金需要量。

表8-8　　　　　　　　　　**某公司历史资料表**

年度	销售量（X）（件）	资金需要量（Y）（元）	XY	X^2
2009	40	12 000	480 000	1 600
2010	160	24 000	3 840 000	25 600
2011	120	27 000	3 240 000	14 400
2012	80	22 000	1 760 000	6 400
2013	200	40 000	8 000 000	40 000
n=5	$\sum X=600$	$\sum Y=125\ 000$	$\sum XY=17\ 320\ 000$	$\sum X^2=88\ 000$

(4) 某公司发行面值1 000元、期限5年、利率12%的长期债券，因市场利率变化，决定以1 116.80元的价格售出。试确定当时的市场利率。

(5) 某公司从银行取得借款500万元，期限1年，名义利率8%，利息40万元，按贴现法付息。计算该项借款的实际利率。

4) 案例分析

(1) 某公司采用融资租赁方式租入一台设备，价款为200 000元，租期4年，租期年利率10%。分别计算后付租金方式和先付租金方式的应付租金，并分析二者的关系。

(2) 某公司现有普通股100万股，股本总额为1 000万元，并有公司债券600万元。公司拟扩大筹资规模，有两种备选方案：一是增发普通股50万股，每股发行价格为15元；二是平价发行公司债券750万元。假设公司债券年利率为12%，所得税税率为25%，

预期息税前利润为 400 万元。计算两种筹资方式的每股利润无差异点，并就两方案择优决策。

技能强化实训

实训目的

基本能力点：资金结构的计算分析。

能力拓展点：公司筹资决策。

实训课题

体会资金结构对企业运营的影响。

实训组织

实训地点：某生产制造企业。

实训内容：了解该企业的资金结构及优化资金结构的手段。

实训成果：调研报告。

自我评价：百分制。

下章预习要点

概念：项目投资　静态投资回收期　折现评价指标　内部收益率

观念：投资决策评价指标及其类型　项目投资决策评价指标的运用　证券投资的种类　证券投资组合的风险

第 9 章

实务运用：投放资金

学习目标

知识目标：掌握项目投资、项目投资评价指标、证券投资、证券投资风险的概念；明确各种项目投资评价指标的内涵及相互关系；了解证券投资收益和风险的含义及对证券投资评价的意义。

技能目标：掌握非折现评价指标和折现评价指标的计算方法及其关系；能够进行债券和股票投资收益率以及股票系统性风险的计算，会用各种项目投资指标初步评估投资方案。

能力目标：能综合运用项目投资评价指标对单一的独立投资项目、多个互斥的投资方案和多个投资方案组合进行财务可行性评价，能运用证券投资风险与收益相互关系进行证券投资组合决策，并结合投资风险分析进行公司投资决策。

理念导引

贸易转实业之项目抉择

某贸易公司为取得进一步发展，拟从贸易向实业转型。这时，董事长兼总经理杨先生了解到两个项目：第一个项目是周教授的心脏瓣膜。目前国内市场对心脏瓣膜的需求量很大，但由于国内技术不成熟，大部分市场份额被国外产品占据。如果能够突破技术瓶颈，提高产品合格率，就可以夺取一般市场的份额。第二个项目是赵博士的外壳手术吻合器。吻合器不但可以提高医生缝合手术的一致性和可靠性，还能减少手术风险。这种技术在国内还没有广泛应用，但市场前景光明。杨先生对这两个项目都很感兴趣，但反复权衡也难以抉择，于是召开高层决策会议。会上，各方就这两个项目的资金投入、风险、市场前景等争来争去，无法达成一致意见。杨先生的心就像钟摆，在两派意见、两个项目之间来回摆动。

资料来源　陈峻松，陈望宇，仲进．两块恼人的馅饼［N/OL］．［2008-04-15］．商业评论网．http：// w. ebusinessreview. cn/c/articlesingle-layoutId-20-id-311. html.

讨论：项目投资决策究竟应该依据什么？

9.1　项目投资

9.1.1　项目投资概述

1）项目投资的概念

项目投资是以特定项目为对象，直接与新建项目或更新改造项目有关的长期投资行为。

2）投资项目的种类

投资项目简称项目，指项目投资的对象，用于界定投资客体范围的概念。其种类主要有新建项目和更新改造项目。

（1）新建项目是指以新增生产能力为目的的投资项目，属于外延式扩大再生产。新建项目按其涉及内容还可进一步细分为单项固定资产投资项目和完整工业投资项目。单项固定资产投资项目简称为固定资产投资，只包括为取得固定资产而发生的垫支资本的投入，而不涉及周转资本的投入。完整工业投资项目则不仅包括固定资产投资，还涉及流动资金投资，甚至包括其他非流动资产（如无形资产）投资，因此不能简单地等同于固定资产投资。

（2）更新改造项目是指公司以恢复或改善生产能力为目的的投资项目，属于简单再生产或内涵式扩大再生产。

3）项目投资的主体

投资主体是各种投资人的统称，是具体投资行为的主体。从公司角度看，项目的直接投资主体就是公司本身。在进行项目投资决策时，公司关心的是全部资金的投放和回收情况。

4）项目计算期的构成

项目计算期是指投资项目从投资建设开始到最终清理结束整个过程占用的全部时间，即投资项目的有效持续期间。完整的项目计算期包括建设期和生产经营期：

项目计算期（n）= 建设期（s）+生产经营期（p）

5）原始总投资和投资总额

原始总投资是反映项目所需现实资金的价值指标，等于公司为使项目完全达到设计生产能力、开展正常经营而投入的全部现实资金。

投资总额是反映项目投资总体规模的价值指标，等于原始总投资与建设期资本化利息之和。其中，建设期资本化利息是指在建设期发生的与购建项目所需的固定资产、无形资产等非流动资产有关的借款利息。

6）资金投入方式

资金投入方式是指从时间角度来看，投资主体将原始总投资投入具体项目的方式，包括一次投入和分次投入两种形式。一次投入方式是指投资行为集中一次发生在项目计算期第一个年度的年初或年末的资金投入形式。分次投入方式是指投资行为涉及两个或两个以上年度，或虽然只涉及一个年度但同时在该年的年初和年末发生的资金投入形式。

9.1.2　项目投资决策评价指标的含义与分类

1）项目投资决策评价指标的含义

项目投资决策评价指标是指用于衡量和比较项目投资可行性以供方案决策参考的定量化标准与尺度，由一系列综合反映投资效益、投入产出关系的量化指标所构成。项目投资决策评价指标比较多，后面主要介绍投资利润率、静态投资回收期、净现值、净现值率、获利指数、内部收益率 6 项指标。

2）项目投资决策评价指标的分类

（1）按是否考虑资金时间价值，可将项目投资决策评价指标分为非折现评价指标和折现评价指标两类。非折现评价指标又称静态指标，是指在计算过程中不考虑资金时间价值因素的评价指标，包括投资利润率和静态投资回收期。折现评价指标又称动态指标，是指在计算过程中考虑资金时间价值因素的评价指标，包括净现值、净现值率、获利指数和内部收益率。

（2）按指标性质不同，可将项目投资决策评价指标分为在一定范围内越大越好的正指标和越小越好的反指标两大类。投资利润率、净现值、净现值率、获利指数和内部收益率属于正指标；静态投资回收期属于反指标。

（3）按指标数量的特征不同，可将项目投资决策评价指标分为绝对量指标和相对量指标。前者包括以时间为计量单位的静态投资回收期和以价值量为计量单位的净现值；后者除获利指数是以指数形式表示的评价指标外，大多是以百分比形式表示的评价指标。

（4）按指标重要性，可将项目投资决策评价指标分为主要指标、次要指标和辅助指标。净现值、内部收益率等为主要指标；静态投资回收期为次要指标；投资利润率为辅助指标。

9.1.3 项目投资决策评价主要指标

1）非折现评价指标

（1）投资利润率，又称投资报酬率，是指达到正常产量年度的利润或年均利润占投资总额的百分比。对于投资项目，投资利润率越高越好，投资利润率低于无风险报酬率的方案则不可行。其计算公式为：

$$\text{投资利润率（ROI）}=\frac{\text{年平均利润额（P）}}{\text{投资总额（I）}}\times 100\%$$

式中：年平均利润额是经营期内全部利润除以经营年数的平均数或达到正常产量年份的利润总额。

（2）静态投资回收期，简称回收期，是指以投资项目经营净现金流量抵偿原始总投资所需要的全部时间（以年为单位）。它有包括建设期的投资回收期和不包括建设期的投资回收期两种形式。对于可行的项目投资，包括建设期的投资回收期应小于或等于项目计算期的一半；不包括建设期的投资回收期应小于或等于经营期的一半。

包括建设期的投资回收期的计算公式为：

$$\text{包括建设期的投资回收期}=\text{不包括建设期的投资回收期}+\text{建设期}$$

不包括建设期的投资回收期的计算要区别两种情况。

第一种情况，投产后的前 m 年经营净现金流量相等，且这 m 年等额经营净现金流量之和不小于原始投资额。此时计算公式为：

$$\text{不包括建设期的投资回收期}=\frac{\text{原始投资额}}{\text{前 m 年等额经营净现金流量}}$$

业务窗 9-1

某公司投资一项固定资产，有关净现金流量的资料见表 9-1。计算该项目的投资回收期。

表 9-1 净现金流量表

单位：万元

项目计算期（年）	建设期			经营期								合计
	0	1	2	3	4	5	6	7	8	9	10	
净现金流量	−60	−50	0	35	35	35	35	40	40	40	50	200

备注：表中 0 代表年初，1～10 分别代表第 1～10 年的年末

由表 9-1 可知投产后前 4 年经营净现金流量相等，且这 4 年等额净现金流量（35 万

元）之和（140万元）大于原始投资额（110万元），则：

不包括建设期的投资回收期=110÷35≈3.14（年）

包括建设期的投资回收期=2+3.14=5.14（年）

第二种情况，每年经营净现金流量都不相等。此时可以通过列表计算“累计净现金流量”，确定包括建设期的投资回收期，这是确定静态投资回收期的一般方法。

业务窗9-2

某固定资产投资项目的现金流量资料见表9-2。计算该项目的投资回收期。

表9-2 **现金流量资料表** 单位：万元

项目	建设期		经营期									合计
计算期	0	1	2	3	4	5	6	7	8	9	10	
净现金流量	-100	-100	-50	40	50	60	80	85	90	95	100	350
累计净现金流量	-100	-200	-250	-210	-160	-100	-20	65	155	250	350	350

①计算累计净现金流量，可知在6～7年内收回。

②包括建设期的投资回收期=6+（|-20|÷65）≈6.3（年）

不包括建设期的投资回收期=6.3-2=4.3（年）

在评价方案可行性时，包括建设期的投资回收期比不包括建设期的投资回收期用途更广泛。各投资方案的投资回收期确定以后，投资回收期最短的方案为最佳方案。

2）折现评价指标

（1）净现值，是指在项目计算期内按行业基准收益率或其他设定折现率计算的各年净现金流量现值的代数和，记作NPV。也可将净现值表述为项目投产后各年经营净现金流量的现值合计与原始投资额现值合计之间的差额。

折现率的选择直接影响项目评价的结论。确定项目折现率的方法有如下几种：①以投资项目的资金成本作为折现率。②以投资的机会成本作为折现率。③在计算项目建设期净现金流量现值时，以贷款的实际利率作为折现率；在计算项目经营净现金流量时，以全社会资金平均收益率作为折现率。④以行业平均收益率作为项目折现率。

净现值是折现的绝对值正指标。如果投资方案的净现值大于或等于零，该方案可行；如果投资方案的净现值小于零，该方案不可行；如果几个方案的投资额相同，且净现值均大于零，净现值最大的方案最优。计算净现值的基本公式有两个。

公式一如下：

净现值=项目期内每年的净现金流量的现值之和

或 $NPV=\sum NCF_n\cdot(P/F, i_c, n)$

公式二如下：

净现值=项目期内每年的净现金流量的现值之和-原始投资额的现值

或 $NPV=\sum NCF_p\cdot(P/F, i_c, p)-\sum I\cdot(P/F, i_c, s)$

式中：i_c表示该项目的行业基准折现率；$\sum I$表示原始投资额。

上述公式在在理财实务的运用应区别四种不同情况：无建设期，原始投资于建设起点一次投入；无建设期，原始投资分次投入；有建设期，原始投资于建设起点一次投入；有建设期，原始投资分次投入。

情况一，无建设期，原始投资于建设起点一次投入。

业务窗 9-3

某公司拟投资一项目，需原始投资200万元，无建设期，使用寿命10年，折旧采用直线法，期末无残值。预计该项目投产后每年可获利15万元。假定该项目的行业基准折现率为10%，计算该项目的净现值。

每年折旧额=200÷10=20（万元）

经营净现金流量=15+20=35（万元）

将有关计算填入表9-3。

表9-3　**计算表（一）**　单位：万元

项目计算期	经营期											合计
	0	1	2	3	4	5	6	7	8	9	10	
原始投资额	-200											-200
经营净现金流量		35	35	35	35	35	35	35	35	35	35	350
累计净现金流量	-200	-165	-130	-95	-60	-25	10	45	80	115	150	150

由于经营净现金流量是年金，按公式二简化计算：

净现值=35×（P/A, 10%，10）-200=35×6.1446-200≈15.06（万元）

若上述经营净现金流量不是年金形式，则要按复利现值公式，分别对每年不同的经营净现金流量折现，然后相加求得净现值。

情况二，无建设期，原始投资分次投入。

业务窗 9-4

承续“业务窗9-3”，假设原始投资200万元分2次各100万元在第1年年初、第2年年初投入，其余资料相同。计算净现值，有关资料填入表9-4。

表9-4　**计算表（二）**　单位：万元

项目计算期	经营期											合计
	0	1	2	3	4	5	6	7	8	9	10	
原始投资额	-100	-100										-200
经营净现金流量		35	35	35	35	35	35	35	35	35	35	350
累计净现金流量	-100	-165	-130	-95	-60	-25	10	45	80	115	150	150

按公式二简化计算：

净现值=35×（P/A, 10%，10）-100×［1+（P/F, 10%，1）］

=35×6.1446-100×（1+0.9091）≈24.15（万元）

情况三，有建设期，原始投资于建设起点一次投入。

业务窗 9-5

某公司拟投资一项目，需原始投资170万元，建设期2年，使用寿命8年，折旧采用直线法，期末残值10万元。预计该项目投产后每年可获利25万元。假定该项目的行业基准折现率为10%，计算净现值。

每年折旧=（170-10）÷8=20（万元）

$NCF_{3\sim9}$=25+20=45（万元）

NCF_{10}=25+20+10=55（万元）

将有关计算填入表9-5。

表9-5　**计算表（三）**　单位：万元

项目计算期	建设期（2年）			经营期（8年）								合计
	0	1	2	3	4	5	6	7	8	9	10	
原始投资额	-170											-170
经营净现金流量				45	45	45	45	45	45	45	55	370
累计净现金流量	-170	-170	-170	-125	-80	-35	10	55	100	145	200	200

8年的经营净现金流量可视为两种形式的递延年金：A=45，n=7，第8年一次性55万元；A=45，n=8，第8年一次性10万元。采用前一种形式，按公式二简化计算：

净现值=45×（P/A，10%，7）×（P/F，10%，2）+55×（P/F，10%，10）-170

=45×4.8684×0.8264+55×0.3855-170

≈32.25（万元）

情况四，有建设期，原始投资分次投入。

业务窗9-6

美光公司拟投资一项目，建设期为2年，每年年初投入80万元，共160万元。项目使用寿命5年，折旧采用直线法，期末残值10万元。预计该项目投产后每年可获利20万元，以后每年增加5万元。假定行业基准折现率为10%，优惠所得税税率20%。计算净现值。

每年折旧额=（160-10）÷5=30（万元）

第1年净利润=20×（1-20%）=16（万元）

第2年净利润=25×（1-20%）=20（万元）

第3年净利润=30×（1-20%）=24（万元）

第4年净利润=35×（1-20%）=28（万元）

第5年净利润=40×（1-20%）=32（万元）

将有关计算填入表9-6。

表9-6　**计算表（四）**　单位：万元

项目计算期	建设期（2年）			经营期（5年）					合计
	0	1	2	3	4	5	6	7	
原始投资额	-80	-80							-160
经营净现金流量				46	50	54	58	62	270
累计净现金流量	-80	-160	-160	-114	-64	-10	48	110	110

按公式二计算：

净现值=46×（P/F，10%，3）+50×（P/F，10%，4）+54×（P/F，10%，5）+58×（P/F，10%，6）+62×（P/F，10%，7）-［80+80×（P/F，10%，1）］

$= (46\times0.7513+50\times0.6830+54\times0.6209+58\times0.5645+62\times0.5132)-(80+80\times0.9091)$

≈ 14.07（万元）

净现值法的优点主要有：①考虑了资金时间价值；②考虑了项目计算期的全部净现金流量；③考虑了一定的投资风险。

净现值法的不足主要有：①不能从动态的角度直接反映投资项目的实际收益率水平；②各项目投资额不等时无法确定投资方案优劣；③净现金流量的测量和折现率的确定较困难。

（2）净现值率，是指投资项目净现值占原始投资现值的百分比，是一个折现的相对量评价指标，可用于比较不同投资额的投资方案。投资项目的净现值率越高越好。其计算公式为：

$$净现值率=\frac{投资项目净现值}{原始投资现值}\times100\%$$

或 $$NPVR=\frac{NPV}{\sum I(P/F,\ i_c,\ s)}\times100\%$$

业务窗 9-7

承续“业务窗 9-6”，计算净现值率。

$净现值率=14.07\div152.73\times100\%\approx9.21\%$

净现值率的优点主要是可以动态地反映投资项目资金投入与净产出之间的关系；其不足与净现值指标相似，即无法直接反映投资项目的实际收益率。

（3）获利指数，又称现值指数，是指投产后各年净现金流量的现值之和与原始投资现值之和的比率，也是一个折现的相对量评价指标。如果投资方案的获利指数大于或等于1，该方案可行；如果投资方案的获利指数小于1，则该方案不可行。如果几个方案的获利指数均大于1，那么获利指数越大的投资方案越好。其计算公式为：

$$获利指数=\frac{项目期内每年的经营净现金流量的现值之和}{原始投资额的现值}$$

或 $$PI=\frac{\sum NCF_p\cdot(P/F,\ i_c,\ p)}{\sum I\cdot(P/F,\ i_c,\ s)}$$

获利指数与净现值率的关系为：

获利指数=1+净现值率

业务窗 9-8

承续“业务窗 9-6”，计算获利指数。

$获利指数=166.80\div152.73\approx1.09$

获利指数法与净现值法的优点基本相同，但获利指数法可动态地反映项目投资的资金投入与总产出之间的关系，可以弥补净现值法不能比较不同投资额方案的缺陷。其缺点主要也是无法直接反映投资项目的实际收益率。

（4）内部收益率，又称内含报酬率或内部报酬率，是指能使投资项目的净现值等于零时的折现率，是项目投资实际可望达到的报酬率。内部收益率是个折现的相对量正指标。将所测算的各方案的内部收益率与其资金成本对比，内部收益率大于资金成本的方案可行；内部收益率小于资金成本的投资方案不可行。如果几个投资额相同的投资方案的内部收益率都大于资金成本，内部收益率最大的方案最好；如果几个投资额不同的方案的内部收益率均大于资金成本，则以投资额与内部收益率和资金成本之差的乘积最大的方案最优。

内部收益率的计算公式有两种。

公式一如下：

净现值=0

即　项目期内每年的净现值流量的现值之和=0

或　$\sum NCF_n \cdot (P/F, IRR, n) = 0$

公式二如下：

项目期内每年的经营净现金流量的现值之和-原始投资额的现值=0

或　$\sum NCF_p \cdot (P/F, IRR, p) - \sum I \cdot (P/F, IRR, s) = 0$

式中：IRR 为内部收益率。

在理财实务中运用上述公式要求区别两种情况。

情况一，无建设期，原始投资于起点一次投入，经营净现金流量为普通年金。此时，计算内部收益率的公式推导如下：

$$A \cdot (P/F, IRR, p) - I = 0 \Rightarrow (P/F, IRR, p) = \frac{I}{A}$$

在已知 p 和系数值的情况下，查普通年金现值系数表，找出 IRR；如没有直接对应的 IRR，用插值法推算出 IRR。

业务窗 9-9

沿用“业务窗 9-3”的资料，原始投资额 200 万元，无建设期，经营期 10 年，行业基准折现率 10%，每年经营净现金流量 35 万元。计算内部收益率。

$35 \times (P/F, IRR, 10) - 200 = 0$

$(P/F, IRR, 10) = 200 \div 35 \approx 5.7143$

将年金现值系数表中的相关参数值代入插值法计算式：

$$\frac{10\% - IRR}{10\% - 12\%} = \frac{6.1446 - 5.7143}{6.1446 - 5.6502} \Rightarrow IRR = \frac{6.1446 - 5.7143}{6.1446 - 5.6502} \times 2\% + 10\% \approx 11.74\%$$

可见，该投资项目收益率（11.74%）高于行业基准折现率（10%），方案可行。

情况二，不属于情况一的其他情况。此时，计算步骤如下：

$\sum NCF_p \cdot (P/F, IRR, p) - \sum I \cdot (P/F, IRR, s) = 0$

估计一系列报酬率 IRR^* 代入上式，通过测试找出使之成立的 IRR^*，即 $IRR^* = IRR$。若不能找出使之成立的 IRR^*，找出最接近 0 的正负两个结果值对应的 IRR^*，用插值法计算出 IRR。

业务窗 9-10

承续“业务窗 9-6”，计算内部收益率。

$\sum NCF_p \cdot (P/F, IRR, p) - \sum I \cdot (P/F, IRR, s) = 0$

$[46 \times (P/F, IRR, 3) + 50 \times (P/F, IRR, 4) + 54 \times (P/F, IRR, 5) + 58 \times (P/F, IRR, 6) + 62 \times (P/F, IRR, 7)] - [80 + 80 \times (P/F, IRR, 1)] = 0$

第 1 次测试，假设 IRR＝12%：

$$(46\times0.7118+50\times0.6355+54\times0.5674+58\times0.5066+62\times0.4523)-(80+80\times0.8929)=1.1508$$

第 2 次测试，假设 IRR＝14%：

$$(46\times0.6750+50\times0.5921+54\times0.5194+58\times0.4556+62\times0.3996)-(80+80\times0.8772)=-10.2734$$

则 12% 对应 1.1508，IRR 对应 0，14% 对应 −10.2734，代入插值法计算式：

$$IRR=\frac{1.1508-0}{1.1508-(-10.2734)}\times2\%+12\%\approx12.20\%$$

内部收益率的优点主要有：①充分考虑资金的时间价值；②能直接反映投资项目的实际收益水平；③可以直接与行业基准收益率直观比较。

内部收益率的不足在于计算过程十分繁杂，计算工作量大。

3）折现评价指标之间的关系

根据上述计算原理，折现评价指标净现值 NPV、净现值率 NPVR、获利指数 PI 和内部收益率 IRR 之间存在以下关系：

当 $NPV>0$ 时，$NPVR>0$，$PI>1$，$IRR>i_c$；

当 $NPV=0$ 时，$NPVR=0$，$PI=1$，$IRR=i_c$；

当 $NPV<0$ 时，$NPVR<0$，$PI<1$，$IRR<i_c$。

9.1.4 项目投资决策评价指标的运用

1）单一的独立投资项目的财务可行性评价

单一的独立投资项目的财务可行性评价，是指利用评价指标分析唯一可供选择的投资项目是否具有财务可行性，从而决定接受或拒绝投资该项目的过程。

当有关正指标大于或等于特定数值，反指标小于特定数值，项目投资具有财务可行性；反之，则不具有财务可行性。当次要指标（静态投资回收期）或辅助指标（投资利润率）的评价结论与主要指标（净现值等）的评价结论发生矛盾时，应当以主要指标的结论为准。

业务窗 9-11

承续“业务窗 9-6”，建设期 2 年，经营期 5 年，行业基准折现率 10%。投资利润率 15%，不包括建设期的投资回收期 3.17 年，包括建设期的投资回收期 5.17 年，净现值 14.07 万元，净现值率 9.21%，获利指数 1.09，内部收益率 12.20%。评价该投资项目。

根据上述数据，除次要指标包括建设期的投资回收期略超经营期，该项目各项主要评价指标，特别是折现评价指标均达到或超过可行标准，故该投资项目具有财务可行性。

2）多个互斥方案的财务可行性评价

项目投资决策中的互斥方案是指可供选择但只能选择其中一个而不能同时采纳的投资方案。评价多个互斥方案的财务可行性，就是要在每个入选方案已具备财务可行性的前提下，利用评价指标和具体决策方法比较各方案的优劣，从中选出一个最优方案。

（1）原始投资相同、项目计算期相等的多方案比较适合使用净现值法和净现值率法，即以净现值或净现值率最大的方案为最优方案。

（2）原始投资不同的两方案比较适合使用差额投资内部收益率法，即在两个不同方案的差量净现金流量 ΔNCF 基础上计算出差额内部收益率 ΔIRR，并据以判断方案优劣。它是内部收益率法的特殊简化形式。在进行两个方案的比较时，内部收益率法要先计算两个方案各自的内部收益率，然后再比较优劣，而差额投资内部收益率法简化了计算过程，可以直接进行方案的比较。当差额内部收益率指标大于或等于基准收益率或设定的折现率时，原始投资额大的方案为优；反之，则原始投资额小的方案为优。

业务窗 9-12

某公司准备用新设备替换一旧设备：旧设备还可使用 5 年，目前变现价值为 12 万元，预计净残值 3 万元；新设备投资额为 27 万元，预计使用 5 年，预计净残值 3 万元，投入使用后每年可以使公司营业收入增加 9 万元、营业成本增加 4.5 万元。新旧设备均采用直线法计提折旧，设备替换不影响正常生产经营，所得税税率 25%，行业基准折现率 10%。用差额投资内部收益率法评价方案的可行性。

用新设备替换旧设备和继续使用旧设备的各项目差额如下：

投资额差额＝27－12＝15（万元）

每年折旧变动额＝（27－12）÷5＝3（万元）

每年总成本变动额＝4.5＋3＝7.5（万元）

每年营业净利润变动额＝9－7.5＝1.5（万元）

每年所得税后利润变动额＝15 000×（1－25%）＝11 250（元）

差量净现金流量如下：

$\Delta NCF_0 = -150\ 000$ 元

$\Delta NCF_{1\sim5} = 41\ 250$ 元

将上述数据代入内部收益率法简化公式：

$41\ 250\times(P/A,\ \Delta IRR,\ 5) - 150\ 000 = 0$

$(P/A,\ \Delta IRR,\ 5) = 150\ 000 \div 41\ 250 \approx 3.6364$

将年金现值系数表中的相关参数代入插值法计算式：

$$\Delta IRR = \frac{3.7908-3.6364}{3.7908-3.6048}\times 2\% + 10\% \approx 11.66\%$$

由于 11.66% 大于 10%，根据应用差额投资内部收益率法评价的标准选择使用新设备。

（3）原始投资不同、项目计算期不同的多方案比较适合使用年等额净回收额法，即在各个投资方案净现值基础上，按基准收益率或设定的折现率计算各个投资方案的年平均净现值，比较后选择最优方案。年等额净回收额是年资本回收额的变化形式，其计算公式为：

年等额净回收额＝净现值÷年金现值系数

或 $$A = \frac{NPV}{(P/A,\ i_c,\ n)}$$

年等额净回收额（考虑资金时间价值的年平均净现值）最大的方案为优。

业务窗 9-13

某公司拟投资一项目，现有 3 个方案可供选择：方案一的原始投资为 185 万元，项目计算期为 10 年，净现值为 145 万元；方案二的原始投资为 165 万元，项目计算期为 8 年，净现值为 138 万元；方案三的原始投资为 85 万元，净现值为－3 万元。行业基准折现率为 10%。按年等额净回收额法分析选择最优方案。

方案三的净现值为－3 万元，显然无财务可行性。

计算方案一、方案二的年等额净回收额：

$$方案一的年等额净回收额=\frac{145}{(P/A,\ 10\%,\ 10)}=\frac{145}{6.1446}\approx 23.60\ (万元)$$

$$方案二的年等额净回收额=\frac{138}{(P/A,\ 10\%,\ 8)}=\frac{138}{5.3349}\approx 25.87\ (万元)$$

方案二的年等额净回收额大于方案一，所以应选择方案二。

3）多个投资方案组合的财务可行性评价

多个投资方案组合，是指多个非互斥投资项目的组合。财务可行性评价的目标就是在保证充分利用资金的前提下获得尽可能大的净现值总额。

在资金总量不受限制的情况下，可按每一组合项目的净现值 NPV 大小排队，确定可选择组合项目的优先顺序；在资金总量受到限制时，则需按净现值率 NPVR 的大小，结合净现值 NPV 进行各种组合排队，从中选出净现值总额 $\sum$ NPV 最大的组合，即最优投资方案组合。

业务窗 9-14

某公司可供组合的投资方案资料见表 9-7。分别按投资总额不受限制和受限制（450 万元、500 万元、800 万元）的不同情况，选择最优方案组合。

表 9-7 **三个投资方案的资料表** 金额单位：万元

项目	原始投资	净现值	净现值率（%）	内部收益率（%）
甲	450	180	27	10
乙	300	60	13	14
丙	150	33	15	13

①投资总额不受限制时，按各方案的净现值排序，见表 9-8。

表 9-8 **按各方案的净现值排列表** 金额单位：万元

项目	原始投资	净现值	净现值率（%）	内部收益率（%）
甲	450	180	27	10
乙	300	60	13	14
丙	150	33	15	13

②投资总额受限制时，若限额为 450 万元则投资甲方案；若限额为 500 万元也只能投资甲方案；若限额为 800 万元则同时投资甲方案和乙方案。

4）固定资产经济事项的决策

固定资产经济事项的决策，即根据使用固定资产的平均年成本和固定资产的经济寿命来判断固定资产投资的可行性。

（1）固定资产的平均年成本，是指使用固定资产引起的现金流出的年平均值。它是固定资产在未来使用年限内现金流出总现值与年金现值系数的比值，即年均现金流出。年平均成本最低的固定资产为最优投资项目。固定资产年平均成本可视为资金时间价值原理中的年资本回收额，可利用年金现值公式求年金 A 的方法计算。

业务窗 9-15

某公司拟更新设备：原设备原值 3 300 元、预计使用 10 年、已使用 4 年、预计净残值 300 元、变现价值 900 元、年运行成本 1 050 元；新设备原值 3 600 元、预计使用 10 年、预计净残值 450 元、年运行成本 600 元。该公司要求的最低报酬率为 15%。作出继续使用原设备还是更新的决策。

根据上述情况，可以用三种计算方法来解决问题。

方法一，计算现金流出的总现值，然后分摊给每一年。

$$旧设备平均年成本=\frac{900+1\ 050\times(P/A,15\%,6)-300\times(P/F,15\%,6)}{(P/A,15\%,6)}$$

$$=\frac{900+1\ 050\times3.7845-300\times0.4323}{3.7845}$$

$$\approx1\ 254（元）$$

$$新设备平均年成本=\frac{3\ 600+600\times(P/A,15\%,10)-450\times(P/F,15\%,10)}{(P/A,15\%,10)}$$

$$=\frac{3\ 600+600\times5.0188-450\times0.2472}{5.0188}$$

$$\approx1\ 295（元）$$

方法二，年运行成本加上原始投资额和净残值的每年摊销额。

平均年成本=投资摊销+运行成本-残值摊销

$$旧设备平均年成本=\frac{900}{(P/A,15\%,6)}+1\ 050-\frac{300}{(F/A,15\%,6)}$$

$$=\frac{900}{3.7845}+1\ 050-\frac{300}{8.7537}$$

$$\approx1\ 254（元）$$

$$新设备平均年成本=\frac{3\ 600}{(P/A,15\%,10)}+600-\frac{450}{(F/A,15\%,10)}$$

$$=\frac{3\ 600}{5.0188}+600-\frac{450}{20.304}$$

$$\approx1\ 295（元）$$

方法三，净投资额的年摊销额加上年运行成本和净残值利息。

$$旧设备平均年成本=\frac{900-300}{(P/A,15\%,6)}+1\ 050+300\times15\%$$

$$=\frac{600}{3.7845}+1\ 050+45$$

$$\approx1\ 254（元）$$

$$新设备平均年成本=\frac{3\ 600-450}{(P/A,15\%,10)}+600+450\times15\%$$

$$=\frac{3\ 150}{5.0188}+600+67.5$$

$$\approx1\ 295（元）$$

从上述计算可知，使用旧设备的平均年成本低于更新设备，故应继续使用旧设备。

（2）固定资产的经济寿命，又可称为固定资产的最优更新期，即可使固定资产的服务成本相对最低的更新间隔时间。固定资产在使用过程中，其价值逐渐减少，但运行成本逐渐上升，所以，公司应对固定资产设备确定一个经济使用年限，即经济寿命。

固定资产的经济寿命要逐年推算，其计算公式为：

$$固定资产年平均成本=\frac{原值-逐年折余价值的现值+逐年累计的每年运行成本的现值}{年金现值系数}$$

或 $$UAC=\frac{C-\frac{S_n}{(P/F,\ i,\ n)}+\frac{\sum C_n}{(P/F,\ i,\ n)}}{(P/A,\ i,\ n)}$$

式中：UAC 即固定资产年平均成本；C 表示固定资产原值；S_n表示 n 年后固定资产折余价值；C_n表示第 n 年的运行成本；i 表示投资最低报酬率。

业务窗 9-16

某公司有一项固定资产，原值为 2 100 万元，运行成本逐年增加，折余价值逐年下降，有关资料见表 9-9。假设折现系数为 10%，推算该项固定资产的经济寿命。

表 9-9 固定资产的经济寿命表 金额单位：万元

更新年限	原值	余值	折现系数 10%	余值现值	运行成本	运行成本现值	更新时运行成本现值	现值总成本	年金现值系数	平均年成本
	(1)	(2)	(3)	(4)=(2)×(3)	(5)	(6)	(7)=∑(6)	(8)=(1)-(4)+(7)	(9)	(10)=(8)÷(9)
1	2 100	1 500	0.909	1 364	300	273	273	1 009	0.909	1 110
2	2 100	1 140	0.826	942	330	273	546	1 704	1.736	982
3	2 100	900	0.751	676	375	282	828	2 252	2.487	906
4	2 100	690	0.683	471	435	297	1 125	2 754	3.170	869
5	2 100	510	0.621	317	510	317	1 442	3 225	3.790	851
6	2 100	360	0.565	203	600	339	1 781	3 678	4.356	844
7	2 100	240	0.513	123	675	346	2 127	4 104	4.868	843
8	2 100	150	0.467	70	750	350	2 477	4 507	5.335	844
9	2 100	100	0.424	42	840	356	2 833	4 891	5.759	849

可见，最佳方案是固定资产使用满 7 年更新，即经济使用年限为 7 年。

9.1.5 投资风险的分析

前面介绍项目投资评价指标时都假设未来现金流量是确定的，即没有考虑风险。但现实投资活动的未来现金流量往往是不确定的，所以在投资决策时应当分析投资风险。分析投资风险的常用方法是风险调整贴现率法。

风险调整贴现率法，即对高风险项目采用较高的贴现率计算其净现值，然后根据净现值法的原理来选择最优方案。此法的关键是计算较高的贴现率，即包含风险的贴现率，称为风险调整贴现率。

期望投资报酬率=无风险报酬率+风险报酬率

风险调整贴现率（k）=i+b·Q

式中：i 表示无风险报酬率；b 表示风险报酬斜率；Q 表示风险程度。

一般无风险报酬率 i 为已知的资金成本，要计算风险调整贴现率 k，关键是计算 Q 和 b。

风险调整贴现率法的步骤为：第一步，计算风险程度 Q。先计算出各方案期望值和标准差，以确定各方案综合标准差 D，再计算风险程度（标准离差率）Q。第二步，确定风险报酬斜率 b。第三步，计算风险调整贴现率 k。第四步，计算各方案净现值，选择最佳方案。

$$D=\sqrt{\sum_{t=1}^{n} d_t^2(P/F,\ i,\ 2n)}$$

$$Q=\frac{\text{综合标准差}}{\text{预期现金流入的现值}}$$

$$b=\frac{\Delta y}{\Delta x}$$

$$k=i+b\cdot Q$$

业务窗 9-17

某公司要求的最低报酬率为10%。现有的两个投资方案见表9-10，选出最佳方案。

表 9-10 投资方案资料表

项目期	方案1		方案2	
	净现金流量（元）	概率	净现金流量（元）	概率
0	-7 500	1	-3 000	
1	4 500	0.3		
	3 000	0.5		
	1 500	0.2		
2	6 000	0.2		
	4 500	0.4		
	3 000	0.4		
3	3 750	0.1	2 250	0.3
	3 000	0.6	6 000	0.5
	2 250	0.3	9 750	0.2

①计算风险程度 Q。

方案1的期望值：

$E_1=4\ 500\times0.3+3\ 000\times0.5+1\ 500\times0.2=3\ 150$（元）

$E_2=6\ 000\times0.2+4\ 500\times0.4+3\ 000\times0.4=4\ 200$（元）

$E_3=3\ 750\times0.1+3\ 000\times0.6+2\ 250\times0.3=2\ 850$（元）

方案1的标准差：

$$d_1=\sqrt{(4\ 500-3\ 150)^2\times0.3+(3\ 000-3\ 150)^2\times0.5+(1\ 500-3\ 150)^2\times0.2}$$

$$=\sqrt{546\ 750+11\ 250+544\ 500}$$

$$=1\ 050\text{（元）}$$

$$d_2=\sqrt{(6\ 000-4\ 200)^2\times0.2+(4\ 500-4\ 200)^2\times0.4+(3\ 000-4\ 200)^2\times0.4}$$

$= \sqrt{648\ 000+36\ 000+576\ 000}$

$=1\ 122$（元）

$d_3 = \sqrt{(3\ 750-2\ 850)^2 \times 0.1+(3\ 000-2\ 850)^2 \times 0.6+(2\ 250-2\ 850)^2 \times 0.3}$

$= \sqrt{81\ 000+13\ 500+108\ 000}$

$=450$（元）

方案1的综合标准差：

$D = \sqrt{1\ 050^2 \times (P/F,\ 10\%,\ 1\times2) +1\ 122^2 \times (P/F,\ 10\%,\ 2\times2) +450^2 \times (P/F,\ 10\%,\ 3\times2)}$

$= \sqrt{1\ 050^2 \times 0.8264+1\ 122^2 \times 0.6830+450^2 \times 0.5645}$

$= \sqrt{911\ 106+859\ 818+114\ 311}$

$\approx 1\ 373$（元）

方案1的风险程度（标准离差率）：

$$Q = \frac{1\ 373}{3\ 150\times (P/F,\ 10\%,\ 1) +4\ 200\times (P/F,\ 10\%,\ 2) +2\ 850\times (P/F,\ 10\%,\ 3)} \times 100\%$$

$$= \frac{1\ 373}{3\ 150\times 0.9091+4\ 200\times 0.8264+2\ 850\times 0.7513} \times 100\%$$

$\approx 16.20\%$

方案2的期望值：

$E_3 = 2\ 250\times 0.3+6\ 000\times 0.5+9\ 750\times 0.2=5\ 625$（元）

方案2的标准差：

$d_3 = \sqrt{(2\ 250-5\ 625)^2 \times 0.3+(6\ 000-5\ 625)^2 \times 0.5+(9\ 750-5\ 625)^2 \times 0.2}$

$= \sqrt{3\ 417\ 188+70\ 313+3\ 403\ 125}$

$=2\ 625$（元）

方案2的风险程度：

$$Q = \frac{2\ 625\times (P/F,\ 10\%,\ 3)}{5\ 625\times (P/F,\ 10\%,\ 3)} \times 100\% = \frac{2\ 625}{5\ 625} \times 100\% \approx 46.67\%$$

②假设无风险报酬率为10%，要求的含风险的报酬率为15%，风险程度的项目变化系数为0.5，确定风险报酬斜率b。

$b=(15\%-10\%) \div 0.5=0.1$

③计算风险调整贴现率k。

方案1的 $k=10\%+0.1\times 16.20\%=11.62\%$

方案2的 $k=10\%+0.1\times 46.67\%=14.67\%$

④用k计算净现值。

方案1的净现值 $= \frac{3\ 150}{1+11.62\%} + \frac{4\ 200}{(1+11.62\%)^2} + \frac{2\ 850}{(1+11.62\%)^3} - 7\ 500 \approx 2\ 822+3\ 371+2\ 049-7\ 500=742$（元）

方案1的净现值率 $=742\div 7\ 500\times 100\% \approx 9.89\%$

方案2的净现值 $=5\ 625\div (1+14.67\%)^3-3\ 000 \approx 731$（元）

方案2的净现值率 $=731\div 3\ 000\times 100\% \approx 24.37\%$

从以上计算可知，考虑风险后，两方案的净现值均大于0，即两方案都可行。但根据两方案的净现值率可以判断方案2优于方案1。

9.2　证券投资

9.2.1　证券投资概述

1）证券投资的概念

证券是指票面载有一定金额，代表财产所有权或债权，可以有偿转让的凭证。公司把资金用于购买股票、债券等金融资产，被称为证券投资。证券投资是公司投资的重要组成部分，科学地进行证券投资管理，能增加公司收益，降低风险，有利于公司理财目标的实现。

2）证券和证券投资的种类

（1）按发行主体可将证券分为政府证券、金融证券和公司证券三类。

政府证券，是指中央政府或地方政府为筹集资金而发行的证券，如中央政府发行的国库券。国库券是政府为解决先支后收、资金临时性短缺而发行的有价证券。国库券安全，流动性好，并且有多种期限，因此是公司进行短期投资的主要对象。

金融证券，是指银行或其他金融机构为筹措资金而发行的证券，如短期融资券。短期融资券是金融机构所发行的短期无担保本票，其利率通常比国库券的利率要高，流动性相对较弱，不如国库券交易方便。

公司证券，又称企业证券，是指公司为筹集资金而发行的证券，包括股票和公司债券。

政府证券的风险较小，金融证券次之，公司证券的风险则主要由公司财务状况决定。

（2）按投资对象可将证券投资分为债券投资、股票投资和组合投资三类。

债券投资，是指公司将资金投向各种债券，如购买国库券、公司债券和短期融资券等。债券投资能获得稳定收益，投资风险较低。不过，投资于期限长、信用等级低的债券也会有较大风险。

股票投资，是指公司将资金投向其他公司所发行的股票，如优先股、普通股。股票投资与债券投资相比风险较大，但通常也会取得较高的投资收益。

组合投资，又称证券投资组合，是指公司将资金同时投向多种证券，如同时购买国库券、公司债券和股票等。组合投资可以有效地分散证券投资风险，是公司进行证券投资时常用的投资方式。

3）证券投资的目的

（1）有效利用闲置资金。公司在正常的生产经营过程中，由于各种原因会有暂时闲置的资金，为有效地利用这部分资金，充分发挥资金的使用效果，可以利用闲置资金购入可随时变现的证券或资产，借以取得一定收益。

（2）影响或控制其他公司。公司可以通过对外投资影响或控制相关公司的营运政策，从而达到利于公司经营的目的。例如，公司为了保障原材料供应，可以购买供应商发行的若干份额的股票等；公司为了打开产品的销路，可以购买并长期持有客户发行的若干份额的股票，以稳定销售渠道。

（3）满足未来财务需求。公司将现有现金投向有价证券，就是为了在必要时可以售出，以满足现金需要。例如，公司在不久的将来要归还一笔债务，则可以先用目前闲置的资金进行证券投资，待债务到期时将证券投资变现，以支付本息。

9.2.2 证券投资的评价

证券投资的评价主要是考察证券投资的收益率、证券的信用评级和证券投资的风险。

1）证券投资的收益率

公司进行证券投资的主要目的是获得投资收益。证券投资收益包括证券交易现价与原价的差额以及定期的股利或股息收益。理财实务中通常用收益率来表示证券投资收益。

（1）短期证券投资收益率。由于投资期限较短，在计算短期证券投资收益率时，可不考虑资金的时间价值。其计算公式为：

$$K=\frac{S_1-S_0+P}{S_0}\times 100\%$$

式中：K 即证券投资收益率；S_0为证券购买价格；S_1为证券出售价格；P 为证券投资报酬（股利或利息）。

业务窗 9-18

2013 年 1 月 31 日，甲公司以每股市价 96 元购买乙公司股票，2014 年年初获得现金股利 5.85 元/股，2014 年 1 月 31 日甲公司将所持乙公司股票以每股 99.75 元的价格出售。计算甲公司投资乙公司股票的收益率。

$$K=(99.75-96+5.85)\div 96\times 100\%=10\%$$

业务窗 9-19

某公司于 2013 年 1 月 20 日，用现金 18 000 元购进面值 2 000 元、票面利息率 6%、到期还本付息的 3 年期债券 10 张。该公司于 2013 年 12 月 20 日以 19 000 元将上述债券售出。计算该公司投资上述债券的收益率。

$$K=\frac{19\ 000-18\ 000+0}{18\ 000}\times\frac{12}{11}\times 100\%\approx 6.06\%$$

（2）长期证券投资收益率。由于投资期限较长，在计算长期证券投资收益率时要考虑资金的时间价值。长期证券投资收益率要按投资债券和投资股票分别计算。

根据内部收益率的计算原理，长期债券投资收益率是债券净现值等于 0 时的折现率：

（到期面值的现值+每年利息的现值之和）−购买价格=0

$$F\cdot(P/F,i,n)+I\cdot(P/A,i,n)-V=0$$

式中：V 表示债券的购买价格；F 表示债券的到期本金或中途出售收入；I 表示每年债券的固定利息；i 表示债券投资收益率。

运用上式应以债券购买时间作为计算的现时点。

业务窗 9-20

四星公司于 2009 年 3 月 1 日以 950 元购买 1 张面值 1 000 元的债券，票面利率 10%，每年 3 月 1 日计息并付息，2014 年 2 月 28 日到期按面值收回本金。计算该债券的收益率。

$$1\ 000\times(P/F,i,5)+100\times(P/A,i,5)-950=0$$

第 1 次测试，将 10% 代入测试式。

$$1\ 000\times 0.6209+100\times 3.7908-950=49.98$$

第 2 次测试，将 12% 代入测试式。

$$1\ 000\times 0.5674+100\times 3.6048-950=-22.12$$

将上述数值代入插值法计算式：

$$i=\frac{49.98-0}{49.98+22.12}\times 2\%+10\%\approx 11.39\%$$

该债券的收益率为 11.39%。

长期股票投资收益率的计算原理与长期债券投资收益率相同，但由于股利是变动的，不能采用年金的方法计算股利现值。公司中途出售股票时收回的资金，也要计算现值。长期股票投资收益率是股票投资的净现值等于 0 时的折现率。其计算公式为：

每年股利的现值之和+出售股票收入的现值-购买价格=0

$$\sum D_n\cdot(P/F,i,n)+F\cdot(P/F,i,n)-V=0$$

式中：V 表示股票的购买价格；F 表示股票的出售价格；D_n表示每年获得的股利；i 表示股票投资收益率。

同理，运用上式应以股票购买时间作为计算的现时点。

业务窗 9-21

方圆公司在 2010 年 6 月 1 日以 765 万元购买某种股票 100 万股，在 2011 年、2012 年和 2013 年的 5 月 31 日分别以每股 0.75 元、0.9 元、1.2 元取得现金股利，2013 年 5 月 31 日将股票全部出售，取得收入 900 万元。计算该项股票投资的收益率。

$$[75\times(P/F,i,1)+90\times(P/F,i,2)+120\times(P/F,i,3)+900\times(P/F,i,3)]-765=0$$

第 1 次测试，将 16% 代入测试式。

$$(75\times 0.8621+90\times 0.7432+120\times 0.6407+900\times 0.6407)-765=20.0595$$

第 2 次测试，将 18% 代入测试式。

$$(75\times 0.8475+90\times 0.7182+120\times 0.6086+900\times 0.6086)-765=-16.0275$$

将上述数值代入插值法计算式：

$$i=\frac{20.0595-0}{20.0595+16.0275}\times 2\%+16\%\approx 17.11\%$$

该项股票投资的收益率为 17.11%。

2）证券的信用评级

为了合理地反映证券投资风险的大小和收益率的高低，以便为投资者提供决策参考，证券评级机构会定期对证券进行评级。现介绍几种主要证券的信用评级方法。

（1）债券评级。债券评级是指证券评级机构根据债券的风险和利息率的高低，对债券的质量作出的一种评价。债券的质量一般由高到低分为 AAA、AA、A、BBB、BB、B、CCC、CC、C 9 个级别，前 4 个级别为大多数投资人都可以接受的投资等级，其余为投机等级。

（2）优先股评级。优先股评级是证券评级机构对优先股的质量作出的一种评价。优先股评级与债券评级大体一致。由于优先股的股利分配位于债权人之后，所以优先股等级一般不能高于同公司债券等级。

（3）短期融资券评级。短期融资券评级是指证券评级机构对期限在 1 年以内的债券的一种评价。短期融资券主要是商业票据。商业票据的等级可按债务人支付商业票据债务的能力由高到低划分为 A、B、C、D 四个等级。

（4）普通股编类排列。普通股编类排列是证券评级机构按照各种股票的收益和红利水平对股票质量作出的一种评价。普通股没有事先规定红利的多少，不存在违约风险，所以不存在评级问题，因而只根据红利增长或稳定程度及公司规模编类排列。例如，绩优股就是公司经营业绩较好的普通股票，垃圾股就是公司经营业绩较差的普通股票，蓝筹股就是公司盈余记录稳定且能定期分派较优厚股息的普通股票。

3）证券投资的风险

公司进行证券投资，必然要承担一定风险，这是证券投资的基本特征之一。证券投资风险主要有：违约风险、利息率风险、购买力风险、流动性风险、期限性风险。

（1）违约风险，是指证券发行人无法按期支付利息或偿还本金的风险。

（2）利息率风险，是指由利息率变动引起证券价格波动而使投资人遭受损失的风险。

（3）购买力风险，是指由通货膨胀导致证券到期或出售时所获资金购买力降低的风险。

（4）流动性风险，是指证券不能在投资人需要时立即变现的风险。

（5）期限性风险，是指由证券期限长而给投资人带来的风险。

9.2.3　证券投资决策

1）债券投资决策

债券投资是公司证券投资的一个重要方面，为了对债券投资作出正确的决策，必须先了解我国债券的主要特点：一是国家债券发行量占我国债券发行量比重大；二是我国债券多为一次还本付息，按单利计息；三是我国债券多以平价发行。

债券投资的优点：一是风险小，本金安全性高，收入稳定性强；二是流动性好，容易变现。债券投资的缺点主要是不能对债券发行者施以影响和控制。

（1）债券估价，是指公司投资债券前对债券价格的估算，常见三种估价模型。

第一种模型是一般情况下的债券估价模型，按复利方式计算债券价格，即债券未来净现金流量的现值。其估价公式为：

$$P=\sum_{t=1}^{n}\frac{F\cdot i}{(1+K)^{t}}+\frac{F}{(1+K)^{n}}$$

或　$P=I\cdot(P/A,K,n)+F\cdot(P/F,K,n)$

式中：P 表示债券价格（债券的现值）；F 表示债券面值；K 表示市场利率或必要的收益率；i 表示债券的票面利率；n 表示债券的期数。

业务窗 9-22

某债券，面值为 1 000 元，票面利率为 8%，期限为 3 年。当前的市场利率为 10%。该债券价格为多少时值得投资？

$$P=1\,000\times8\%\times(P/A,10\%,3)+1\,000\times(P/F,10\%,3)=80\times2.4869+1\,000\times0.7513\approx950.25\text{（元）}$$

该债券价格不高于 950.25 元时才值得投资。

第二种模型是一次还本付息且不计复利的债券估价模型。其估价公式为：

$$P=\frac{F+F\cdot i\cdot n}{(1+K)^{n}}$$

或　$P=(F+F\cdot i\cdot n)\cdot(P/F,K,n)$

业务窗 9-23

某债券，面值为 1 000 元，票面利率为 10%，期限为 3 年，不计复利，到期一次还本付息。当前的市场利率为 8%。该债券发行价格为多少值得投资？

P=（1 000+1 000×10%×3）×（P/F，8%，3）=1 300×0.7938=1 031.94（元）

该债券价格不高于 1 031.94 元时才值得投资。

第三种模型是折现发行债券的估价模型。其估价模型为：

$$P=\frac{F}{(1+K)^n}$$

或　P=F·（P/F，K，n）

业务窗 9-24

某债券，面值为 1 000 元，期限为 3 年，以折现方式发行，到期按面值偿还。当时市场利率为 10%。其价格为多少时值得投资？

P=1 000×（P/F，10%，3）=751.30（元）

其价格不高于 751.30 元时才值得投资。

（2）债券的风险，主要是利率风险。债券的利率风险是指由利率变动导致债券购买者遭受损失的风险。债券的利率风险是可以计算的，现举例说明如下：

业务窗 9-25

某公司购买 3 年期、年利率为 10% 的国库券 150 万元。购进 1 年后市场利率升至 15%，计算投资这批国库券的损失。

国库券的到期值=150×（1+3×10%）=195（万元）

购进 1 年后的现值=195÷$(1+15\%)^2$≈147.45（万元）

购进 1 年后的本利和=150×（1+15%）=172.50（万元）

损失额=172.50−147.45=25.05（万元）

从以上计算可知，即使是投资没有违约风险的国库券，也会因为市场利率的变动而遭受损失。由于市场利率由 10% 上升到 15%，投资该批国库券损失 25.05 万元。

2）股票投资决策

股票投资是公司证券投资的另一个重要方面。股票投资的优点：一是投资收益高，决策正确能取得较好的投资收益；二是能有效地降低购买力风险；三是可用于控制其他公司。股票投资的主要不足是风险大，因为它求偿权居后、价格不稳定、收入不稳定。

（1）股票的估价，是指公司进行股票投资时对股票价格的估计。

常见的股票估价模型有五种。

第一种模型是短期持有并在未来准备出售的股票估价模型，按复利方式计算股票价格，即股票未来净现金流量的现值。它包括投资者希望得到的股利收入和出售股票时从股票价格上涨中获得的利益。其一般估价公式为：

$$V=\sum_{t=1}^{n}\frac{d_t}{(1+K)^t}+\frac{V_n}{(1+K)^n}$$

或　$V=\sum d_t\cdot(P/A,K,n)+V_n\cdot(P/F,K,n)$

式中：V 表示股票的价值；V_n表示未来出售时预计的股票价格；K 表示投资人要求的必要收益率或行业基准收益率；d_t表示第 t 期的预期股利；n 表示预计持有股票的期数。

业务窗 9-26

甲公司拟购买乙公司股票 1 000 股。该股票每股面值 10 元，预计未来每年每股股利 1

元，3 年后出售此股票可取得收入 11 000 元。行业基准收益率为 10%。估计合算的购买价格。

V=1 000×（P/A, 10%, 3）+11 000×（P/F, 10%, 3）=1 000×2.4869+11 000×0.7513=10 751.20（元）

估计该股票购买价格不高于每股 10.75 元（10 751.20÷1 000）即值得购买。

第二种模型是长期持有固定股利股票的估价模型，按照永续年金现值计算股票价格（举例见“2.3.4 永续年金的现值”）。其估价公式可简化为：

$$V=\frac{d}{K}$$

式中：d 表示每年的固定股利。

第三种模型是长期持有股利固定增长股票的估价模型，只能计算近似值。其估价公式为：

$$V=\frac{d_0\cdot(1+g)}{K-g}=\frac{d_1}{K-g}$$

式中：d_0表示年初或现在的股利；d_1表示年末或第 1 年后的股利；g 表示股利固定增长率。

业务窗 9-27

东方公司准备投资购买某股票，该股票上年股利为 3 元/股，预计以后每年股利增长率为 5%。东方公司要求的必要报酬率为 10%。估计购买该股票的合理价格。

$$V=\frac{3\times(1+5\%)}{10\%-5\%}=63\text{（元）}$$

只要股票价格不高于每股 63 元便可以购买此股票。

第四种模型是非固定成长股票的估价模型。在理财实务中，多数公司的股利是不固定的，可能在一段时间内成长较快，而在另一段时间内成长较慢，也可能是固定不变的。因此，对于非固定成长股票就要分段计算、累计确认其价格。

业务窗 9-28

某公司持有一批股票，预期该批股票在未来 3 年将高速增长，增长率为 15%；3 年后转为正常增长，增长率为 10%。该股票最近的股利为 3 元/股。该公司要求的最低报酬率为 12%，估算现在卖出该股票的合理价格。

分析计算阶段，见表 9-11。

表 9-11　**确认计算阶段表**

项目计算期	0	1	2	3	4	5	6	…
计算阶段	非正常期（高速期）				固定增长期 g=10%			
计算方法	逐年计算现值相加				按固定增长模型计算			

计算非正常期股利的现值，见表 9-12。

表 9-12　**非正常期股利的现值计算表**

年份	股利（元）	复利现值系数（i=12%）	现值（元）
1	3×1.15=3.45	0.8929	3.081
2	3.45×1.15=3.97	0.7972	3.165
3	3.97×1.15=4.57	0.7118	3.253
合计		—	9.50

计算第三年年底（第四年年初）固定增长期的股票价值，再折现到0时点（现在）。

$$V_3=d_3\cdot\frac{1+g}{K-g}=4.57\times\frac{1+10\%}{12\%-10\%}=251.35\text{（元）}$$

折现值=251.35×（P/F，12%，3）=251.35×0.7118≈178.91（元）

估算股票现在的内在价值。

股票的内在价值=9.50+178.91=188.41（元）

从以上计算可知，出售该股票的价格应不低于每股188.41元才合算。

第五种模型是市盈率估价模型。市盈率是股票市价与每股盈利之比。其估计公式为：

股票价格=该股票市盈率×该股票每股盈利

股票价值=行业平均市盈率×该股票每股盈利

业务窗9-29

某上市公司股票市盈率为10，每股盈利2元，行业平均市盈率为11。为该股票估价。

该公司股票的价格=10×2=20（元）

该公司股票的价值=11×2=22（元）

（2）股票的风险分析。公司可以用市盈率估计股票的风险（详见第15章相关介绍）。过高或过低的市盈率都不是好兆头，通常认为平均市盈率为10～11、个股市盈率为5～20是比较正常的。股票的市盈率相对较高，表明投资者对公司的未来充满信心，愿意为每1元盈利多付买价，这种股票的风险比较小。市盈率超过20很可能是股价下跌的前兆，风险相当大。股票的市盈率比较低，表明投资者对公司的未来缺乏信心，不愿意为每1元盈利多付买价，这种股票的风险比较大。市盈率低于5的股票前景比较悲观。

3）证券投资组合决策

证券投资组合又叫证券组合，是指在进行证券投资时，不是将所有的资金都投向单一的某种证券，而是有选择地投向一组证券，以分散风险的投资活动。通过合理组合投资证券的品种和数量，可分散证券投资风险，确保投资组合获得预期收益。

（1）证券投资组合的风险。

证券投资组合的风险按性质不同，可以分为非系统性风险和系统性风险。

非系统性风险又叫可分散风险或公司特别风险，是指某些微观因素变动（如公司决策失误、市场竞争失败等）使单个证券投资损失的可能性，可通过持有多种证券来分散。

系统性风险又称不可分散风险或市场风险，是指某些宏观因素的变动给市场上所有的证券都带来经济损失的可能性。这些宏观因素的变动包括宏观经济状况的变化、国家税法的变化、国家财政政策和货币政策的变化、世界能源状况的改变等，影响的是所有证券，因此不能通过证券组合来分散。

系统性风险对不同公司的影响程度也不同，因此要区别不同公司的具体情况来分析计算不可分散风险的影响程度，其实际计算过程非常复杂。目前一些投资服务机构会定期计算公布各个上市公司的不可分散风险的程度。

不可分散风险的程度用β系数表示。证券市场的整体β系数为1。若某种股票β系数等于1，则该股票的风险与整个证券市场的风险一致；若某种股票的β系数大于1，说明其风险大于整个市场的风险；若某种股票的β系数小于1，说明其风险小于整个市场的风险。

①单个证券的β系数，可以根据投资服务机构公布的数据确定，也可根据有关资料计算确定。其计算原理是：当根据证券市场组合的超额报酬率回归股票的超额报酬率时，股票的β系数就是回归线的斜率。

业务窗 9-30

某证券市场连续4个季度的500种股票价格指数和A股票的有关数据见表9-13。计算A股票的β系数。

$$A股票的\beta系数=\frac{\sum(7)-n\times\overline{(3)}\times\overline{(6)}}{\sum(4)-n\times\overline{(3)}^2}=\frac{0.05116-4\times0.075\times0.05975}{0.0704-4\times0.075^2}\approx0.69$$

从以上计算可知，A股票的β系数为0.69，说明该股票具有中等偏上程度的风险。

表 9-13 500种股票的价格指数和A股票的有关数据表

季度	市场报酬率	无风险报酬率	(1) - (2)	(3) × (3)	A股票报酬率	(5) - (2)	(3) × (6)
	(1)	(2)	(3)	(4)	(5)	(6)	(7)
1	0.132	0.06	0.072	0.0052	0.109	0.049	0.00353
2	0.204	0.084	0.12	0.0144	0.132	0.048	0.00576
3	-0.024	0.072	-0.096	0.0092	0.029	-0.043	0.00413
4	0.3	0.096	0.204	0.0416	0.281	0.185	0.03774
合计	0.612	0.312	0.3	0.0704	0.551	0.239	0.05116
平均报酬率			0.075			0.05975	

②投资组合的β系数，是单个证券β系数的加权平均数，其计算公式为：

$$\beta_p=\sum_{i=1}^{n}X_i\cdot\beta_i$$

式中：β_p表示证券组合的β系数；X_i表示证券组合中第i种股票所占的比重；β_i表示第i种股票的β系数；n表示证券组合中股票的品种数。

（2）证券投资组合的风险收益。

证券投资组合的风险收益是指投资者因承担不可分散风险而要求的、超过时间价值的那部分额外收益，一般用相对数风险收益率表示。根据风险衡量原理，股票的风险越大，要求对承担风险的补偿也越大，即要求的收益就越高。证券投资组合要求补偿不可分散风险，而不要求对可分散风险进行补偿。其计算公式为：

$$风险收益率(R_p)=\beta_p\cdot(K_m-R_f)$$

式中：K_m表示市场上所有股票的平均收益率，简称市场收益率；R_f表示无风险收益率，一般用政府公债的利息率来衡量。

业务窗 9-31

东华公司持有β系数分别是1.5、1.0和0.5的3种股票A、B、C的证券投资组合，3种股票所占的比重分别是50%、30%和20%。股票的市场收益率为10%，政府公债的收益率为8%。计算该证券投资组合的风险收益率。

计算该证券投资组合的β系数：

$\beta_p = 50\% \times 1.5 + 30\% \times 1.0 + 20\% \times 0.5 = 1.15$

计算该证券投资组合的风险收益率：

$R_p = 1.15 \times (10\% - 8\%) = 2.3\%$

（3）风险和收益率的关系。

风险和收益率的关系可以用资本资产定价模型（capital asset pricing model，CAPM）表示如下：

证券投资组合的必要收益率（K_i）$= R_f + \beta_p \cdot (K_m - R_f)$

业务窗 9-32

承续“业务窗 9-31”，计算东华公司该证券投资组合的必要收益率。

$K_i = 8\% + 2.3\% = 10.3\%$

该证券投资组合的必要收益率为 10.3%，其中无风险收益率为 8%，风险收益率为 2.3%。

（4）证券投资组合策略。

①保守型策略——收益不高，风险不大。这种策略认为，最佳证券投资组合是要尽量模拟市场现状，将尽可能多的证券包括进来，以便分散掉全部可分散风险，得到与市场所有证券的平均收益同样的收益。

②冒险型策略——收益高，风险大。这种策略认为，与市场完全一样的组合不是最佳组合，只要投资组合做得好，就能击败市场或超越市场，取得远远高于平均水平的收益。在这种组合中成长型的股票居多。

③适中型策略——风险不太大，收益却比较高。这是最常见的投资组合策略。这种策略认为，证券的价格，特别是股票价格，是由特定公司的经营业绩决定的，市场上股票价格的一时沉浮并不重要，只要公司经营业绩好，股票一定会升到其本来的价值水平。

知识窗　　**疯狂的 PE**

荷兰猪属啮齿目豚鼠科，因肥笨且头部像猪而得名，因小巧而被人作为宠物来养，这种“猪”与其他猪的区别就是永远都不会长得像它们一样大。因此，投进去永难获得高速增长的项目，被有些风险投资人称为“荷兰猪项目”。

在 2006 年以前，国际资本以极低的价格投资了大量项目，如蒙牛、西部矿业、无锡尚德、完美时空等。等到 2006 年，中国股市走牛，这些项目纷纷变现，账面收益动辄数十倍、上百倍。巨额回报对海外资本产生了巨大诱惑力，在中国资本市场上掀起私募股权基金（PE）热潮。基金一下增长了上百倍，但是投资出来的好公司却越来越少了。这是个分水岭，之前那些“肥猪项目”已经很罕见了，投资案例多得数不胜数，但已经很难有叫得出名的好企业了。虽然也还有一批公司上市，但募集资金总额少了很多。

随着国际上各大投资银行越来越重视 PE 业务，投行从业人员纷纷辞职从事 PE 行业，每天都有到中国投资的 PE 在华尔街路演，养老基金和大学基金的钱很快被吸引过来。毫无疑问，投行出身的人与做企业和技术出身的人在投资理念上有先天差异，他们可以很少顾及企业基本面，而疯狂追求短期收益最大化。在投行人士与资金大量涌入的共同作用下，整个一级市场迅速泡沫化，大量“荷兰猪项目”出现——死不了，但也长不大。这么多的企业来了又走，走了又来，却没见到与先入者一样知名的公司。

资料来源　佚名．大批失败案例背后，谁忽悠了外资私募股权投资基金[N/OL]．[2010-04-12]．51zjxm 网．http：//hangzhou. 51zjxm. com/Article. asp? id=19966.

课堂思考

位于城南的某专业广场，竣工已3年，口岸好，人流量大，由某品牌公司开发，属大型社区配套商业项目。开发商前期推广很成功，销售旺盛，很快回收了开发资金。然而投入使用后，众多投资人才发现后期经营非常困难：一楼的商家只能勉强经营，二楼、三楼的商家则苦不堪言。一位经营者说，这里租金逐年下跌，很多客户根本就不上来，有时上来的人像走马观花一样，一边走一边看就下了楼，每月都是入不敷出，大多数商家都无法正常经营，转租很少有人要；买商铺的更惨，不但收不到租金，每月还要交银行的按揭款，投资的项目不能体现其应有的价值。

思考：从项目投资角度分析这些商铺经营者和投资者为什么会有如此遭遇？

温故知新

【本章小结】

项目投资是以特定项目为对象，直接与新建项目或更新改造项目有关的长期投资行为。项目投资评价指标，按是否考虑资金时间价值，可分为非折现评价指标和折现评价指标两大类。折现指标是最重要的项目投资决策评价指标。对单一的独立投资项目、多个互斥的投资方案和多个投资方案组合进行财务可行性评价的方法是不同的。证券投资分为债券投资、股票投资和组合投资三类。证券投资的基本特征之一就是风险性。对单一证券投资和证券投资组合进行财务可行性评价的方法也是不同的。

【关键点】

概念：项目投资　静态投资回收期　折现评价指标　内部收益率

观念：投资决策评价指标及其类型　项目投资决策评价指标的运用　证券投资的种类　证券投资组合的风险

【理解与应用】

1）选择题

（1）公司理财将以特定项目为对象，直接与新建项目或更新改造项目有关的长期投资行为称为（　　）。

A. 项目投资　　B. 证券投资

C. 固定资产投资　　D. 融资性投资

（2）已知某长期投资项目的建设期为零，投产后每年经营净现金流量相等，终结点有回收额。在此情况下，可以按简便算法求得的长期投资决策评价指标包括（　　）。

A. 投资利润率　　B. 静态投资回收期

C. 净现值　　D. 内部收益率

（3）下列指标中，属于动态指标的有（　　）。

A. 获利指数　　B. 净现值率

C. 内部收益率　　D. 投资利润率

(4) 证券投资的收益包括（　　）。

A. 现价与原价的差额　　B. 股利或股息收益

C. 债券利息收益　　D. 出售收入

(5) 证券投资的风险主要有（　　）。

A. 违约风险　　B. 利息率风险

C. 购买力风险　　D. 流动性风险

2）问答题

(1) 非折现评价指标有哪些？

(2) 净现值法的优点主要有哪些？

(3) 单一的独立投资项目的财务可行性评价有哪些原则？

(4) 公司股票估价有哪几种模型？

3）技能题

(1) 某公司长期投资项目累计的净现金流量资料见表 9-14。

表 9-14　**长期投资项目累计的净现金流量表**　单位：万元

年数	0	1	2	3	…	6	7	…	15
累计的净现金流量	-100	-200	-200	-180	…	-20	+20	…	+500

计算该项目的静态投资回收期；说明该项目的建设期、投资方式和经营期。

(2) 某公司准备对一种股利固定增长的普通股进行长期投资，基年股利为每股 8 元，估计年股利增长率为 4%，该公司期望的收益率为 12%。计算该股票的价值。

(3) 某公司持有某普通股，其基年股利为每股 6 元，估计年股利增长率为 6%，期望的收益率为 15%。估计两年以后转让该股票的价格为每股 30 元。计算该普通股的价值。

(4) 某公司于 2012 年 3 月 8 日投资 850 元购进一张面值 1 000 元、票面利率 8%、每年付息一次的债券，并于 2013 年 3 月 8 日以 900 元的价格出售。计算该债券的投资收益率。

(5) 某公司在 2010 年 5 月 1 日投资 600 万元购买 200 万股股票 A，在 2011 年、2012 年和 2013 年的 4 月 30 日各分得现金股利每股 0.3 元、0.5 元和 0.6 元，并于 2013 年 5 月 1 日以每股 4 元的价格将股票 A 全部售出。计算该项投资的投资收益率。

(6) 某公司持有的证券组合由 3 种股票 A、B、C 构成，其 β 系数分别是 1.8、1.5 和 0.7，在证券组合中所占的比重分别为 50%、30% 和 20%，股票的市场收益率为 15%，无风险收益率为 12%。计算该证券组合的风险收益率。

4）案例分析

(1) 某公司现有一台旧设备，尚可继续使用 4 年，预计 4 年后残值为 2 400 元，目前出售可获 20 000 元。使用该设备每年获营业收入 500 000 元，经营成本 350 000 元。拟更换新设备，价值 90 000 元，预计 4 年后残值为 5 000 元。使用新设备将使每年营业收入增加60 000 元，经营成本增加 25 000 元。所得税税率为 25%。

分别确定新旧设备的原始投资及其差额；分别计算新旧设备每年的折旧额及其差额；分别计算新旧设备每年的净利润及其差额；计算新旧设备残值的差额；计算新旧设备各年的净现金流量 NCF，并在此基础上计算两者之差 ΔNCF；直接按差量分析法计算 ΔNCF。

(2) 某公司现有甲、乙、丙、丁4个投资项目，有关资料见表9-15。

表9-15 **投资项目资料表** 金额单位：万元

项目	原始投资	净现值	净现值率（%）
甲	300	90	30
乙	200	70	35
丙	100	28	28
丁	100	45	45

分别就以下不相关情况作出多方案组合决策：投资总额不受限制；投资总额受到限制，限额分别为300万元、500万元。

(3) 无风险证券的报酬率为7%，市场证券组合的报酬率为13%。A投资计划的β系数为0.8，其短期的报酬率为12%。B证券的必要报酬率是16%。

计算市场风险报酬率；判断A投资计划是否可行；计算B证券的β系数。

技能强化实训

实训目的

基本能力点：项目投资或证券投资的计算方法。

能力拓展点：项目投资或证券投资的决策分析。

实训课题

体会投放资金决策对企业经营成败的影响。

实训组织

实训地点：某公司。

实训内容：了解该公司资金投放情况，以及该公司投资决策理念和方法。

实训成果：调研报告。

自我评价：百分制。

下章预习要点

概念：营运资金　现金　应收账款　存货

观念：营运资金的特点　现金的持有动机与功能　应收账款的管理政策　存货的经济批量模型

第 10 章

实务运用：营运资金

学习目标

知识目标：掌握营运资金、现金、应收账款、存货及成本的概念；明确如何对客户信用进行定性和定量分析、对信用条件备选方案进行评价；了解确定存货的经济进货批量和存货储存期的方法及其对存货管理的意义。

技能目标：掌握最佳现金持有量和应收账款收现保证率的计算；能够在实行商业折扣、允许缺货和考虑保险储备等情况下推算存货的经济进货批量和储存期；会利用相关概念进行信用条件备选方案的评价。

能力目标：能运用适当的模型和方法对现金、应收账款和存货进行管理和控制，并作出公司营运资金决策。

理念导引

营运资金不足引发资金链危机

"中国金属"是一家注册地在百慕大群岛、总部在中国苏州、上市于新加坡的台资企业。据媒体报道，"中国金属"2007 年实现销售 113 亿元，利税 1.7 亿元，净利 4 亿元，镀锌板产量超过鞍山钢铁公司，在中国排名第二。然而，2008 年 10 月 9 日，"中国金属"在新加坡公告称，公司无法偿还 7.06 亿元人民币营运资金贷款，已经到期和可能到期的各类借款高达 52 亿元人民币。10 日，"中国金属"正式停牌。"中国金属"的"裂变式成长"靠的是投资银行的融资和商业银行的巨额贷款及海外资金支持。债权人均看好"中国金属"的市场前景，但向好的市场前景却不能挽救因高负债运营模式和激进财务战略而断裂的资金链。

资料来源　佚名．如何优化完善厂商扩张过程中的资金链［N］．［2010-09-02］．管理人网．http：// pm. manaren. com/cggl/201009/4352_ 2. html.

讨论：营运资金对企业的意义。

10.1　营运资金概述

10.1.1　营运资金的含义

营运资金又称营运资本或净流动资产，是指流动资产减去流动负债后的余额。流动资产是指可以在一年或超过一年的一个营业周期内变现或使用的资产，主要包括现金、有价证券、应收账款、存货等；流动负债是指在一年或超过一年的一个营业周期内必须清偿的债务，主要包括短期借款、应付账款、应付票据、预收账款、应计费用等。

公司为了从事生产经营活动，必须拥有一定数量的营运资金，以备支付材料货款、偿付到期债务和当期费用。公司持有的流动资产越多，短期偿债能力就越强。但是，过多的流动资金占用又会造成资金浪费，损失机会成本，从而使公司的收益水平下降。公司理财实务应使营运资金保持在一个较为合理的水平上。

10.1.2 营运资金的特点

1）流动资产的特点

（1）短期性。投于流动资产的资金，一般在一年或超过一年的一个营业周期内收回，具有收回期限短的特点。

（2）流动性。流动资产在生产经营过程中，资金形态由货币资金依次转变为储备资金、生产资金、成品资金、货币资金。同时流动资产变现能力较强，为满足公司财务上的临时需求，可以迅速变卖以获取现金。

（3）并存性。在流动资产的周转过程中，各种不同形态的资金同时并存于供产销三个阶段。因此，合理配置流动资产各项目的比例，是保证流动资产得以顺利周转的必要条件。

（4）波动性。流动资产的资金占用量随供产销的变化而变动，这是由公司采购物资的集中性、投产的连续性和销售的成批性所决定的。随着流动资产资金占用量的变动，流动负债的数量也会相应变化。

2）流动负债的特点

（1）速度快。由于占用资金时间短，商业信用和短期借款等流动负债容易获得，当公司急需资金时，可以较快地以流动负债解决。

（2）弹性高。由于限制条款比较少，公司利用商业信用和短期借款等流动负债获取的资金在使用上具有较大的自由度和较高的弹性。对于解决季节性、临时性资金需求，短期借款比长期借款具有更大的灵活性。

（3）成本低。短期借款一般没有筹资费用，所发生的利息支出也低于长期借款的利息支出。商业信用等其他应付款项基本没有利息负担。

（4）风险大。通常，短期借款利率随市场利率而变化，公司会承担一定的风险。同时，由于期限短，流动负债过多使公司疲于还债，易导致财务状况恶化。

10.2 现金管理

10.2.1 现金的含义和特点

现金是指在生产过程中暂时停留在货币形态的资金，包括库存现金、银行存款、银行本票、银行汇票等。现金是变现能力最强的资产，可以用来满足生产经营开支的各种需要，也是还本付息和履行纳税义务的保证。

公司必须合理确定现金持有量，使现金收支不但在数量上，而且在时间上相互衔接，以便在保证公司经营活动的同时，尽量减少闲置，提高资金收益率。

10.2.2　现金的持有动机与成本

1）现金的持有动机

（1）交易动机。公司维持日常生产经营活动，需要购买原材料、支付工资、缴纳税款、偿付到期债务、发放现金股利等。但是，公司的现金流入量与现金流出量在时间和数额上通常存在一定程度的差异，因此，公司必须持有一定数量的现金余额来满足各项支出。

（2）预防动机。由于存在各种不可测因素，公司通常难以准确估计未来的现金流量。因此，公司必须在正常业务活动现金需要量的基础上追加一定数量的现金余额，以应付未来现金流入和流出的随机波动。

（3）投机动机。公司为了抓住各种瞬息即逝的市场机会，如利用证券市场的价格波动获取投资收益，可以额外持有一定数量的现金。投机性现金余额的大小取决于公司的风险偏好和在金融市场的投资机会。

交易动机和预防动机是公司确定现金余额的首要因素。而投机动机只是公司确定现金余额的次要因素。

2）现金的成本

明确与现金有关的成本及其特性，有助于从成本最低的角度出发确定现金最佳持有量。

（1）持有成本。现金的持有成本是指公司因保留一定数量现金余额而增加的管理费用及机会成本。公司持有现金的管理费用，如管理人员工资及采取必要安全措施的费用等，属于固定成本，在一定范围内与持有现金的数量没有关系。公司持有现金的机会成本是指公司不能将持有的现金用于有价证券投资而丧失的再投资收益，属于变动成本，在数额上等同于资金成本，与持有现金的数量成正比。例如，公司持有 5 万元现金就等于放弃了 5 万元的投资机会，如果证券收益率为 8%，则相当于失去了 4 000 元的收益，即机会成本为 4 000 元。

（2）转换成本。现金的转换成本是指公司用现金购入有价证券以及转让有价证券换回现金时付出的交易费用，即现金同有价证券之间相互转换的成本。转换成本包括委托买卖佣金、委托手续费、证券过户费、实物交割手续费等。转换成本与现金持有量的关系是：在现金需要量既定的前提下，现金持有量越小，进行证券变现的次数越多，相应的转换成本就越大；反之，现金持有量越大，证券变现的次数就越少，相应的转换成本也就越小。

（3）短缺成本。现金的短缺成本是指在现金持有量不足时无法及时通过有价证券变现加以补充而给公司造成的损失，包括直接损失与间接损失。现金的短缺成本随现金持有量的增加而减少，随现金持有量的减少而增加，即与现金持有量成反比关系。

10.2.3　最佳现金持有量

最佳现金持有量是指总成本最低时的现金持有量。确定最佳现金持有量有许多种方法和模式，这里主要介绍四种最常用的模式。

1）成本分析模式

成本分析模式，就是根据现金的相关成本分析预测其总成本最低时的现金持有量。运用成本分析模式确定最佳现金持有量，只考虑现金的持有成本和短缺成本，而不考虑转换成本。

分析的总成本=持有成本+短缺成本=管理费用+机会成本+短缺成本

式中：管理费用是固定成本；机会成本是正相关成本；短缺成本是负相关成本。

在理财实务中，运用该模式确定最佳现金持有量的具体步骤为：首先，根据不同现金持有量测算并确定有关成本数值；其次，按照不同现金持有量及有关成本资料编制最佳现金持有量测算表；最后，在测算表中找出总成本最低时的现金持有量，即最佳现金持有量。

业务窗 10-1

某公司现金持有量备选方案及有关成本资料见表 10-1。确定该公司最佳现金持有量。

表 10-1　**现金持有量备选方案表**　金额单位：元

项目	方案一	方案二	方案三	方案四
现金持有量	15 000	30 000	45 000	60 000
管理费用	3 000	3 000	3 000	3 000
机会成本	12%	12%	12%	12%
短缺成本	8 400	3 750	1 500	0

根据上述资料编制最佳现金持有量测算表，见表 10-2。

表 10-2　**最佳现金持有量测算表**　单位：元

项目	管理费用	机会成本	短缺成本	总成本
方案一：15 000	3 000	1 800	8 400	13 200
方案二：30 000	3 000	3 600	3 750	10 350
方案三：45 000	3 000	5 400	1 500	9 900
方案四：60 000	3 000	7 200	0	10 200

根据表 10-2，比较各方案总成本可知，方案三的总成本最低，因此 45 000 元为该公司的最佳现金持有量。

2）存货模式

公司持有现金在许多方面与存货相似，因此存货经济订货批量模型也可用于确定目标现金持有量和分析预测最佳现金持有量。

由于现金的管理费用相对固定，而短缺成本存在很大的不确定性和无法计量性，利用存货模型计算最佳现金持有量时只考虑机会成本和转换成本，而不考虑管理费用和短缺成本。因此，在存货模型下使现金管理的机会成本与转换成本之和保持最低的现金持有量就是最佳现金持有量。其计算公式推导如下：

现金管理总成本=机会成本+转换成本

或 $TC=\frac{Q}{2}\cdot K+\frac{T}{Q}\cdot F$

则 最佳现金持有量（Q）$=\sqrt{2T\cdot\frac{F}{K}}$

式中：T 表示全年（经营周期）现金总需求量；F 表示平均每次转换有价证券的成本；K 表

示有价证券利息率（机会成本）。

业务窗 10-2

某公司预计全年需要现金 30 万元，现金与有价证券的转换成本为平均每次 600 元，有价证券的年利率为 10%，确定该公司最佳现金持有量和最低现金管理总成本，以及现金的转换成本和机会成本。

$$\text{最佳现金持有量}=\sqrt{2\times300\ 000\times600\div10\%}=60\ 000\ (\text{元})$$

$$\text{最低现金管理总成本}=\sqrt{2\times300\ 000\times600\times10\%}=6\ 000\ (\text{元})$$

$$\text{转换成本}=300\ 000\div60\ 000\times600=3\ 000\ (\text{元})$$

$$\text{机会成本}=60\ 000\div2\times10\%=3\ 000\ (\text{元})$$

3）现金周转期模式

现金周转期模式是从现金周转的角度出发，根据现金的周转速度来确定最佳现金持有量。利用这一模式确定最佳现金持有量分为三个步骤。

第一步，计算现金周转期。现金周转期是指公司从购买材料支付现金到销售商品收回现金的时间，其计算公式如下：

$$\text{现金周转期}=\text{应收账款周转期}-\text{应付账款周转期}+\text{存货周转期}$$

第二步，计算现金周转率。现金周转率是指全年的现金周转次数。

第三步，计算最佳现金持有量。其计算公式为：

$$\text{最佳现金持有量}=\frac{\text{年现金需求额}}{\text{现金周转次数}}$$

业务窗 10-3

某公司购销业务均采取赊销方式，应付款的平均付款天数为 45 天，应收款的平均收款天数为 105 天。假设该公司从原料购买到产成品销售的平均存货期限为 120 天，每年现金需求额为 400 万元。确定该公司的最佳现金持有量。

$$\text{现金周转期}=105-45+120=180\ (\text{天})$$

$$\text{现金周转次数}=360\div180=2\ (\text{次})$$

$$\text{最佳现金持有量}=400\div2=200\ (\text{万元})$$

4）随机模式

随机模式又称米勒-奥尔模型，是指在现金需求量难以预知的情况下进行现金持有量控制的方法。该模型假定企业无法确切知道每日现金收支状况，且其每日的净现金流量近似地服从正态分布。随机模式的基本原理是：企业现金需求量往往波动大且难以预知，但企业可以根据历史经验和现实需要，测算出一个现金持有量的控制范围，即制定现金持有量的上限（H）和下限（L）以及回归点（R）或最佳持有量。当现金持有量达到上限时，以现金购入有价证券从而使现金持有量下降；当现金持有量降为下限时，抛售有价证券换取现金从而使现金持有量回升。根据米勒-奥尔模型，最佳现金余额 R 的计算公式为：

$$R=\sqrt[3]{\frac{3b\delta^2}{4r}}+L$$

式中：L 代表现金持有量的下限；b 代表证券交易成本；δ 代表每日现金余额的标准差；r 代表有价证券的日收益率。

现金持有量的上限公式为：

$$H=3R-2L$$

10.2.4 现金的日常管理

按最佳现金持有量持有现金并不是现金管理工作的全部，公司还应采取各种有效措施加强现金的日常管理，以保证现金的安全、完整，发挥其最大效用。现金日常管理主要包括现金回收管理和现金支出管理两个方面。

现金回收管理的主要内容就是应收账款的收回，包括客户开出支票、公司收到支票、银行清算支票三个阶段。公司应加强上述三个阶段的管理，尽量加速账款的收回，以加速现金周转，提高现金的使用效率。

现金支出管理的目的是在合理、合法的前提下尽可能延迟现金的支出时间。需要注意的是，如果公司采取非法手段延期支付账款，其得到的收益将远远低于由此而遭受的损失。

延期支付账款的方法一般有以下几种：

（1）合理利用“现金浮游量”。所谓现金浮游量是指公司账面现金余额与银行账面存款余额之间的差额。由于支票传递存在时间差，可能出现银行账面存款余额大于公司账面现金余额的情况，公司便可预测这些浮游现金的数量并加以利用。

（2）推迟支付应付款。公司可在不影响信誉的情况下，尽可能推迟应付款的支付。

（3）采用汇票付款。采用汇票付款，便可以合法地利用汇票支付的时间差延期付款。

10.3 应收账款管理

10.3.1 应收账款的含义和特点

应收账款是公司因对外赊销而应向购货或接受劳务的单位收取的款项。因为具有稳定和扩大销售渠道的作用，赊销成为公司商业信用的主要形式。但赊销形成应收账款，增加了公司的经营风险，因此必须有效管理应收账款。应收账款管理的重点是：正确衡量信用成本和信用风险，合理确定信用政策，及时收回账款。

10.3.2 应收账款的成本

应收账款的成本又称信用成本，是指公司在采取赊销方式促进销售时，因持有应收账款而付出的代价，主要包括机会成本、管理成本和坏账成本。

1）机会成本

应收账款的机会成本，是指因应收账款占用资金所丧失的再投资收益。应收账款的机会成本通常与公司维持赊销业务所需要的资金数量、资金成本率或有价证券利息率有关。其计算公式为：

$$应收账款机会成本=维持销售业务所需要的资金\times 资金成本率$$

式中：资金成本率按有价证券利息率计算。

维持销售业务所需要的资金数量可按以下公式计算：

$$维持销售业务所需要的资金=应收账款平均余额\times 变动成本率$$

$$应收账款周转次数=\frac{360\text{天}}{应收账款周转天数}$$

$$应收账款平均余额=\frac{赊销收入净额}{应收账款周转率}$$

在正常情况下，应收账款周转率越高，一定数量资金所维持的赊销额就越大；应收账款周转率越低，维持相同赊销额所需要的资金数量就越大。而应收账款机会成本在很大程度上取决于公司维持赊销业务所需要的资金额。

业务窗 10-4

某公司预算年度的赊销收入净额为 450 万元，应收账款周转天数为 45 天，变动成本率为 60%，资金成本率为 8%。计算该公司应收账款机会成本。

应收账款周转率 = 360÷45 = 8（次）

应收账款平均余额 = 4 500 000÷8 = 562 500（元）

维持销售业务所需要的资金 = 562 500×60% = 337 500（元）

应收账款机会成本 = 337 500×8% = 27 000（元）

该公司应收账款机会成本为 27 000 元，即为 450 万元赊销业务付出的代价是 27 000元，仅为赊销收入净额的 0.6%，总体来说是合算的，这也是应收账款周转率高的结果。

2）管理成本

应收账款的管理成本是公司对应收账款进行管理而耗费的开支，主要包括客户资信的调查费用、应收账款账簿记录费用、收账费用及其他费用。

3）坏账成本

应收账款的坏账成本是公司无法收回坏账所造成的损失。应收账款是商业信用，存在无法收回的可能性。坏账成本一般同应收账款数量成正比，即应收账款越多，坏账成本也越多。在理财实务中，为避免发生坏账损失而造成公司财务不稳定的影响，公司应根据有关规定，按应收账款余额的一定比例计提坏账准备。

10. 3. 3　应收账款管理政策

应收账款管理政策即信用政策，是指公司对应收账款进行规划与控制所遵循的基本原则与规范，包括信用标准、信用条件和收账政策三部分内容。制定合理的应收账款管理政策，是加强应收账款管理，提高应收账款周转速度和资金效益的重要前提。

1）信用标准

信用标准是客户获得公司商业信用所应具备的最低条件，通常以预期的坏账损失率表示。公司应采用适宜的信用标准，过高和过低的信用标准都会对公司产生不利的影响：信用标准过高虽然有利于降低违约风险及收账费用，但会影响公司的市场竞争力；信用标准过低虽然有利于提高市场占有率，但会增加公司的坏账风险和收账费用。

（1）信用标准的定性分析。

公司从 5 个方面分析客户资信，确定客户的信用等级，进而制定适宜的信用标准，据以决定是否给予客户信用优惠。客户资信的 5 个方面是指品质（character）、能力（capacity）、资本（capital）、抵押（collateral）、条件（conditions），简称“5C”系统。

①品质，是指客户的信誉，即履约或赖账的可能性。这是判断客户信用的首要因素。公司应通过了解客户以往的付款履约记录来分析评价客户的信用品质。

②能力，是指客户的偿付能力，即流动资产的数量、质量（变现能力）及流动比

率。流动资产越多，流动比率越大，偿债能力越强；反之，则偿债能力越差。公司应通过了解客户的资产质量、变现能力及负债流动性等来分析评价客户的偿付能力。

③资本，是指客户的经济实力与财务状况，即资本的数量、质量及产权比率。资本是客户偿付债务的最终保证。公司应通过了解客户的资本质量情况来分析评价其经济实力。

④抵押，是指客户提供的可作为资信安全保证的资产。能够作为信用担保的抵押财产，必须为客户实际所有并有较高的市场性，即变现能力。公司应通过了解客户的财产情况来分析评价其可抵押财产的担保力。

⑤条件，是指可能影响客户付款能力的经济环境。公司应了解经济环境可能出现的不利对客户偿付能力的影响程度及客户是否具有较强的应变能力，以分析评价其付款能力。

公司可根据客户的财务报告，以及银行信用部门、商业代理机构或资信调查机构、相关客户对客户的评价，结合自己的经验，制定适合本公司的信用标准。

（2）信用标准的定量分析。

信用标准的定量分析，是指根据对客户资信的调查分析，确定评价客户信用的数量标准、客户拒付账款的风险和客户信用等级的过程。信用标准的定量分析结果，可以作为是否给予客户商业信用的依据。

信用标准定量分析的主要步骤如下：

第一步，确定信用评价标准。根据对客户信用的调查分析确定评价信用的数量标准，以能够说明付款能力和财务状况的一组具有代表性的比率作为信用风险指标，找出近几年信用好和信用坏两类客户上述比率的平均值，作为比较其他客户的信用标准。

业务窗 10-5

东江公司确定的信用评价标准见表10-3评价（采用10项指标）。

表 10-3　**信用评价标准表**

指标	信用标准	
	信用好	信用坏
流动比率	2.2	1.5
速动比率	1.2	0.8
现金比率	0.5	0.3
产权比率	1.5	4.5
已获利息倍数	3.5	1.5
有形净值负债率	1.6	3
应收账款周转次数	15	10
存货周转次数	10	5
总资产报酬率	30%	20%
赊购履约情况	好	差

第二步，利用现有或潜在客户的财务报表数据计算各自的指标值并与上述标准比较。若某项指标值等于或低于坏的信用标准，则该客户的拒付风险系数增加 10%；若某指标介于好与坏的信用标准之间，则该客户的拒付风险系数增加 5%；若某指标值等于或高于好的信用标准，则视该客户的这一指标无拒付风险。客户各项指标拒付风险系数的累加值即为该客户发生坏账的总比率。

业务窗 10-6

东江公司的 A 客户各项指标值及累计风险系数见表 10-4。

表 10-4 **A 客户信用评价表**

指标	指标值	拒付风险系数
流动比率	2.5	0
速动比率	1.3	0
现金比率	0.6	0
产权比率	3	5
已获利息倍数	3.5	0
有形净值负债率	1.6	0
应收账款周转次数	12	5
存货周转次数	11	0
总资产报酬率	31%	0
赊购履约情况	好	0
累计拒付风险系数		10%

据此分析，A 客户累计拒付风险系数为 10%，即该客户可能发生的坏账损失率为 10%。东江公司可采用同样的方法，对现有或潜在客户进行计算分析。当然，为了更详尽地对客户的拒付风险作出准确判断，也可设置并分析更多的指标，各项指标最高的坏账损失率为 5%，介于信用好与信用坏之间的，每项增加 2.5% 的风险系数等。

第三步，进行风险排序，确定各有关客户的信用等级。按照客户累计风险系数由小到大进行排序，结合公司承受违约风险的能力及市场竞争的需要，具体划分客户的信用等级，如累计拒付风险系数在 5% 以内的为 A 级客户，5% ~10% 的为 B 级客户等。对于不同信用等级的客户分别采取不同的信用对策，包括拒绝或接受信用订单，以及给予不同信用优惠条件或附加不同限制条款等。

2）信用条件

公司一旦决定给予客户信用优惠，就需要考虑具体的信用条件。信用条件是指公司接受客户信用订单时所提出的付款要求，主要包括信用期限、折扣期限及现金折扣等。公司在确定提供现金折扣和折扣期限的力度时，应以提供折扣所得的收益大于折扣成本为前提。

（1）信用期限。信用期限是指公司对客户从购货到支付货款宽限的时间。公司的销售量与信用期限之间存在着一定的依存关系。通常，延长信用期限可在一定程度上扩大销售量，从而增加盈利，但延长信用期限又会增加公司的机会成本、坏账损失和收账费用。因此，公司应合理选择信用期限。

（2）现金折扣和折扣期限。由于延长信用期限会增加公司的机会成本，许多公司为了加速资金周转，及时收回货款，减少坏账损失，往往在延长信用期限的同时，采用一定的优惠措施激励客户尽早付款，即在规定的时间内提前偿付货款的客户可按购货额的一定比率享受折扣，如“1/10，N/30”。公司还可以根据需要，设置阶段性的现金折扣期与不同的现金折扣率，如“3/10，2/20，N/30”等。

注意：现金折扣与商业折扣是两个不同的概念。商业折扣也称价格折扣，是公司为鼓励客户多购买而给予的价格优惠，是在销售成交时发生的。公司销售收入直接反映扣除商业折扣后的销售净收入。

（3）信用条件备选方案的评价。在现有的信用条件下，当生产经营环境发生变化时，公司需要适当调整应收账款管理政策，此前需要对各种信用条件备选方案进行分析评价。

业务窗 10-7

东北公司预测年度赊销收入净额3 600万元，现行信用条件“N/30”，变动成本率60%，有价证券利息率15%。收账政策和固定成本总额不变，为调整应收账款管理政策拟订的信用条件备选方案见表10-5。在备选方案中，信用期每增加30天，年赊销额增加10%。

表10-5 **信用条件的备选方案表** 金额单位：万元

项目	方案1（N/30）	方案2（N/60）	方案3（N/90）
年赊销额	3 600	3 960	4 320
应收账款周转次数	360÷30=12	360÷60=6	360÷90=4
应收账款平均余额	3 600÷12=300	3 960÷6=660	4 320÷4=1 080
维持销售业务所需资金	300×60%=180	660×60%=396	1 080×60%=648
坏账损失/年赊销额	2%	3%	5%
坏账损失	3 600×2%=72	3 960×3%=118.80	4 320×5%=216
收账费用	36	60	84

据此计算各方案的成本和收益，见表10-6。

表10-6 **信用条件成本收益计算表** 单位：万元

项目	方案1（N/30）	方案2（N/60）	方案3（N/90）
年赊销额	3 600	3 960	4 320
变动成本	3 600×60%=2 160	3 960×60%=2 376	4 320×60%=2 592
信用成本前收益	1 440	1 584	1 728
信用成本：			
应收账款机会成本	180×15%=27	396×15%=59.40	648×15%=97.20
坏账损失	72	118.80	216
收账费用	36	60	84
小计	135	238.20	397.20
信用成本后收益	1 305	1 345.80	1 330.80

可见，方案 2 获利最大，因此，在其他条件不变的情况下，应选择方案 2。

业务窗 10-8

承续“业务窗10-7”，假设东北公司目前采用方案2 的信用条件，但为了加速应收账款的回收，决定将信用条件改为“2/10，1/20，N/60”，估计有 50% 的客户会利用 2% 的折扣，30% 的客户会利用 1% 的折扣，坏账损失率将降为 2%，收账费用降为 45 万元。就此方案作评价。

应收账款周转天数 = 50% ×10+30% ×20+20% ×60 = 23（天）

应收账款周转次数 = 360÷23 ≈ 15.65（次）

应收账款平均余额 = 3 960÷15.65 ≈ 253（万元）

维持赊销业务所需资金 = 253×60% = 151.80（万元）

应收账款机会成本 = 151.8×15% = 22.77（万元）

坏账损失 = 3 960×2% = 79.20（万元）

现金折扣 = 3 960×（50% ×2% +30% ×1%） = 51.48（万元）

利用以上计算结果进一步分析新旧方案的信用成本收益，见表 10-7。

表 10-7 **计算表** 单位：万元

项目	方案 2（N/60）	新方案（2/10，1/20，N/60）
年赊销额	3 960	3 960
减：现金折扣	—	51.48
年赊销净额	3 960	3 908.52
减：变动成本	3 960×60% = 2 376	2 376
信用成本前收益	1 584	1 532.52
信用成本：		
应收账款机会成本	396×15% = 59.40	22.77
坏账损失	118.80	79.20
收账费用	60	45
小计	238.20	146.97
信用成本后收益	1 345.80	1 385.55

可见，新方案获利更大，因此在其他条件不变的情况下，应选择新方案。

3）收账政策

收账政策亦称收账方针，是指当客户违反信用条件，拖欠甚至拒付账款时，公司所采取的促进账款收回的策略与措施。制定完善的收账策略，采取有效的收账措施，可降低因客户可能不履约付款而遭受损失的风险。

当客户拖欠或拒付账款时，公司首先应分析现有的信用标准及信用审批制度是否存在纰漏，然后重新评价违约客户的资信等级。应当将信用品质恶劣的客户从信用名单中排除，对其所拖欠的款项可先通过信函、电讯或者派员前往等方式催收。在这些措施无效的情况下，可以通过向法院起诉来解决。应对普遍存在的应收账款拖欠问题，出现了从事收账代理业务的专门机构，公司也可以委托收账代理机构催收账款。

公司应认真分析影响客户履约付款的各种因素和公司自身条件，制定较为合理的收账政策。影响客户履约付款的因素很多，如销售额、赊销期限、收账期限、现金折扣、坏账损失等。公司为实施催收拖欠应收账款的活动需要支出通信费、差旅费，甚至诉讼费等收账费用。因此，制定收账政策就是要在增加收账费用与减少坏账损失、应收账款机会成本之间进行权衡，若前者小于后者，则说明制定的收账政策是可取的。

业务窗 10-9

江南公司年赊销额 720 万元，变动成本率 60%，资金利润率 15%，拟改变收账政策。目前的收账政策是年收账费用 9 万元、平均收账期 90 天、坏账损失率（占赊销）3%；拟采用的新收账政策是年收账费用 15 万元、平均收账期 45 天、坏账损失率 2%。分析该公司是否应当采用新的收账政策。

计算分析见表 10-8。

表 10-8 **收账政策分析评价表** 金额单位：万元

项目	目前收账政策	拟改变的收账政策
年赊销额	720	720
应收账款周转次数（次）	360÷90＝4	360÷45＝8
应收账款平均余额	720÷4＝180	720÷8＝90
应收账款占用资金	180×60%＝108	90×60%＝54
收账成本：		
应收账款机会成本	108×15%＝16.2	54×15%＝8.1
坏账损失	720×3%＝21.6	720×2%＝14.4
年收账费用	9	15
收账总成本	46.8	37.5

可见，采用新收账政策的收账费用（37.5 万元）低于目前在用收账政策的收账费用（46.8 万元），故公司应当采用新的收账政策。

10.3.4 应收账款日常管理

公司应强化应收账款日常管理工作，采取有力措施，保证及时收回应收账款：

1）应收账款追踪管理

公司在收账之前，要对应收账款的运行过程进行追踪管理。应将应收账款追踪管理的重点放在赊销商品的销售与变现方面。在销售方面，公司应按照已确定的信用政策选择和追踪客户，并不断对客户进行分析和判断，以掌握其资信变化情况，使赊销商品的销售顺利实现；在变现方面，公司应利用各种收账政策促使客户尽快支付货款，要不断追踪客户的付款日期，及时通知客户偿还货款，尽量避免发生坏账。当然，公司不可能也没有必要对全部应收账款都实施追踪管理。通常，公司主要应以那些金额大或信用品质较差客户的欠款为考察重点。如果有必要并且可能的话，公司也可对客户（赊购者）的信用品质与偿债能力进行延伸调查和分析，比如利用客户与其他人的经济关系等情况进行分析。

2）应收账款账龄分类管理

应收账款账龄分类管理，是指对各项应收账款按其账龄进行分类，并区别不同类别实施不同的管理。所谓应收账款的账龄结构，是指各账龄的应收账款余额占应收账款余额总计的比重。公司已发生的应收账款逾期拖欠时间越长，账款催收的难度越大，发生坏账的可能性也就越大。因此，进行账龄分类管理，要将重点放在应收账款的回收和提高应收账款收现效率两个方面。

业务窗 10-10

华南公司账龄分类见表 10-9。该公司的信用期为 30 天。

表 10-9 **应收账款账龄分类表**

应收账款账龄	账户数量	金额（万元）	比重（%）
信用期内	150	90	60
超过信用期 1 个月	75	15	10
超过信用期 2 个月	30	9	6
超过信用期 3 个月	15	6	4
超过信用期 4 个月	22	9	6
超过信用期 5 个月	18	9	6
超过信用期 6 个月	12	3	2
超过信用期 6 个月以上	24	9	6
应收账款余额总计	—	150	100

可见，该公司应收账款余额 150 万元中，有 90 万元在信用期内，占全部应收账款的 60%；超过信用期的金额达 60 万元，占全部应收账款的 40%，其中逾期在 6 个月内的有 51 万元，占全部应收账款的 34%，逾期半年以上的应收账款为 9 万元，占全部应收账款的 6%。此时，公司对逾期账款应予以足够重视，查明具体客户归属，重点对这些客户进行催款。

3）应收账款收现保证率管理

应收账款收现保证率是指为适应公司现金收支匹配关系的需要，所确定的有效收现的账款应占全部应收账款的百分比。应收账款收现保证率，是公司在既定会计期间内预期现金支付数量扣除各种可靠、稳定来源后的差额应通过应收账款有效收现予以弥补的最低保证程度，是反映公司在会计期内能否保证资金收支平衡的重要指标。其计算公式为：

$$应收账款收现保证率=\frac{当期必要现金支付总额-当期其他稳定可靠的现金流入总额}{当期应收账款总额}\times 100\%$$

式中：其他稳定可靠的现金流入总额是指从应收账款收现以外的途径可以取得的各种稳定可靠的现金流入数额，包括短期有价证券变现净额、可随时取得的银行贷款额等。

业务窗 10-11

江北公司预测年度必要现金支付总额为 150 万元，年度内可动用短期借款 30 万元、可出售债券 10 万元，全年应收账款总额为 180 万元。计算该公司应收账款收现保证率。

应收账款收现保证率 =（150-30-10）÷180×100% ≈61%

可见，该公司应收账款收现保证率必须达到61%，才能保证预测年度现金支付的需要。

4）应收账款坏账准备管理

应收账款坏账准备，是指公司建立的一种弥补坏账损失的准备制度。无论公司实施何种信用政策，只要存在着商业信用行为，坏账损失的发生总是不可避免的。

现行政策规定，确定坏账损失应满足：因债务人破产或死亡，以其破产财产或遗产清偿后，仍不能收回的应收款项；债务人逾期未履行偿债义务，且有明显特征表明无法收回。公司的应收账款只要符合上述任何一个条件均可作为坏账损失处理，但公司与欠款人之间的债权债务关系不会因为坏账处理而解除。

根据现行政策，坏账准备金的提取数额、比率由公司自行决定。公司应根据公司以往的经验、债务人的实际财务状况和现金流量情况及相关信息，合理估计坏账准备计提比率。

10.4 存货管理

10.4.1 存货的含义和特点

存货是指公司在生产经营过程中为生产或销售而储备的物资，包括各类材料、商品、在产品、半成品、产成品等。公司保持充足的存货，可以节约采购费用，保证生产过程的顺利进行，进而满足客户各种订货的需要，避免因存货不足带来的机会损失。但是，过多的存货必然要占用更多的资金，使公司付出更大的持有成本。因此，公司应将存货保持在一个合理的库存水平上。

10.4.2 存货的功能与成本

1）存货的功能

存货的功能是指存货在公司生产经营过程中所发挥的作用。存货的功能主要有：

（1）防止产销中断。适量的存货可以有效地避免产销中断，维持公司生产经营的连续性。就公司外部而言，供货方往往会因某些原因暂停或推迟提供材料，从而影响公司的正常生产和销售。就公司内部而言，适量的材料储备能避免停工待料影响生产；适量的产成品库存可以保证公司不间断销售。

（2）适应市场变化。适量的存货可以增强公司适应市场变化的能力。适量的材料存货可使公司在通货膨胀期获得物价上涨的好处，使产品更具竞争力；适量的产成品存货能确保有效供应市场，满足顾客需要，提高市场占有率。

（3）降低进货成本。适量的存货可以有效地降低进货成本。公司采取适当的批量和集中进货的方法，可以获得较多的商业折扣，并降低采购费用。只要购货成本的降低额大于因存货增加而导致的储存等各项费用的增加额，公司适当增加存货就是可行的。

2）存货的成本

存货的成本是指公司为储备一定数量的存货而发生的各项支出，包括进货成本、储存成本和缺货成本。

（1）进货成本，是指存货的取得成本，主要由存货的进价和进货费用构成。

进价又称采购成本，是指存货本身的价值，等于数量与单价的乘积。通常，在一定时期内和进货总量既定的条件下，进价是相对稳定的，因而属于决策无关成本。

进货费用又称订货成本，是指公司为组织进货而发生的费用，如办公费、差旅费、邮资、电话电报费、运输费、检验费、入库搬运费等支出。进货费用中一部分与进货次数成正比，如差旅费、邮资、电话电报费等，属于决策相关成本；另一部分与订货次数无关，如专设采购机构的基本开支等，属于决策无关成本。

（2）储存成本，是指公司为持有存货而发生的费用，主要包括：①存货资金占用费，即以贷款购买存货的利息成本；②机会成本，即以现金购买存货而同时失去的证券投资收益等；③仓储费用；④保险费用；⑤存货残损霉变损失。

与进货费用一样，储存成本可以按照与储存数量的关系分为变动性储存成本和固定性储存成本两类。固定性储存成本，如仓库折旧费、仓库职工的固定月工资等，与存货储存数量没有直接联系，属于决策无关成本；而变动性储存成本，如存货资金应计利息、存货残损和变质损失、存货保险费用等，则与存货储存数量成正比例变动关系，属于决策相关成本。

（3）缺货成本，是指因存货不足而给公司造成的损失，包括由于材料供应中断造成的停工损失、产成品供应中断导致延误发货的信誉损失及丧失销售机会的损失等。缺货成本能否作为决策相关成本，应视公司是否允许缺货而定。若公司允许缺货，则缺货成本便与存货数量负相关，属于决策相关成本；反之，若不允许缺货，则缺货成本为零，与决策无关。

10.4.3　存货的控制

1）存货经济进货批量模型

存货经济进货批量是指在一定时期内能够使存货的总成本最低的进货数量。由上述存货成本分析可知，决定存货经济进货批量的因素主要包括变动性进货费用（简称进货费用）、变动性储存成本（简称储存成本）、不允许缺货时的缺货成本。

（1）基本经济进货批量模型。

存货的总成本＝进货费用+储存成本

则　经济进货批量（Q）$=\sqrt{\dfrac{2TF}{K}}$

经济存货总成本（TC）$=\sqrt{2TFK}$

经济平均占用资金（W）$=\dfrac{QP}{2}$

或　$W=P\sqrt{\dfrac{TF}{2K}}$

年度最佳进货批次（N）$=\dfrac{T}{Q}=\sqrt{\dfrac{TK}{2F}}$

式中：Q 表示经济进货批量；T 表示存货年度进货总量；F 表示平均每次进货费用；K 表示单位存货储存成本；P 表示单位采购成本。

业务窗 10-12

某公司全年需要耗用 A 材料 1 080 千克，该材料的单位采购成本为 30 元，单位储存成本为 6 元，平均每次进货费用为 60 元。计算 A 材料的经济进货批量和最佳进货批次。

$Q=\sqrt{\dfrac{2TF}{K}}=\sqrt{2\times 1\,080\times 60\div 6}\approx 147$（千克）

$TC=\sqrt{2TFK}=\sqrt{2\times 1\,080\times 60\times 6}\approx 882$（元）

$W=Q\cdot\frac{P}{2}=147\times30\div2=2\ 205$（元）

$N=\frac{T}{Q}=1\ 080\div147\approx7.35$（次）

可见，当 A 材料进货批量为 147 千克时，它的进货费用与储存成本最低。

（2）实行商业折扣的经济进货批量模型。

为了鼓励客户购买更多的商品，公司通常会给予不同程度的价格优惠，即商业折扣。公司在确定经济进货批量时，除了考虑进货费用与储存成本外，还应考虑存货的进价，因为此时存货进价与进货数量有直接联系，属于决策相关成本。

存货的总成本=进货费用+储存成本+采购成本

实行商业折扣的经济进货批量计算公式与基本经济进货批量模型相同。

业务窗 10-13

某公司 B 材料年需要量为 6 000 千克，采购单价为 30 元。B 材料供应商的商业折扣规定如下：购买量超过 1 500 千克的价格折扣 2%；购买量超过 3 000 千克的价格折扣 3%。B 材料每批次进货费用 90 元，单位储存成本 4.5 元。计算 B 材料的最佳经济进货批量。

1 500 千克以内，没有商业折扣时：

经济进货批量（Q）$=\sqrt{2\times6\ 000\times90\div4.5}\approx490$（千克）

经济存货总成本（TC）$=6\ 000\times30+\sqrt{2\times6\ 000\times90\times4.5}\approx182\ 205$（元）

根据规律，越是接近价格优惠的批量越经济，成本总额就越低。

1 500～3 000 千克，价格优惠 2% 时：

经济进货批量（Q）= 1 500 千克

经济存货总成本（TC）$=6\ 000\times30\times(1-2\%)+6\ 000\div1\ 500\times90+1\ 500\div2\times4.5=180\ 135$（元）

3 000 千克以上，价格优惠 3% 时：

经济进货批量（Q）= 3 000 千克

经济存货总成本（TC）$=6\ 000\times30\times(1-3\%)+6\ 000\div3\ 000\times90+3\ 000\div2\times4.5=181\ 530$（元）

可见，在 3 种条件批量范围内，成本总额最低的进货批量为 1 500 千克，所以该公司的最佳经济进货批量为 1 500 千克。

（3）允许缺货时的经济进货批量模型。

允许缺货时，经济进货批量的确定不仅要考虑进货费用和储存成本，而且还要考虑缺货成本因素，即：

存货的总成本=进货费用+储存成本+缺货成本

则 $Q=\sqrt{\frac{2TF}{K}\cdot\frac{K+R}{R}}$

$S=Q\cdot\frac{K}{K+R}$

式中：R 表示单位缺货成本；S 表示平均缺货量。

允许缺货时计算 TC、W、N 的公式同前。

业务窗 10-14

某公司 C 材料年需要量 8 000 千克，每次进货费用 120 元，单位储存成本 6 元，单位缺货成本 10 元。计算 C 材料允许缺货情况下的经济进货批量。

$Q=\sqrt{(2\times8\,000\times120\div6)\times(6+10)\div10}\approx716$（元）

$S=716\times6\div(6+10)=268.5$（千克）

（4）考虑保险储备的经济订货点。

公司每日的材料需求量都可能不同，交货时间也可能不同，为防止由此造成的损失，就必须多储备一些存货以备应急之需，这些多储备的存货称为保险储备。

再订货点，是指公司再次发出订货单时尚有存货的库存量，它等于交货时间和每日平均需要量的乘积。

再订货点（Z）＝交货时间（L）×每日平均需要量（a）

考虑保险储备的再订货点（Z）＝交货时间（L）×每日平均需要量（a）+保险储备量（I）

业务窗 10-15

利亚公司甲材料年需要量（T）为 5 400 件，已知经济订货量（Q）为 450 件，每年订货（N）为 12 次，平均每次交货时间（L）为 10 天，设保险储备（I）为 150 件。计算甲材料的再订货点。

$Z=10\times5\,400\div360+150=150+150=300$（件）

由此可知，该公司在甲材料有 300 件库存时，即开始再订货。

考虑保险储备和缺货量的再订货点的总成本公式为：

总成本＝缺货成本+保险储备成本

＝单位缺货成本×平均缺货数量×进货批次+保险储备量×单位储备成本

或　$TC=R\cdot S\cdot N+I\cdot K$

利用上述公式分别计算不同保险储备量总成本，成本最低的保险储备量为最佳储备量。

业务窗 10-16

承续“业务窗 10-15”，设利亚公司甲材料每天需要量为 15 件，单位储存成本（K）为 3 元，单位缺货成本（R）为 6 元；交货期中 7～13 天的存货需要量及其概率分布见表 10-10；设保险储备量未确定。计算不同储备量（每天 15 件）的总成本，并作出最佳储备量的决策。

表 10-10　**存货需要量及其概率分布表**　单位：件

需要量（天数×a）	105	120	135	150	165	180	195
概率	0.01	0.04	0.2	0.5	0.2	0.04	0.01

计算不同保险储备量的总成本。

其一，不设保险储备量。

再订货点（Z）＝10×15＝150（件）

由表 10-10 可知，需求量在 150 件以上才会发生缺货，则：

平均缺货量（S）＝（165-150）×0.2+（180-150）×0.04+（195-150）×0.01＝4.65（件）

$TC=6\times4.65\times12+0=334.8$（元）

其二，设保险储备 15 件。

再订货点（Z）＝10×15+15＝165（件）

由表 10-10 可知，需求量在 165 件以上才会发生缺货，则：

平均缺货量（S）=（180-165）×0.04+（195-165）×0.01=0.9（件）

TC=6×0.9×12+15×3=109.8（元）

其三，设保险储备 30 件。

再订货点（Z）=10×15+30=180（件）

由表 10-10 可知，需求量在 180 件以上才会发生缺货，则：

平均缺货量（S）=（195-180）×0.01=0.15（件）

TC=6×0.15×12+30×3=100.8（元）

其四，设保险储备 45 件。

再订货点（Z）=10×15+45=195（件）

从由表 10-10 可知，需求量在 195 件以内都不会发生缺货，则：

平均缺货量（S）=0（件）

TC=0+45×3=135（元）

可见，保险储备量为 30 件时总成本最低，确定该公司甲材料的再订货点为 180 件。

2）存货储存期控制

存货储存会导致较多的资金占用费（如利息成本、机会成本等）和仓储管理费。因此，公司应尽量缩短存货的储存时间，加速存货周转，达到降低成本费用、提高公司盈利水平的目的。存货储存期控制可以利用本量利分析原理。

存货储存期的分析公式推导如下：

利润=收入-变动成本-固定成本

利润=毛利-变动储存成本-固定储存费-销售税金及附加

=毛利-每日单位变动储存成本×储存天数-固定储存费-销售税金及附加

公式一，设利润=0，分析保本点。

$$\text{保本存货储存天数}=\frac{\text{毛利}-\text{固定储存费}-\text{销售税金及附加}}{\text{每日单位变动储存成本}}$$

公式二，设利润=目标利润，分析保利点。

$$\text{保利存货储存天数}=\frac{\text{毛利}-\text{固定储存费}-\text{销售税金及附加}-\text{目标利润}}{\text{每日单位变动储存成本}}$$

公式三，计算节约保本储存天数的储存费用节约额（相当于增加利润）。

某批存货获利或亏损额=每日单位变动储存费×（保本储存天数-实际储存天数）

业务窗 10-17

某公司购进 A 商品 1 500 件，单位进价 150 元，单位售价 180 元，分摊固定费用 15 000元，年保管费率 3.6‰，销售税金及附加 1 200 元。货款来源为银行借款，年利率为 9%。

计算分析：

①该批存货的保本储存期；

②要求投资利润率 3% 的保利储存期；

③该批存货实际储存 400 天能否实现 3% 的目标利润。

$$\text{保本储存期}=\frac{(180-150)\times 1\,500-15\,000-1\,200}{150\times 1\,500\times(9\%\div 360+3.6\text{‰}\div 360)}=28\,800\div 58.5\approx 492\ (\text{天})$$

$$保利储存期=\frac{(180-150)\times 1\,500-15\,000-1\,200-150\times 1\,500\times 3\%}{150\times 1\,500\times(9\%\div 360+3.6‰\div 360)}=(28\,800-6\,750)\div 58.5\approx 377（天）$$

实际储存 400 天的节约额 = 58.5×（492−400）= 5 382（元）

利润差额 = 实际利润 − 目标利润 = 5 382−6 750 = −1 368（元）

实际利润率 = 5 382÷（150×1 500）×100% = 2.392%

利润率差额 = 2.392% −3% = −0.608%

3）存货 ABC 分类管理

（1）存货 ABC 分类法的含义。

存货 ABC 分类法是指按照一定的标准，将公司的存货划分为 A、B、C 三类，分别实行品种重点管理、分类别一般控制和按总额灵活掌握的存货管理方法。存货品种繁多，公司不可能也没有必要对所有存货不分巨细地严加管理。ABC 分类法的目的，就是分清主次、突出重点，以提高存货资金管理的整体效果。存货 ABC 分类法包括金额和品种数量两类标准。其中金额标准是最基本的，品种数量标准仅作为参考。A 类存货的特点是金额巨大，但品种数量较少，如单价大、数量少的存货；B 类存货是金额不大但品种数量相对较多的存货；C 类存货是品种数量繁多但价值金额却较小的存货。

（2）ABC 分类法在存货管理中的运用。

ABC 分类法在存货管理中的运用分三个步骤：第一步，列示公司全部存货的明细表，计算出每种存货的金额及所占全部存货金额的百分比；第二步，按照金额标志由大到小进行排序并累加金额百分比；第三步，金额百分比累加为 70% 左右的归为 A 类存货；70% ~90% 的归为 B 类存货；其余为 C 类存货。

业务窗 10-18

洪城公司共有 20 种材料，总金额为 30 万元，运用 ABC 分类法进行管理。该公司全部存货按 ABC 分类法的要求列示于表 10-11。

表 10-11　**洪城公司存货按 ABC 分类管理明细表**

材料品种编号	金额（元）	各类存货		各类存货		管理类别
		数量（个）	比重	金额（元）	比重	
1	120 000	2	10%	210 000	70%	A
2	90 000					
3	22 500	4	20%	60 000	20%	B
4	18 000					
5	12 000					
6	7 500					
7	4 500	14	70%	30 000	10%	C
8	3 750					
9	3 300					
10	3 150					
11	3 000					
12	2 700					

续表

<table>
<tr><th rowspan="2">材料品种编号</th><th rowspan="2">金额（元）</th><th colspan="2">各类存货</th><th colspan="2">各类存货</th><th rowspan="2">管理类别</th></tr>
<tr><th>数量（个）</th><th>比重</th><th>金额（元）</th><th>比重</th></tr>
<tr><td>13</td><td>2 025</td><td rowspan="8">14</td><td rowspan="8">70%</td><td rowspan="8">30 000</td><td rowspan="8">10%</td><td rowspan="8">C</td></tr>
<tr><td>14</td><td>1 950</td></tr>
<tr><td>15</td><td>1 575</td></tr>
<tr><td>16</td><td>1 050</td></tr>
<tr><td>17</td><td>900</td></tr>
<tr><td>18</td><td>825</td></tr>
<tr><td>19</td><td>675</td></tr>
<tr><td>20</td><td>600</td></tr>
<tr><td>合计</td><td>300 000</td><td>20</td><td>100%</td><td>300 000</td><td>100%</td><td></td></tr>
</table>

由表 10-11 分析可知，该公司 A 类存货金额 210 000 元，金额百分比为 70%，而品种数量为 2，品种百分比仅为 10%；B 类存货金额 60 000 元，金额百分比为 20%，而品种数量为 4，品种百分比为 20%；C 类存货金额 30 000 元，金额百分比仅为 10%，而品种数量为 14，品种百分比达 70%。所以，A、B 两类存货总金额为 270 000 元，金额百分比达 90%，应作为重点存货，分别按品种、金额重点管理；C 类存货为一般存货，只按总额灵活控制即可。

10.4.4　存货的日常管理

公司的存货品种多、数量大、存放地点分散。对存货没有清楚的认识和严格的管理，就不能保证生产和销售的需要，也容易造成损失和浪费，所以要加强存货的日常管理。存货的日常管理应主要抓好存货的收、发、存三个环节，要严格执行收发料手续，把好验收关、发出关，加强库存的管理，做好存货的清查工作，积极处理超储积压存货，减少存货资金损失，降低存货储存费用，节约存货资金，加速存货资金周转，提高资金的利用效率。

知识窗　　**应收款信托：大港融资尝鲜背后**

信贷紧缩背景下，对任何企业来说，多一种融资方式即多了一条生路，上市公司也不例外。大港股份就着实尝了回鲜，在 A 股上市公司中首度以发行“应收账款投资集合资金信托计划”的方式融资 2 亿元。然而，如果不能加强应收账款管理，建立完整的信用记录，如果不是国企或政府背景的民营企业，想要发行应收账款信托计划，并不容易。

2013 年 11 月 22 日，大港股份对外公告称，以对镇江新区经济开发总公司（简称“经发总公司”）应收账款 23 688 万元，通过华鑫国际信托有限公司发行总额为 2 亿元的信托计划，相当于 8.44 折。经发总公司是大港股份的实际控制人，持有大港股份控股股东镇江新区大港开发总公司（简称“大港总公司”）100% 的股权。据悉，此次信托计划预定期限为 24 个月，其中 5 000 万元为 18 个月期，15 000 万元为 24 个月期。按照约定，大港股份应收账款信托计划利率为 9.8%，融资用于补充流动资金和归还银行借款。

事实上，应收账款资产证券化早已被不少未上市企业运用得炉火纯青。用益信托的研究数据显示，应收账款信托计划是今年以来发行最火的，近八成产品的融资方是地方平台。而目前市场发行的应收账款信托计划中，最高年化收益率达 12.5%，平均为 8% 左右。

资料来源　佚名．应收款信托：大港融资尝鲜背后［N/OL］．［2013-01-11］．新浪财经网．http：//finance. sina. com. cn/leadership /mroll/20130111/221614264376. shtml.

课堂思考　高存货绷紧现金流

从 2013 年飞亚达公布的债券募集说明书中看到：2012 年 9 月 30 日，公司合并报表的速动比率仅为 0. 37。换言之，对应 1 元钱的短期债务，公司仅能够提供 0. 37 元的非存货流动资产进行偿付。以公司的经营现金流来看，2012 年 1—9 月公司合并报表口径的经营活动现金流量为-5 352. 40 万元，处于入不敷出的状态。

公司究竟为什么会存在现金流不足的情况呢？其财务报表显示，2012 年 9 月 30 日存货净额为 18. 51 亿元，占公司总资产的比例为 54. 64%。高企的存货，是造成现金不足的主要原因。公司在募集说明书中解释道，存货高企是因为近年新开门店迅速增加，需要在开业后完成较大规模的铺货量。但是从另一个方面来看，公司的铺货策略也已经成为了其收入增长的来源之一：其历年的应收账款增速均超过了收入的增速。尤其是在 2012 年 1—9 月，公司收入同比（年化）仅上升了 17. 81%，但应收账款余额却上升了 45%。

那么，能否通过存货变现来实现现金收入呢？2012 年 1—9 月发行人合并报表口径的存货周转率分别为 1. 12 次/年（经年化处理），存货周转率一直处于较低水平。一旦出现现金流不足的危机，上述存货或不足以支持还款。

事实上，飞亚达的经营困境反映的是整个手表行业的不景气。据华尔街报报道，2012 年国内高档手表的销售增速为近 3 年来最低。而飞亚达却偏偏选择在此时大肆铺货，所受到的冲击也就可想而知了。

资料来源　佚名．拷问再融资：存货高企 现金流窘迫［N/OL］　［2013-02-28］．http：//finance. eastmoney. com/news/1354，20130228275581215. html.

思考：存货管理对企业现金流的影响。

温故知新

【本章小结】

营运资金是流动资产减去流动负债后的余额。为了从事生产经营活动，公司必须拥有一定数额的营运资金。营运资金的主要内容是流动资产，流动资产包括现金、应收账款和存货等。现金是变现能力最强的资产，公司必须合理确定现金持有量。应收账款管理应正确衡量信用成本、信用风险，制定合理的信用政策，及时收回账款。信用政策包括信用标准、信用条件和收账政策三部分内容。存货是公司在生产经营过程中为生产或销售而储备的物资，公司应将存货保持在一个合理的库存水平上。

【关键点】

概念：营运资金　现金　应收账款　存货

观念：营运资金的特点　现金的持有动机与功能　应收账款的管理政策

存货的经济批量模型

【理解与应用】

1）选择题

（1）企业因应收账款占用资金而放弃的投资于其他方面的收益，称为应收账款的（　　）。

A. 管理成本　　B. 坏账成本
C. 短缺成本　　D. 机会成本

（2）企业的信用条件包括（　　）。

A. 现金折扣　　B. 折扣期限
C. 商业折扣　　D. 信用期限

（3）下列项目中，属于现金持有成本的是（　　）。

A. 现金管理人员工资　　B. 现金安全措施费用
C. 现金被盗损失　　D. 现金的再投资收益

（4）在一定时期现金需求总量一定的条件下，同现金持有余额成反比的是（　　）。

A. 短缺成本　　B. 转换成本
C. 现金管理费用　　D. 现金机会成本

2）问答题

（1）怎样确定现金最佳持有量？

（2）应收账款的坏账准备管理有什么作用？

（3）什么是信用条件？

（4）什么是存货的缺货成本？

3）技能题

（1）某公司现金持有方案成本资料见表10-12。计算该公司的最佳现金持有量。

表10-12　**资料表**　金额单位：元

项目＼方案	甲	乙	丙	丁
现金持有量	15 000	25 000	35 000	45 000
管理成本	3 000	3 000	3 000	3 000
机会成本率（%）	10	10	10	10
短缺成本	8 500	4 000	3 500	0

（2）某公司现金收支平稳，预计全年（按360天计算）现金需要量为250 000元，现金与有价证券的转换成本为每次500元，有价证券年利息率为10%。计算最佳现金持有量；最低现金管理总成本、转换成本、持有机会成本；有价证券交易次数、有价证券交易间隔期。

（3）某公司年度赊销收入净额预测值为450万元，应收账款平均收账期为40天，变动成本率为70%，资金成本率为12%。计算该公司应收账款的机会成本。

（4）某公司丙材料年需用量为24 000千克，年单位储存成本4元，单位缺货成本6元，每次进货费用50元。计算丙材料的经济进货批量和平均缺货量。

4）案例分析

（1）某公司购进甲产品 100 件，单位进价（不含增值税）120 元，单位售价 150 元（不含增值税），经销该批商品的固定性费用为 2 000 元。货款均来自银行贷款，年利率为 14.4%。该批存货的月保管费用率为 0.3%，销售税金及附加 400 元。计算分析该批存货的保本储存天数，以及可获得 3% 投资报酬率的保利储存天数和亏损 300 元的实际储存天数。

（2）某公司的原料购买和产品销售均采用信用方式，其应收账款的平均收款期为 60 天，应付账款的平均付款期为 35 天，从原料购买到产成品销售的期限平均为 95 天。计算分析该公司的现金周转期、现金周转率，以及现金年度需求总量为 270 万元的最佳现金持有量。

（3）某公司预计年耗用乙材料 6 000 千克，单位采购成本为 15 元，单位储存成本 9 元，平均每次进货费用为 30 元，不存在缺货情况。计算分析乙材料的经济进货批量、经济进货批量下的总成本、经济进货批量的平均占用资金、年度最佳进货批次。

技能强化实训

实训目的

基本能力点：最佳现金持有量和存货最佳批量的计算。

能力拓展点：最佳现金持有量和存货最佳批量的分析。

实训课题

体会现金持有量和存货批量对企业效率和效益的影响。

实训组织

实训地点：某商品流通企业。

实训内容：了解该企业的现金和应收账款政策及管理情况，并计算分析该公司的最佳现金持有量；了解其最佳存货周转批量和实际运营中的控制手段。

实训成果：调研报告。

自我评价：百分制。

下章预习要点

概念：税前费用　税后收入和税后成本　折旧抵税　收益分配

观念：收益分配的基本原则　收益分配及股利支付程序　收益分配政策的评价与选择　股利支付的形式

第 11 章

实务运用：分配资金

学习目标

知识目标：掌握税前费用、税务筹划、收益分配、股票股利和股票分割的概念；明确各种股利支付方式的内涵、各种收益分配政策的异同及收益分配的基本原则；了解公司收益分配顺序及股利支付的程序。

技能目标：掌握税后成本、税后收入及折旧抵税的计算方法；掌握各种收益分配政策下股利的计算方法。

能力目标：能运用税前费用、税后成本的相关知识为公司进行税务筹划；能综合分析公司各种收益分配政策给公司运营所带来的影响，并选择最合适的收益分配政策。

理念导引

福耀股利分配引质疑

福耀玻璃工业集团股份有限公司于2009年3月4日发布公告，确认董事长曹德旺先生将以自己及其家族名下60%的股票（占公司全部股份的29.5%，总市值达384亿元）捐资成立“河仁慈善基金会”，用于在全国范围内的公益事业；继而于3月10日发布“既不进行股利分配，也不进行资本公积金转增股本”的股利分配预案。这种对社会公益慷慨与对股民“抠门”的强烈对比激起了广泛的质疑和批评。

资料来源　佚名．福耀玻璃工业集团股份有限公司股利分配事件的分析［N/OL］．百度文库．http：//wenku. baidu. com/view/8b2f3d6aaf1ffc4ffe47ac1d. html.

讨论：股利分配政策对公司的影响。

11.1　税前费用

11.1.1　税前费用概述

1）税前费用的含义

税前费用是指公司在所得税前发生的、金额在一定范围内能自行决定的、对所得税产生影响的那部分费用，主要包括折旧费用、利息费用、工资费用和酌量性固定成本等。运用现代理财原理加强税前费用的分析和管理，对提高公司的理财效益有着十分重要的现实意义。

2）税前费用的特点

（1）税前发生。税前费用是在公司缴纳所得税前发生且其支付符合现行有关政策的费用，如按有关政策支付的员工薪酬、按现行折旧政策计提的固定资产折旧和有关租赁费用等。

（2）自行决定。一般来说，税前费用的金额都可由公司按实际情况和有关政策自行决定。例如，可以采取加速折旧法计提固定资产折旧，也可以采取直线法计提；可以加大或减少公司的广告费用支出；将股权筹资改为负债筹资，即增加负债资金数额从而增加利息费用等。

（3）抵税作用。税前费用可在计算所得税时从收入中扣除，所以有抵减所得税的作用，税前费用越大，抵减所得税越多，为防止税款流失，税务机构对这些费用一般都规定了最高限额。相对而言，折旧的抵税作用较大。

11.1.2　折旧对所得税的影响

所得税是公司的一种现金流出，其大小取决于利润和税率，而利润大小受折旧方法的影响，因此折旧对所得税的影响相对显著。

1）税后成本和税后收入

（1）税后成本，是指公司的税前费用扣除所得税影响以后的费用净额。可以减免税负的项目，如租金、利息、薪金等，其税后成本并不是实际支付额，而是扣除相应所得税后的金额。其计算公式为：

税后成本=实际支付（或发生）额×（1−所得税税率）

业务窗 11-1

某公司目前的损益状况见表 11-1。为提升知名度，该公司准备增加广告投入，预计每月增加 3 000 元的广告支出。所得税税率为 25%。计算该项广告投入的税后成本。

表 11-1　**某公司损益状况表**　单位：元

项目	目前损益	增加广告后损益
销售收入	22 500	22 500
成本和费用	7 500	7 500
新增广告费	—	3 000
税前净利	15 000	12 000
所得税（25%）	3 750	3 000
净利	11 250	9 000
新增广告税后成本	—	2 250

以上计算分析可知，税前增加的广告费是 3 000 元，但实际的支出却是 2 250 元，因为税前增加 3 000 元费用的结果使利润减少 3 000 元，于是少交所得税 750 元（3 000×25%），两项相抵，结果实际支付广告费 2 250 元（3 000−750）。

上述结果也可以代入公式直接计算：

税后成本=3 000×（1−25%）=2 250（元）

（2）税后收入，是指公司的税前收入扣除所得税影响以后的收入净额。由于所得税的作用，公司的营业收入有一部分会流出，公司实际得到的现金流入是税后收入。其计算公式为：

税后收入＝实际收入×（1-所得税税率）

式中：实际收入是指根据税法规定需要纳税的收入，不包括项目结束时收回垫支资金等现金流入。

2）折旧的抵税作用

折旧抵税，又称税收挡板，是指公司计提的折旧可以抵减公司所得税的现象。通常，加大成本会减少利润，从而使所得税减少，故折旧可以起到减少税负的作用，如果不计提折旧，公司的所得税将会增加许多。折旧的抵税作用可以量化，其计算公式为：

折旧对税负影响额＝折旧额×所得税税率

业务窗 11-2

东江公司和西江公司的全年销售收入、付现费用均相同，所得税税率均为25%。东江公司对固定资产采用直线法计提折旧，每年折旧额45万元，而西江公司不计提折旧。两公司的现金流量资料见表11-2。计算分析折旧对税负的影响。

表 11-2 **折旧对税负的影响分析表** 金额单位：万元

项目	东江公司	西江公司
销售收入	300	300
费用：		
付现营业费用	150	150
折旧	45	0
合计	195	150
税前净利	105	150
所得税（25%）	26.25	37.5
净利	78.75	112.5
营业现金流入：		
净利	78.75	112.5
折旧	45	0
合计	123.75	112.5
东江公司比西江公司多流入现金11.25万元		

也可直接将表11-2的结果代入公式计算：

折旧对税负影响额＝45×25%＝11.25（万元）

可见，表面看西江公司的利润为112.5万元，比东江公司多33.75万元，效益更好；但实际上从现金净流量来看，东江公司却比西江公司多流入现金11.25万元。其原因在于东江公司有45万元的折旧计入成本，应税所得减少45万元，即少纳税11.25万元（45×

25%），多获得11.25万元的现金流入。这就是折旧对税负的影响。

从理财角度来看，公司是否要提折旧，是否要加速提折旧？答案是肯定的。不但要提折旧，而且在政策允许的情况下还要加快计提折旧的速度，因为加速折旧可加快公司现金流入，加快项目投资回收，强化折旧的抵税作用，减轻公司税负。

11.2　税务筹划

11.2.1　税务筹划的概念

税务筹划，是指公司为减轻税收负担，减少现金流出，提高经济效益，在遵守现行税法规定的前提下，对税务事项作出安排的活动。税务筹划不是偷税、漏税或避税。偷税、漏税是严重违反税法的行为，是法律所不允许的。避税虽然不违反税法规定，但违背立法意图，也是国家所反对的。但税务筹划是公司在法律许可的范围内，通过筹集、投放、营运和分配资金等理财活动，事先安排税务事项，以最大限度地减少现金流出。税收政策作为国家的一项宏观调控政策，发挥着日益重要的作用。公司应适应税收政策的变化，在不偷税、不漏税和不避税的原则下，合理确定自己的纳税身份，选择最佳的纳税方案，依法向国家纳税。

11.2.2　税务筹划要点

1）一般纳税人与小规模纳税人选择

我国现行税法允许一般纳税人增值税进项抵扣，于是许多公司争做一般纳税人，以为可以借此少交税，这是错误的。若产品附加值高，抵扣税额就小，一般纳税人反而多纳税。

业务窗 11-3

某公司向消费者直销产品，预计全年销售收入100万元左右（介于一般纳税人和小规模纳税人之间），预计全部成本支出60万元左右。经测算，材料成本为30万元，进项税额为5.1万元。对于该公司而言，做一般纳税人是否能在纳税方面获益呢？

作为一般纳税人应纳增值税＝100×17%－5.1＝11.9（万元）

作为小规模纳税人应纳增值税＝100÷（1+3%）×3%≈2.9（万元）

由于该公司产品附加值高，抵扣税额小，作为一般纳税人适用税率为17%，致使税负高达11.9万元，远高于作为小规模纳税人的增值税税负。而且，该公司的产品是直接售给消费者的，不需要开具增值税专用发票。所以，该公司应选择以小规模纳税人身份纳税。

2）所得税查账征收方式与附征率方式选择

有些小公司认为，账务记录规范、准确，账面利润又比较低，应争取以查账征收方式缴纳所得税，这也是错误的。虽然账面利润少，但在成本中可能有许多超过了计税标准的成本费用，如果按查账征收方式缴纳所得税，这些超标准支出的成本费用就要作为计税依据，补缴所得税，导致公司所得税负担更重。因此，如果税前费用的计税项目数额过高，控制难度又大，则按税务机关已规定的附征率纳税为佳。

3）负债筹资与股权筹资选择

公司要发展和扩大规模，需要增加资金投入，如果自有资金不能满足其要求，则要实施负债筹集或股权筹集。一般来说，当现行所得税税率比较高时，应采取负债筹资以增加税前利息费用；当现行所得税税率比较低时，应采取股权筹资。

4）税基、税种与税率选择

有些经济业务适用不同税种、税率可能产生不同的税额，这时就需要公司进行税务筹划。比如，公司出租房产获得600万元租赁费收入的经济业务就有两种处理方法：其一，直接出租，收取租赁费，全额缴纳5%的营业税和12%的房产税，则营业税为30万元（600×5%），房产税为72万元（600×12%），总计纳税102万元；其二，按有关规定成立物业管理公司，单独进行税务登记，这样一来，虽然适用税种和税率均不变，但是计税基础发生了变化（可将一部分租赁费转为收取物业管理费），若物业管理费为250万元，租赁费为350万元，则营业税为30万元（600×5%）、房产税为42万元（350×12%），总计纳税仅72万元。

5）母子公司之间或子公司之间借贷关系与投资关系选择

母子公司或不同子公司各自所在地的所得税税率不同，可能导致总公司整体税负差异。为了尽可能地减少总公司的整体税负额，可根据适用税率的差异对总公司及各子公司进行资金投放方式的税务筹划，一般做法是：对所在地所得税税率高的一方以贷款方式投放资金，依法增加其税前利息费用以减少应交所得税，而税率低的一方则收取利息以增加收益；对所在地所得税税率低的一方以股权投资方式投放资金，依法增加其税前利润，以达到减少整体税负的目的。以上方式也称为母子公司或子公司之间的利润合理转移。

11.3 收益分配

11.3.1 收益分配的含义

收益分配是指公司按照有关政策的规定，依次将净利润分配于投资者和留存用于公司再投资的活动。其中，将利润分配于投资者又称股利分配，即向股东分派股利，是公司收益分配的一部分；留存用于公司再投资的利润又称留存利润，是指公司提取各项基金以及按照以丰补欠的原则留存的未分配利润，主要用于公司再投资，是公司收益分配的另一部分。

收益分配是一项十分重要的工作，不仅影响公司的筹资和投资决策，而且涉及投资者的利益关系；不仅影响公司的近期利益，而且关系到公司的长远利益。所以，公司要合理组织收益分配，正确处理好各方面的经济关系，保证公司健康、有序发展。

11.3.2 收益分配程序

1）收益分配的顺序

按照我国有关法律的规定，收益分配应按下列顺序进行：

（1）计算可供分配的利润。将本年净利润（或亏损）与年初未分配利润（或亏损）合并，计算出可供分配的利润。如果可供分配的利润为负数（即亏损），则不能进行后续分配；如果可供分配的利润为正数（即本年累计盈利），则可进行后续分配。

（2）计提法定盈余公积金。按抵减年初累计亏损后的本年净利润计提法定盈余公积金。提取盈余公积金的基数，不是可供分配的利润，也不一定是本年的税后利润。只有不存在年初累计亏损时，才能按本年税后利润计算应提取数，年初未分配利润不能再作为计提的基数。这种“补亏”是按账面数字进行的，与所得税税法规定的亏损后转无关，关键在于不能用资本发放股利，也不能在没有累计盈余的情况下提取盈余公积金。

法定盈余公积金从净利润中提取形成，用于弥补公司亏损、扩大公司生产经营或者转为增加公司资本。公司分配当年税后利润时应当按照 10% 的比例提取法定盈余公积金；当盈余公积金累计额达到公司注册资本的 50% 时，可不再继续提取。

（3）计提任意盈余公积金。任意盈余公积金按公司章程或股东会决议提取和使用。

（4）向股东（投资者）支付股利（分配利润）。公司向股东（投资者）支付股利（分配利润），要在提取盈余公积金、公益金之后。若公司股东会或董事会违反上述收益分配顺序，在抵补亏损和提取法定盈余公积金、公益金之前向股东分配利润的，必须将违反规定发放的利润退还公司。股利（利润）的分配应以各股东（投资者）持有股份（投资额）的数额为依据，每一股东（投资者）取得的股利（分得的利润）与其持有的股份数（投资额）成正比。公司原则上应从累计盈利中分派股利，无盈利不得支付股利，即所谓“无利不分”的原则，但若为维护股票信誉，经股东大会特别决议，用盈余公积金抵补亏损以后，公司也可用盈余公积金支付股利，不过这样支付股利后留存的法定盈余公积金不得低于注册资本的 25% 。

股利分配需确定很多事项，如股利支付程序中的各日期、股利支付比率、股利支付形式、支付现金股利所需资金的筹集方式等。其中最主要的是确定股利的支付比率，即用多少盈余发放股利，多少盈余为公司所留用（称为内部筹资），因为这可能对公司股票价格产生影响。

2）股利支付程序中的各日期

股利支付程序中的各日期依次为股利宣告日、股权登记日、除息日和股利支付日。

（1）股利宣告日，是指公司董事会公告股利支付情况的日期。公告中将宣布每股支付的股利、股权登记期限、除去股息的日期和股利支付日期。公司通常一年派发一次股利，也有在年中派发中期股利的。

（2）股权登记日，也称除权日，是指有权领取股利的股东有资格登记的截止日期。只有在股权登记日前在公司股东名册上有记录的股东才有权分享股利。

（3）除息日，是指领取股利的权利与股票相分离的日期。在除息日前，股利权从属于股票，持有股票者即享有领取股利的权利；从除息日开始，股利权与股票相分离，新购入股票的人不能分享股利。证券业一般规定在股权登记日的前 4 天为除息日，这是因为股票交易日期不能离股权登记日太近，否则公司将无法在股权登记日得知更换股东的信息。自除息日起，公司股票的交易称为无息交易，其股票称为无息股。也就是说，一个新股东要想取得本期股利，必须在股权登记日的 4 天之前购入股票，否则即使持有股票也无权领取股利。

（4）股利支付日，是指向股东发放股利的日期。

业务窗 11-4

假定北江公司 2013 年 11 月 15 日发布公告：“本公司董事会在 2013 年 11 月 15 日的会议上决定，本年度发放每股为 6 元的股利；本公司将于 2014 年 1 月 15 日将上述股利支付给已在 2013 年 12 月 15 日登记为本公司股东的人士。”

则北江公司股利支付程序各日期为：

股利宣告日——2013 年 11 月 15 日；

股权登记日——2013 年 12 月 15 日；

除息日——2013 年 12 月 11 日；

股利支付日——2014 年 1 月 15 日。

11.3.3 股利支付方式

1）现金股利

现金股利即以现金支付的股利，是股利支付的主要方式。公司支付现金股利除了要有累积盈余（特殊情况下可用弥补亏损后的盈余公积金支付）外，还要有足够的现金，因此公司在支付现金股利前需筹备充足的现金。

2）财产股利

财产股利即以现金以外的资产支付的股利。公司支付财产股利主要是以所拥有的其他公司的有价证券，如债券、股票作为股利支付给股东。

3）负债股利

负债股利即以负债支付的股利。公司支付负债股利通常是将应付票据支付给股东，在不得已情况下也可以公司发行的债券抵付股利。

财产股利和负债股利实际上是现金股利的替代形式。这两种股利方式目前在我国公司实务中很少使用，但并非法律所禁止。

4）股票股利

股票股利即以增发的股票支付的股利。公司支付股票股利主要是以增发的普通股、优先股作为股利支付给股东（详见“11.4.1 股票股利”）。

11.3.4 收益分配政策

收益分配政策是指公司关于收益分配有关事项的方针与政策。由于税收政策的不可选择性，收益分配政策从根本上说就是税后利润的分配政策，即股利政策。

1）影响收益分配政策的因素

公司的收益分配政策受种种因素制约：

（1）法律因素。为了保护债权人和股东的利益，国家制定了有关法规，对公司的收益分配加以限制。限制的主要方面是资本保全、公司积累、净利润、超额累积利润。

我国法律规定：公司不能用资本（包括股本和资本公积）发放股利；公司必须按净利润的一定比例提取法定盈余公积金；公司年度累计净利润必须为正数时才可发放股利，以前年度亏损必须足额弥补。此外，由于股东接受股利所要缴纳的个人所得税高于其进行股票交易的资本利得税，许多国家规定公司不得超额累积利润，一旦公司的保留盈余超过法律认可的水平，将被加征额外税额。我国法律对公司累积利润尚无限制性规定。

（2）股东因素。股东为了保护自身的利益，也会影响公司的收益分配。股东影响收益分配主要是从两个方面考虑：一是稳定的收入和避税；二是控制权的分散。

一些依靠股利维持生活的股东，往往要求公司支付稳定的股利，若公司留存较多的利润，将受到这部分股东的反对。另外，一些高股利收入的股东又出于避税的考虑（股利收入的所得税高于股票交易的资本利得税），往往反对公司发放较多的股利。

公司支付较高股利会导致留存盈余减少，这又意味着将来发行新股的可能性加大，而发行新股必然分散公司控制权，这是公司原持有控制权的股东们所不愿看到的结果。因此，若他们拿不出更多的资金购买新股以满足公司的需要，宁肯不分配股利也反对募集新股。

(3) 公司因素。公司本身也会对收益分配产生一些影响，相关因素主要有：盈余稳定性、资产流动性、举债能力、投资机会、资金成本和债务需要。

能否获得长期稳定的盈余，是公司股利决策的重要基础。盈余相对稳定的公司能够较好地把握自己，有可能比盈余不稳定的公司支付更高的股利。盈余不稳定的公司一般采取低股利政策，以减少因盈余下降而无法支付股利导致股价急剧下降的风险。采取低股利政策，还可用更多的盈余再投资，以提高公司权益资本比重，降低财务风险。

较多地支付现金股利会减少公司的现金持有量，使资产的流动性降低；而保持一定的资产流动性是公司经营所必需的。因此，公司股利决策必须以稳定资产流动性为前提。

具有较强举债能力的公司因为能够及时地筹措到所需的现金，有可能采取宽松的股利政策；而举债能力弱的公司则不得不多储备盈余，因而往往采取紧缩的股利政策。

有良好投资机会的公司，需要有强大的资金支持，因而往往少发放股利，将大部分盈余用于投资；缺乏良好投资机会的公司，保留大量现金会造成资金的闲置，于是倾向于支付较高的股利。正因为如此，处于成长中的公司多采取低股利政策；陷于经营收缩期的公司多采取高股利政策。

与发行新股相比，保留盈余不需花费筹资费用，是一种比较经济的筹资渠道。所以，从资金成本考虑，如果公司对资金的需求增加，也应当采取低股利政策。

偿债负担较重的公司，可以通过举借新债、发行新股筹集资金偿还债务，也可直接用经营积累偿还债务。若举债或发行新股的资金成本高或受其他限制难以进入资本市场，公司就可能需要直接用经营积累偿还债务，这就要求公司减少股利支付。

(4) 行业因素。企业的股利分配政策会受其所在行业的影响，有明显的行业特征。一般来说，成熟行业的股利支付率高于新兴的、成长较快的行业，因为新兴的、成长较快的行业由于扩张对资本的需求量大，使得企业通常采用较低股利支付率政策；另外，由于风险因素的影响，通常行业规模小、无形资产比重大的企业要比那些行业规模大、有形资产占总资产比重大的企业股利支付率低。

(5) 其他因素。债务合同约束和通货膨胀也会影响公司的股利决策。

公司的债务合同，特别是长期债务合同，往往对公司的现金支付程度有所限制，使公司只能采取低股利政策。在通货膨胀的情况下，公司折旧基金的购买力水平下降，会导致没有足够的资金来源重置固定资产，就需要用盈余弥补折旧基金购买力。因此，在通货膨胀时期，公司股利政策往往偏紧。

2) 收益分配政策

收益分配政策既决定给股东分配多少红利，也决定有多少净利留在公司。减少股利分配，会增加保留盈余，减少外部筹资需求。所以，公司的股利决策也就是内部筹资的决策。

在理财实务中，公司采用的收益分配政策主要有剩余股利政策、固定股利政策、固定股利支付率政策、低正常股利加额外股利政策。公司应制定适合公司实际情况的收益分配政策。

（1）剩余股利政策，是指公司在有良好投资机会时，根据一定的目标资金结构（最佳资金结构），测算出投资所需的权益资本，从盈余当中留用，然后将剩余盈余作为股利予以分配的政策。在这种政策下，股东所分得的是“剩余”的股利，体现无剩余不分股利的原则。

公司采用剩余股利政策时，应遵循如下步骤：

第一步，设定目标资金结构，即确定权益资本与债务资本的比率，使加权平均资金成本达到最低水平；

第二步，确定目标资金结构下投资所需的股东权益数额；

第三步，最大限度地使用保留盈余来满足投资方案所需的权益资本数额；

第四步，将满足投资方案所需权益资本后的剩余盈余作为股利发放给股东。

业务窗 11-5

假定三江公司 2013 年年末税后净利润提取法定盈余公积和任意盈余公积后的余额为 900 万元，预计 2014 年投资需要资金 1 200 万元。目标资金结构为权益资本占 60%、债务资本占 40%。发行在外的普通股为 200 万股，无优先股。计算该公司 2013 年支付给股东的剩余股利。

2014 年公司投资所需的权益资本 = 1 200×60% = 720（万元）

2013 年公司向投资者分配的股利 = 900−720 = 180（万元）

每股股利 = 180÷200 = 0.9（元）

采用剩余股利政策，意味着公司只将剩余的盈余用于发放股利，有利于保持公司理想的资金结构，使加权平均资金成本最低。如业务窗 11-5 所示，如果公司不按剩余股利政策发放股利，可将 900 万元全部留用于投资（这样当年将不发放股利），或全部作为股利发放给股东（这样当年每股股利将达到 4.5 元）并举债用于投资。但这两种做法都会破坏目标资金结构，导致公司加权平均资金成本提高，还容易给市场造成公司效益不好、当年无盈利的错觉，对于稳定公司股票价格不利。

（2）固定股利政策，是指将每年发放的股利固定在某一固定的水平上，并在较长的时期内不变，只有当公司认为未来盈余会显著地、不可逆转地增长时，才提高相应年度的股利发放额的政策。不过，大多数公司的盈余会随通货膨胀提高，而大多数投资者也希望公司能提供足以抵消通货膨胀不利影响的股利，因此在长期通货膨胀的情况下也应提高股利发放额。在这种政策下，股东所分得的是“固定”的股利，体现股利固定不变的原则。

业务窗 11-6

假定天山公司 2011 年、2012 年、2013 年提取法定和任意公积金之后的净利润分别为 180 万元、140 万元、190 万元，发行在外的普通股 100 万股，无优先股。该公司 2011 年经股东大会决定，采用固定股利政策，每股固定发放股利 1.5 元。计算该公司 3 年的股利。

2011 年支付的股利 = 1.5×100 = 150（万元）

2012 年支付的股利 = 1.5×100 = 150（万元）

2013 年支付的股利 = 1.5×100 = 150（万元）

公司采用固定股利政策，可以避免出现由于经营不善而削减股利的情况，原因在于：①稳定的股利向市场传递公司正常发展的信息，有利于树立公司良好形象和市场对公司的信心，稳定股票价格；②稳定的股利有利于投资者安排股利收入和支出，而股利忽高忽低会影响股东的心理状态和信心，导致股票价格下跌。

但是，稳定的股利政策不符合剩余股利理论，可能导致公司推迟某些投资方案或者暂时偏离目标资金结构。稳定的股利政策还使股利与盈余脱节，当盈余较低时仍要支付固定的股利可能导致资金短缺，财务状况恶化。

（3）固定股利支付率政策，是指公司确定一个股利占盈余的比率，长期按此比率支付股利的政策。采用此政策，各年股利额随公司经营业绩而波动，盈余多的年份股利额高，盈余少的年份股利额低。在这种政策下，股东所分得的是“波动”的股利，体现水涨船高的原则。

业务窗 11-7

承续“业务窗 11-6”，假设天山公司实行固定股利支付率政策，固定股利支付率为 80%。计算该公司 3 年的股利发放额。

2011 年支付的股利＝180×80%＝144（万元）

每股股利＝144÷100＝1.44（元）

2012 年支付的股利＝140×80%＝112（万元）

每股股利＝112÷100＝1.12（元）

2013 年支付的股利＝190×80%＝152（万元）

每股股利＝152÷100＝1.52（元）

固定股利支付率能使股利与公司盈余紧密地配合，以体现多盈多分、少盈少分、无盈不分的原则，真正公平地对待每一位股东。但若公司经营业绩不稳定，在这种政策下各年的股利变动较大，极易造成公司不稳定的感觉，对于稳定股票价格不利。

（4）低正常股利加额外股利政策，是指公司一般情况下每年只支付固定的、数额较低的股利，在盈余多的年份再根据实际情况向股东发放额外股利的政策，但额外股利并不固定，不意味着公司永久地提高了股利支付率。在这种政策下，股东所分得的是“低固定+额外”的股利，体现“稳健+灵活”的原则。

业务窗 11-8

假定利达公司采用低正常股利加额外股利政策，每年固定发放低股利 0.5 元/股，2011 年、2012 年、2013 年提取法定和任意公积金之后的净利润分别为 70 万元、160 万元、80 万元，发行在外的普通股为 100 万股，无优先股。由于 2012 年净利润得到了较大的增长，决定增发额外股利 0.6 元/股。计算该公司 3 年发放的股利。

2011 年支付的股利＝0.5×100＝50（万元）

2012 年支付的股利＝0.5×100+0.6×100＝110（万元）

2013 年支付的股利＝0.5×100＝50（万元）

低正常股利加额外股利政策使公司具有较大的灵活性。当盈余较少或投资需用较多资金时，公司可维持设定的较低但正常的股利，股东不会有股利跌落感；而当盈余有较大幅度增加时，公司则可适度增发股利，把经济繁荣的部分利益分配给股东，使他们增强对公司的信心。这种股利政策还可确保股东每年至少可以得到虽然较低但也比较稳定的股利收入，有利于稳定股票的价格。

11.4 股票股利和股票分割

11.4.1 股票股利

1）股票股利的含义

股票股利是公司以股票发放的股利。发放股票股利不会直接增加股东的财富，也不会导致公司资产的流出，不会引起公司负债的增加，不会对公司股东权益总额产生影响，但会引起资金在各股东权益项目间的再分配。

2）发放股票股利对公司的影响

（1）股票股利对公司股东权益的影响。发放股票股利，不增加股东权益，但会引起股东权益项目间的再分配。

业务窗 11-9

假设利顺公司有普通股 30 万股，每股面值 1 元，股东甲、乙、丙分别持有 50%、30%、20% 的股份。在发放股票股利前，各股东的权益情况见表 11-3“原股东权益”栏。该公司宣布增发总股数 10% 的股票股利，规定每 10 股配 1 股新股，发行市价每股 30 元。计算分析增发股票股利后的股东权益情况。

增发股票股利的股数 = 300 000×10% = 30 000（股）

增发股票股利的金额 = 30 000×30 = 900 000（元）

其中：

股本 = 30 000×1 = 30 000（元）

资本公积 = 30 000×29 = 870 000（元）

增发股票股利后的股东权益情况见表 11-3“增发后股东权益”栏。

表 11-3 **股东权益情况表** 单位：元

项目	原股东权益	增发后股东权益
普通股：	300 000	330 000
股东甲（50%）	150 000	165 000
股东乙（30%）	90 000	99 000
股东丙（20%）	60 000	66 000
资本公积	600 000	1 470 000
未分配利润	3 000 000	2 100 000
股东权益合计	3 900 000	3 900 000

由业务窗 11-9 的计算分析可知，增发股票股利后的股东权益总额 390 万元没有发生变化，结构比例也没有发生变化，只是股东权益项目间作了调整，未分配利润减少的 90 万元按比例分配给了各股东。可见，发放股票股利，不会对公司股东权益总额产生影响，但会引起资金在各股东权益项目间的再分配。

（2）股票股利对公司股票市价的影响。公司发放股票股利后，如果盈利总额不变，会由于普通股股数增加而引起每股收益和每股市价的下降；但由于股东所持股份的比例不变，每位股东所持股票的市场价值总额仍保持不变。其影响程度可通过以下公式计算：

$$发放股票股利后的每股收益=\frac{E_0}{1+F}$$

$$发放股票股利后的每股市价=\frac{P}{1+F}$$

式中：E_0表示发放股票前的每股收益；P 表示发放股票前的每股市价；F 表示股票股利发放率。

业务窗 11-10

假定上述利顺公司本年盈余为 99 万元，计算发放股票股利对股东甲的影响。

发放股票前的每股收益＝990 000÷300 000＝3.3（元）

发放股票股利后的每股收益＝3.3÷（1+10%）＝3（元）

发放股票股利后的每股市价＝30÷（1+10%）≈27.27（元）

计算分析见表 11-4。

表 11-4　**发放股票股利对股东甲的影响**　金额单位：元

项目	发放前	发放后
每股收益 E	990 000÷300 000＝3.3	990 000÷330 000＝3
每股市价 P	30	30÷（1+10%）＝27.27
持股比例、股数	50%、150 000 股	50%、165 000 股
股东甲持股总价值	30×150 000＝4 500 000	27.27×165 000＝4 500 000

可见，股东甲持股总价值没有发生变化，但每股收益由 3.3 元下降到 3 元，每股市价由 30 元下降到 27.27 元。

3）发放股票股利的作用

公司发放股票股利，对股东和公司都有特殊作用。

（1）股票股利对股东的作用：一是可能带来更多的现金。如果公司在发放股票股利的同时发放现金股利，股东会因所持股数的增加而得到更多的现金。二是可能带来股价相对上升的好处。公司发放股票股利并不一定导致股价成比例下降，发放少量股票股利（如发放率为 2%～3%）一般不会引起股价的立即变化，因而股东可能会得到股票价值相对上升的好处。三是可能带来股价绝对上升的好处。发放股票股利通常是成长中公司所为，因此投资者往往认为发放股票股利预示着公司将会有较大发展，这种心理会稳定甚至抬升股价。四是可能带来税负减轻的好处。股东在需要现金时可以将分得的股票股利出售，出售股票所获资本利得（价值增值部分）适用的税率比现金股利适用的税率低，股东就会获得税负减轻的好处。

（2）股票股利对公司的作用：一是可以留存较多现金。发放股票股利可使股东分享公司的盈余而无须分配现金，公司可留存大量现金用于再投资，有利于公司长期发展。二是可以吸引投资者。在盈余和现金股利不变的情况下，发放股票股利可以降低每股价值，从而吸引更多的投资者。三是可以增加投资者信心。发放股票股利往往会向社会传递公司将会继续发展的信息，从而提高投资者对公司的信心，在一定程度上起到稳定并抬升股票价格的作用。

11.4.2 股票分割

1）股票分割的含义

股票分割是指将较高面额股票交换成较低面额股票的行为。例如，将原来的一股股票交换成两股股票。股票分割不属于股利支付方式，但其所产生的效果与发放股票股利近似。由于股票分割与股票股利非常接近，所以一般要根据证券管理部门的具体规定对二者加以区分。例如，有的国家证券交易机构规定，发放25%以上的股票股利即属于股票分割。

2）股票分割对公司的影响

股票分割与发放股票股利对公司的影响既有共同点，也有不同点。股票分割使发行在外的股票数量增加、面额降低，导致每股盈余下降，但公司价值不变，股东权益总额、权益各项目的金额及相互间的比例也不会改变。

业务窗 11-11

某公司原发行普通股30万股，面额3元/股，现决定按1股兑2股进行股票分割。公司该年净利润为60万元。原股东权益项目见表11-5“分割前股东权益”栏。计算分析股票分割后的股东权益。

股票分割前的每股收益 = 60÷30 = 2（元）

股票分割后的每股收益 = 60÷60 = 1（元）

计算分析见表11-5“分割后股东权益”栏。

表11-5　**股票分割前后股东权益表**　金额单位：元

项目	分割前股东权益	分割后股东权益
普通股	900 000	900 000
其中：面额、股数	3元、300 000股	1.5元、600 000股
资本公积	1 800 000	1 800 000
未分配利润	9 000 000	9 000 000
股东权益合计	11 700 000	11 700 000

可见，股票分割后，该公司的股数由30万增加到60万，每股面额由3元下降到1.5元，每股收益由2元下降到1元，但公司的股东权益总额及各项目比例均未发生变化。

3）股票分割的作用

（1）股票分割对公司的作用：一是吸引投资者。实行股票分割的主要目的在于通过增加股票股数降低每股市价，从而吸引更多的投资者。二是树立形象。股票分割往往是成长中公司的行为，所以宣布股票分割容易给人一种“公司正处于发展之中”的印象，有利于增强投资者信心，稳定甚至抬升股价。

（2）股票分割对股东的作用：一是可能带来更多的现金股利。只要股票分割后每股现金股利的下降幅度小于股票分割幅度，股东就能获得更多的现金股利。二是可能增加股东财富。股票分割向社会传递的有利信息可能导致购买该股票的投资者增加，使股价上升，进而增加股东财富。

尽管股票分割与发放股票股利都能达到降低股价的目的，但一般只有在公司股价剧涨且预期难以下降时才采用股票分割的办法降低股价；而在公司股价上涨幅度不大时，往往通过发放股票股利将股价维持在理想的范围之内。

知识窗

中小企业税务筹划技巧

企业应该抛弃做假账的思想，尽量利用税收筹划技巧合法规划企业资金分配：

①企业性质选择——外资企业与内资企业（略）。

②公司形式选择——有限责任公司与无限责任公司。国家对有限责任公司双重征税，即在征收个人所得税之后，对个人的资本所得又要再征一道税，而对无限责任公司则不重复征税。已经确定经营风险较小的小规模企业适合选择税负较轻的无限责任公司形式。

③纳税人身份选择——一般纳税人与小规模纳税人。因为两者的税率是不一样的，在不同的行业，两者的实际税负高低也说不准。企业需根据自己所在行业的实际情况及自己的实际经营情况来决定做一般纳税人还是小规模纳税人。

④税率选择。税率实际上有很大的差别，在不同地方设立的企业可能会享受不同性质的税收优惠，在大城市不可能得到的优惠，在二级城市可能得到。另外，全球不同国家的税率是不同的，也可以采取转移定位（选择合适的国家或地区注册公司）来选择应用最低的税率。

⑤税基选择。通过选择税基影响企业的资金分配，不是指更改账目，而是指利用投资与债务的选择等各种现有元素的组合获得不同的税收效果。

资料来源　佚名．中小企业税务筹划技巧［N/OL］．［2008－11－27］．中华会计网校，http：//www.lawtime.cn/info/shuifa/ssch/200811271004.html.

课堂思考

某公司为一般纳税人，适用的增值税税率为17%，年不含税销售收入20万元，所得税税率25%。该公司拟生产销售竹制坯具，现有如下经营方案：

方案一：收购原竹自行加工成竹制坯具。原竹买价68 000元，运费支出2 600元，生产过程支付车间工人工资7 800元，电费支出1 200元，假设产品全部售出。

方案二：收购原竹委托加工可用坯具。受托加工企业为小规模纳税人，只能取得税务机关代开的增值税专用发票。该企业按支付给工人的工资加电费总额9 000元收取加工费。其他条件同方案一。

方案三：向农户发放样品规格，直接收购农民个人加工成的坯具，合计收购买价、工人工资、电费支出总额77 000元，运费支出2 600元。其他条件同方案一。

思考：分析增值税对现金流量的影响，并比较选择最佳方案。

温故知新

【本章小结】

税前费用是公司在所得税前发生并对所得税产生影响的那部分费用。公司在遵守现行税法规定的前提下，科学筹划税务事项可减轻税收负担，减少现金流出，增加收益。支付股利依次要经过股利宣告日、股权登记日、除息日和股利支付日等日期。公司的收益分配政策主要有剩余股利政策、固定股利政策、固定股利支付率政策、低正常股利加额外股利政策。股票股利是公司以股票发放的股利，股票分割是将较高面额股票交换成较低面额股票的行为，二者都不会直接增加股东的财富，也不会对公司股东权益总额产生影响。

【关键点】

概念：税前费用　税后收入　税后成本　折旧抵税　收益分配

观念：收益分配基本原则　收益分配及股利支付程序　收益分配政策评价与选择　股利支付的形式

【理解与应用】

1）选择题

（1）下列各项股利分配政策中，能保持股利与利润间的一定比例关系，体现风险投资与风险收益对等关系的是（　　）。

A. 剩余股利政策　　B. 固定股利政策

C. 固定股利支付率政策　　D. 低正常股利加额外股利政策

（2）（　　）之后，股票交易价格可能有所下降。

A. 股利宣告日　　B. 除息日

C. 股权登记日　　D. 股利支付日

（3）下列属于企业普遍采用并为广大投资者所认可的基本政策的有（　　）。

A. 剩余股利政策　　B. 固定股利政策

C. 固定股利支付率政策　　D. 低正常股利加额外股利政策

（4）下列项目中不能用于支付股利的有（　　）。

A. 原始投资　　B. 实收资本

C. 股本　　D. 上年未分配利润

2）问答题

（1）折旧对所得税的影响是什么？

（2）为什么公司要进行税务筹划？

（3）确定收益分配政策应考虑的因素有哪些？

（4）股票股利对公司有什么影响？

3）技能题

（1）某公司上年提取公积金、公益金后的税后净利润为1 000万元，今年的投资计划拟需资金1 200万元。该公司的目标资金结构为自有资金占60%，借入资金占40%。该公司流通在外的普通股为2 000万股，没有优先股。计算该公司今年可发放的股利额及每股股利。

（2）某公司提取公积金和公益金后的本年税后净利为150万元，下年拟上一个新项目，需投资200万元，公司目标资金结构为负债与权益比2∶3，公司流通在外的普通股为100万股。如果采用剩余股利政策，计算公司本年可发放的股利、股利支付率及每股股利。

（3）某公司股东权益情况见表11-6。

表 11-6　**资料表**　单位：万元

项目	金额
普通股（面值 6 元、已发行 500 万股、市价 20 元）	3 000
资本公积	2 000
未分配利润	15 000
股东权益合计	20 000

列出以下两种情况下公司的股东权益并作比较：发放 10% 的股票股利；以 2 : 1 的比例进行股票分割。

4）案例分析

某公司 2013 年发放股利 225 万元。过去 10 年间该公司的盈利以 10% 的固定速度持续增长，预计 2014 年以后仍会保持 10% 的增长率。2013 年税后盈利为 750 万元，2014 年预期盈利 1 200 万元，预期投资总额为 900 万元。分别按下列不同的股利政策，计算分析该公司 2014 年的股利：①股利按照盈利的长期成长率稳定增长；②维持 2013 年的股利支付率；③2014 年预期投资总额的 30% 用外部融资，30% 用负债，40% 用保留盈余，剩余盈余用于发放股利。

技能强化实训

实训目的

基本能力点：股利发放的计算方法。

能力拓展点：股利政策的选择。

实训课题

了解不同公司选择收益分配政策的依据。

实训组织

实训地点：证券市场或证券交易所。

实训内容：了解上市公司收益分配和股利支付情况，选择一家公司计算分析其股利政策。

实训成果：调研报告。

自我评价：百分制。

下章预习要点

概念：跨国公司理财　背对背贷款　平行贷款　税收的中性原则

观念：股息管理　对外直接投资战略　转移价格与所得税税负　税收的公平原则

第 12 章

实务运用：跨国公司理财

学习目标

知识目标：掌握跨国公司、跨国公司理财、对外直接投资、转移价格及国外税款抵免的概念；掌握跨国公司现金和有价证券及应收账款和存货的管理；掌握背对背贷款、平等贷款、货币兑换及贷款对换四种内部借款方式；了解影响跨国公司股息管理的因素，掌握跨国公司在不同产业生命周期的对外直接投资战略；掌握税收的中性原则和公平原则。

技能目标：掌握国外税款间接抵免的计算方法。

能力目标：能综合运用营运资本管理、投资管理、转移价格和国际税务等跨国公司理财理论，并根据这些理论作出相关理财决策，指导跨国公司财务管理活动。

理念导引

跨国公司理财更复杂

跨国公司实行的是全球经营战略，由于各国经济状况、政治气候、法律环境、文化背景的差异，其地域分散性在为跨国公司提供较国内单一企业更多的获利机会和风险分散便利的同时，也使其面临更多、更复杂的风险，因此跨国公司所要应对的是更加复杂的理财环境，对财务决策的正确性和及时性要求更高。

讨论：跨国公司理财环境的复杂性。

12.1 跨国公司理财概述

12.1.1 跨国公司

如果在本国开设的公司在至少两个外国开设旨在继续本国业务的公司，且其外国公司营业额超过公司营业总额 10%，这种形式组合的公司为跨国公司，其中设在本国的公司称为母公司或总部，设在外国的公司称为子公司。

子公司在财务、管理和技术上受母公司的控制。所谓财务控制是指母公司掌握子公司的多数股权；管理控制是指子公司负责人由母公司委派；技术控制是指子公司依靠母公司的技术转让经营业务。

跨国公司分布在工业、商业及服务业等各个行业中，近年来服务业跨国公司尤其兴旺，如跨国银行、跨国咨询公司、跨国工程公司、跨国广告公司等。跨国公司中，以母公司所在地排序，户数最多、规模最大的是美国、西欧和日本，其次是发展中国家中的产油国，再次是其余一些发达国家。按行业分类，服务业跨国公司主要是银行，加工业跨国公司主要是石油、汽车、电子和信息公司等。

12.1.2　跨国公司理财

跨国公司理财又称国际财务管理，是指运用国际上统一的会计标准，按照国际惯例来协调跨国公司所在国家财务活动的管理工作，主要包括营运资本管理、投资管理、转移价格、国际税务等具体内容。

由于国际经济交往的日益发展和跨国公司的日益增加，跨国公司理财的理论和实践越来越重要。本节只介绍几项重要的国际财务管理内容。

12.2　营运资本管理

跨国公司的营运资本项目较多，这里主要介绍具有跨国公司特点的项目，包括现金和有价证券、应收账款和存货、公司内部借贷款等。

12.2.1　现金和有价证券管理

1）现金集中管理

现金集中管理的对象包括备用金、银行存款、各种存单和有价证券等项目。对于现金，一般都提倡由跨国公司集中管理。为加强现金集中管理，有必要编制现金预算，由公司总部汇总，以便集中调度。

通过现金集中管理，公司可以使（整个公司系统的）现金储备量达到最低，留出多余的资金进行短期投资，回收利润。现金储备量减少，又使流动资产总额减少，从而减少筹资成本，提高整个公司的盈利能力。同时，现金集中管理利于公司总部的决策以全局利益为最高准则，防止各个子公司的次优化观点。此外，现金集中管理还可以分散风险。

2）有价证券投资管理

为更好地管理有价证券投资，跨国公司应当了解各个子公司所在国的金融市场实况及各种可供投资证券的性质，还应了解国际金融市场情况，以便在有闲置资金时进行有效的短期投资，提高整个跨国公司的经济效益。

有价证券投资注意事项如下：

（1）投资组合应该多样化。不同期限、不同品种的有价证券意味着不同的风险和报酬率。各项证券中以政府机构发行的最保险，欧洲美元证券也相对安全。

（2）应逐日核对检查各投资项目金额，到期的立即兑现，另投于其他证券。变更投资组合时应考虑到增量利息收益是否超过增量成本。增量成本包括外汇买卖差价，以及证券买卖佣金、手续费。如果增量成本大于增量收益，则不宜投资。

（3）如预期支付大额现金，应事先在投资时安排好证券的兑现时间，并考虑这些证券的兑现是否方便，因为有些证券是不上市流通的。

3）国际金融市场

国际金融市场中唯一可以同美国金融市场竞争的是欧洲美元市场。此外，比较活跃的国际金融市场有伦敦、新加坡、中国香港、巴林和巴拿马等地的金融市场。

欧洲美元市场的金融机构不受美国联邦储备委员会及其他政府机构的限制，其定期存款和存单利率都较高，因此投资人可以在欧洲美元市场存定期存款和购买存单。定期存款利率比存单更高，存单由于流动性强，易于转售，很受短期投资人的欢迎。欧洲美元市场上流行一种“浮动利率证券”，又称“浮动利率存单”，这种存单规定的利率以伦敦同业银行利率为基础上浮一个固定百分比，一般为0.25%。欧洲欧元市场规模空前发展。欧洲金融市场上还有非美元证券，如英镑证券。欧洲货币证券的优点在于不受发行国政府限制且通常带息。

12.2.2 应收账款和存货管理

1）改进收账办法

跨国公司应加紧对国内外客户收取货款，特别是出口销售货款以及子公司之间转移的资金款。通常经过邮寄和银行账务处理，从进口商及时按发票金额付款，到出口商账户上转入存款为止，耽搁8~10天是不足为奇的。外汇市场经常波动，外汇政策瞬息万变，耽误时日的“在途现金”不但会损失机会成本（多负担贷款利息），并且会招致各种风险。

改进收账办法主要是由跨国公司参与制定各个子公司的贷款政策，监督其收账业务，以便将“在途现金”减到最少。一个公司如能将应收账款加速收回、及时变现，就能降低借款利息费用或者增加投资收益。加速回收账款可通过各种渠道来实现，如电传汇款、收款中心和专用信箱、直接转账、专人收款等。

2）提前或推迟付款

子公司之间相互购销货物（劳务），发生应收、应付账款。应收方如果当时资金充裕，收到账款可以存入银行，收取存款利息；如果当时资金短缺，需要现金，收到账款可以减少银行借款，减少利息费用。应付方如果当时资金充裕，付出账款就等于减少银行存款，减少利息收入；如果当时资金短缺，就必须从银行借入款项来支付货款，从而增加利息费用。而银行存款利率一般低于银行借款利率。跨国公司可以相应地安排提前或推迟入账，以节约利息费用或增加利息收益。

3）存货超前购置

掌握适量的存货可以使公司的生产照计划均匀地进行，并保证如期向购货商供货。

跨国公司的存货管理要比其他公司复杂得多。因为存货的周转、转移要逾国界，要遵守出入国家的法规，通过海关检查，缴纳关税（有些商品需缴纳相当高额的关税），还有路上运输费时间，在途商品占时长久、风险大，随时有供应中断的可能。

在许多发展中国家，没有期货外汇市场，外汇不准自由汇出，也不能调换成硬通货，只能用多余的资金预先购置将来要用的货物，如原材料、半成品或制成品等。超前购置将来要用的货物，特别是进口货物，可以避免因当地币值跌价而遭受损失。超前购置的机会成本是本来可以用当地货币进行证券投资而获得的报酬，但这种报酬即使可观，其税后净收益再折成美元也已经寥寥无几，因为当地货币已经贬值，对美元的汇价已经大大提高，所以在这种情况下以超前进货为宜。

4）放长贷款期

跨国公司设在某些发展中国家的子公司，由于当地通货膨胀率很高，给以（商业）贷款期导致到期回收的账款贬值，蒙受损失，但为适应环境还是要提供商业贷款，放宽赊账期。对于因放长贷款期而增加的应收账款额要分别情况分析，按账款类型检查账款过期原因。各子公司销售部门应根据情况采取对策，有时还要会同生产部门、技术部门、财务部门一并研究。例如，产品质量不符合规定要由生产部门和技术部门一并分析，银行结算问题要由财务部门参加讨论，等等。

放长贷款期固然可以增加销售额，增加利润，但设在外国的子公司由于当地货币贬值所增加的利润将被抵消，甚至得不偿失，特别是子公司进货用硬货币付款、销货用软货币收款时损失更重。若销货贷款期为 90 天，90 天后当地货币贬值 10%，则应收账款到期回收后折成的美元额减少 10%，这就是提供贷款期带来的损失。所以，放长贷款期同时引发增量收益和增量成本，跨国公司的财务经理要仔细分析比较，只有在增量收益超过增量成本时才适宜放长贷款期。其关键是预测放长贷款期后当地货币的贬值率。

12.2.3　公司内部借贷款管理

1）背对背贷款

背对背贷款又称连锁融资，是母子公司之间或两个子公司之间通过银行进行的公司间融资业务。背对背贷款的目的是利用两个公司所在国税率差异，或者回避某一国的外汇管制，从该国转出资金。银行在背对背贷款业务中充当必要的中介，收取贷款利息，并支付存款利息，赚取“利率差”，毫无风险。通过背对背贷款，两家公司也因获得资金融通渠道而获益。

2）平行贷款

平行贷款是由地处两国的两对（四家）公司相互借贷形成的融资业务（见业务窗 12-1）。

业务窗 12-1

甲、乙两个跨国公司的母公司（分别简称甲母公司、乙母公司）均设在纽约，各有一子公司（分别简称甲子公司、乙子公司）设在巴西。甲子公司有巴西雷亚尔可以贷出，而乙子公司正好需要资金，于是前者就地贷款给后者，同时由乙母公司以美元贷款给甲母公司。两笔贷款期限一样，按照协议日汇率计算的金额也相等。到期后，各自还清贷款，业务了结。

3）货币兑换

货币兑换的作用同平行贷款一样，但业务比较简单，只涉及两个单位——买进者和卖出者，即借款人和贷款人。通过货币兑换业务，两公司在同一时间按现货汇率卖出和买进外汇，到期时按期货汇率反方向买进和卖出外汇。货币兑换实质上是两家公司交换等价的两种货币，到期时双方交换偿还，双方都不计利息，只是由一方支付手续费给对方，手续费相当于一方应付对方的期货外汇折价。若买进方（借款人）买进外汇期货价低于现货价，即期货外汇折价，差价就作为手续费由卖方付给买方；若期货外汇溢价，则差价由买方付给卖方。

“抵消权条款”是货币兑换业务通行惯例，若协议中订有“抵消权条款”，双方可以相互抵消各自应付给对方的利息，有的甚至连到期时买回的业务也抵消，即只有单向的买进卖出，没有反方向的卖出买进。

4）贷款对换

贷款对换是从货币兑换发展而来的。一般地说，货币兑换是在两家公司之间进行的，而贷款对换是在（跨国）公司与（跨国）银行之间进行的。贷款对换在第二次世界大战结束以来使用很普遍，特别是发达国家跨国公司在对发展中国家投资时，即用硬货币对软货币国家投资时采用（见业务窗 12-2）。采用贷款对换进行的投资一般称为间接投资。

业务窗 12-2

美国国际电报电话公司（ITT）拟对设在哥伦比亚首都波哥大的子公司提供贷款，而哥伦比亚比索贬值很快。为避免外汇风险，ITT 母公司可将一笔美元存款存入波哥大银行纽约分行（或代理行），波哥大银行同时对设在当地的 ITT 子公司发出比索贷款，协议规定一定期限后两地借款人各自就地偿还借款——ITT 哥伦比亚子公司归还波哥大银行比索借款，波哥大银行纽约分行归还 ITT 母公司美元存款。

通过贷款对换，贷出款项的 ITT 母公司可在贷款到期时收回硬通货美元，不论那时比索（对美元）贬值到怎样地步。而波哥大银行纽约分行可以免费使用美元存款而不付利息（贷款对换一般都规定有利息抵消权条款）。

该业务不是外汇交易，不需要进入外汇市场。波哥大银行纽约分行收到的美元（存款）不需调换成比索，只需通知波哥大银行总行在日常营运资本中拨付比索贷款给 ITT 哥伦比亚子公司。在贷款到期日，波哥大银行纽约分行从其美元营运资本中拨款归还 ITT 母公司，ITT 哥伦比亚子公司归还比索贷款给波哥大银行，从而增加后者的比索营运资本。

在到期日或之前，波哥大银行若必须将美元换成比索或者将比索换成美元，也是出于全面调节银行外汇储备的考虑，并不是专为这笔业务所进行的。

在贷款对换业务中，双方存款和贷款金额不一定按照协议日的现货外汇汇率，而总是偏高计算（见业务窗 12-3）。通过贷款对换，母公司对子公司的贷款（或投资）本金可以得到保障，但能否获利及获利能否汇回母公司所在国则在贷款对换业务考虑之外，需由投资方案可行性分析来考虑。

业务窗 12-3

承续“业务窗 12-2”，ITT 母公司对哥伦比亚子公司提供贷款 Col＄200 000，协议订立之日汇率为＄1：Col＄20，但贷款协议规定为＄1：Col＄12，因此 ITT 母公司存入波哥大银行纽约分行的存款不是＄10 000，而是＄16 667。若协议中订有抵消权条款，美元存款无利息，至于波哥大银行向 ITT 哥伦比亚子公司提供的比索贷款是否计算利息要依据协议的具体规定。

12.3 投资管理

12.3.1 贷款与投资对比

跨国公司将资金投放于国外子公司，不论作为贷款或投资都需要计算报酬，报酬率一般是公司的边际资金成本，就这一点而言两者是一样的，但贷款与资本权益的比率却决定着跨国公司能否从国外抽回资金以及为抽回资金而付出的代价，是很关键的指标。

跨国公司对子公司投放资金一般都倾向于采用贷款方式，主要原因有：

（1）对于子公司东道国政府和债权人来说，母公司对子公司贷款或投资几乎是一样的，在子公司清偿债务时母公司贷款总是排在最后。

（2）东道国政府对于子公司向母公司支付贷款利息及还本的限制较少，而对汇付股息红利、汇回资本则管制很严。

（3）贷款可比资本享受更多税负上的好处。子公司付出贷款利息可以列支成本，抵消应税收益，而支付股息则不能列支，而且母公司收回贷款本金时也不作为收益处理。母公司收到子公司股息时，如果子公司已付当地所得税，则已付的税额可以在本国抵免，但要补交差额；如果母公司比子公司所得税税率高，并且还要就汇回股息纳税，税负就增加了。

12.3.2　股息管理

跨国公司由子公司转移到母公司的资金，一半以上是通过股息分配来实现的。所以，股息管理是跨国公司理财的重要内容。股息管理应重点考虑以下方面：

（1）股息发放率。许多跨国公司都规定统一的股息发放率，这有利于督促所有子公司照章办事，有利于激发后进子公司改善管理业绩，向平均水平看齐。股息发放率的计算公式为：

$$股息发放率=\frac{每股股息发放额}{每股净收益}$$

（2）财务情况。有些公司将子公司的股息分配作为获得预期收益水平的一种杠杆：在母公司盈利少的年度，子公司多汇股息以补足母公司预期盈利缺额；在母公司盈利多的年度，子公司少汇股息以使母公司盈利能力呈现出稳定状态，给债权人及股东等财务报表使用者以公司发展稳定的印象。

（3）合并税负。股息分配中另一个重要问题是税务问题。如果各个子公司的股息发放率高低有别，就可以减轻公司的合并税负。根据对 30 家跨国公司的调查，有 60% 的公司以减轻税负为出发点来决定各个子公司的股息发放尺度。

（4）财务要求。根据各个子公司不同的财务要求，母公司在股息分配上可以区别对待：对筹资容易、机会成本低的子公司制定较高的股息发放率；对筹资成本高或者有更有利投资机会的子公司则制定较低的股息发放率。

（5）外汇风险。许多公司在预测到某种外汇将贬值时，往往要求有关子公司加速汇付股息，以保护币值不受或少受损失。为了防止将要汇入的外汇股息发生贬值损失，许多公司把将要收入的（股息）外汇作为期货抛出，但只有存在外汇期货市场时才能实现。

（6）外汇管制。在发生进出口逆差、外汇支付赤字时，为缓解外汇短缺，某些国家会临时加强对外汇支付，特别是股息汇付的限制，如限制股息汇出的绝对额，限制股息发放或者股息占资本净值或注册资本的百分比，等等。为了应付这样的限制，许多公司往往事前对某子公司规定稳定的股息政策或对所有子公司规定统一的股息发放率，促使子公司每年按照规定标准汇出股息，以便在东道国加强管制时可据以力争。

12.3.3　对外直接投资战略

跨国公司对直接投资建立分公司和子公司应有周密的战略，这种战略在空间上是全球性的，在时间上是长期的。对外投资是为了将国内业务拓展到国外，在发展中求生存。

1）创新期战略

处于创新期的公司，重点投资于新工艺、新产品的研究与开发，聘用大量技术人员从事技术密集型劳动。新工艺、新产品的开发是根据公司所处环境因地制宜决定的。比如，在美国，劳动力稀少，工资成本昂贵，于是集中开发节约劳动力的新工艺、新产品；在日本和欧洲，劳动力相对充足，于是集中开发节约原材料和资金的新工艺。

这与国际贸易产品的生命周期密切相关。产品刚开发时处于生命周期的初始阶段，随即进入成熟期，开始从国外接到许多订单，大量出口。此后产品进入标准化时期，为了抑制外国同业加入竞争或绕过进口国家的关税壁垒，在原先的出口市场建厂（开设跨国公司），就地生产和销售。此时竞争已相当激烈，关键问题是降低成本，许多发展中国家加入生产行列，大量制造并将产品出口到其他国家。而此时，原创新公司则已集中精力开发出新一代产品。

2）成熟期战略

在创新优势逐渐丧失，产品进入成熟期以后，公司的直接投资战略也要相应调整：

（1）依靠高度发展的营销艺术，支付巨额广告费用，极力提高知名度，以便把潜在的竞争对手排斥在市场外面。

（2）大量生产，全球调度运输，依靠规模经济压倒对手，在竞争中占据优势地位。

（3）充分利用“学习曲线”。在工艺上精益求精，改进产品设计，简化生产过程，降低成本，削低售价，提高销量，造成竞争优势，待市场扩展到一定范围再适当提高售价。这时，优势已经形成，未来的销售额可以稳中有升。

（4）同竞争对手合作组织合资企业，利用竞争对手在当地掌握的原材料客户关系，保证原材料供应。

（5）交叉投资。有些跨国公司在本国采用高价政策，在国外则采取倾销政策，用国内的超额利润来弥补国外的损失，以便争取国际市场优势。

3）标准化后期战略

在产品标准化后期，工艺技术已达顶点，并且相当扩散，已没有什么障碍能阻挡同业竞争。此时，为了保住竞争优势，跨国公司的直接投资战略可有不同选择。

（1）有些发展中国家很重视以进口替代来节约外汇支出，如果能率先发现这样的市场，可捷足先登，迅速开辟新市场，获得高报酬。

（2）利用广泛的信息网，找出工资成本低廉的合适地点，作为全球生产网的一个环节，进行专业化生产，组装加工制造某种产品或零部件。

（3）最普遍也是最积极的办法是不断放弃旧产品，开发新产品。

4）通用战略

通用战略是指在任何时期都通用的一般性战略。

（1）求生存，谋发展。许多公司不是自觉地、有计划地发展成跨国公司的，而是迫不得已。为了在国内能生存下去，顶住竞争并战胜对手，公司需要在全球范围内寻求丰富而廉价的原料、相对熟练而低价的劳动力等资源，以达到降低成本、提高竞争力的目的。“以攻为守”原则就是不满足于既得的合理报酬率，而主动寻求高报酬。

（2）猎取信息，获得经验。进入国外市场便于获取最新的信息和经验。意大利奥利凡蒂公司买下美国恩特伍德打字机公司是为了学习后者在国际市场上的营销经验，然后把它用到欧洲，和美国设在欧洲的公司竞争。英荷合资尤尼利弗公司也一样，它在美国设立尤尼利弗兄弟公司，学得了营销技术，用于世界各地的市场，效果非常显著。三家韩国公司——三星集团、幸大集团和幸福金星集团在美国硅谷主要电子工厂附近设立分公司，目的在于方便接触那里的工程技术人员，将自己的技术提高到美国水平，同时让世界电子工业界知道它们在硅谷的存在，以树立信誉，提高竞争地位。

（3）分散风险。跨国公司在选定生产地点以后，理论上说，应将生产集中在一两个地点，这样可以大量生产，降低成本，充分发挥规模经济的优势。然而，跨国公司面临的政治风险要比其他公司多，并且难以预测。生产地点太集中易于遭受风险，如罢工、运输中断及其他人为或自然造成的困难。所以，跨国公司应多选择几个地点，以分散风险。

（4）保持良好的政府关系。许多跨国公司在国外设立子公司是为了同当地政府联络关系。例如，福特在巴西设厂，规模很小，谈不上规模经济的优越性，其实质目的是同巴西行政当局保持联络，为日后发展业务打下基础，还可以平衡外汇收支。

（5）建立投资安全港。美国发生“9·11 事件”以前，全球都认为美国为投资安全港之最，大量资金都投到了美国，但现在全球投资者普遍看好中国。

（6）保持国内的存在。发展国外业务的同时也不能忽视国内业务，既得的市场即使利润不高也要保留，让客户知道公司的存在，存在意味着永久性，意味着可靠性。

（7）不间断供应。对外国公司供应原料和服务的公司应当持续不断地保持供应，否则会迫使外国公司寻求新的供应商，原有的供销关系一旦中断就很难重新接续。

12.4　转移价格

转移价格是跨国公司系统内，即母子公司之间或子公司之间转移货物或劳务的价格，由于转出和转进的单位，即买卖双方或进出口双方，分别处于不同国家，所以又称国际转移价格。跨国公司应对转移价格集中管理。

1）转移价格与所得税税负

通常，发展中国家为了吸引外国直接投资兴办跨国公司，往往会提供许多税收优惠，如所得税税率优惠。由于买卖双方所在国家的所得税税率不同，转移价格会导致公司的合并利润总额差异。如果卖方公司税率低，宜以高价转出，意味着高利润且低税率，一部分利润在商品转移的同时也跟着转移，而买方公司高价转进意味着高成本抵消税前利润，即少交税。同样，如果转出公司的税率高于转入公司，则以低价转出为好。

2）制定转移价格的依据

制定转移价格的依据一般有市价、成本加成和议定价格等，详见“14.5.2 内部转移价格”。

3）避让外汇管理

在子公司相互“买卖”货物时，如果一方所在国实行严格的外汇管理，禁止随意汇出外汇，则可利用转移价格调节外汇汇出额。这一方如果是买方，就提高转移价格，以便使之多汇出外汇货款；如果是卖方，则降低转移价格，使之少汇入外汇货款。

4）无形资产转让

技术诀窍、专利权、商标权、特许权等无形资产的转移价格很难找到可供参考的市价，总部顾问费、管理费摊派等也同样没有市价。因此，无形资产转移价格是母公司调节资金流向的理想手段，可以用无形资产转移价格来进行所得税筹划和避让外汇管理。

12.5　国际税务筹划

12.5.1　税收的中性原则和公平原则

税收的中性原则和公平原则都旨在平等对待纳税人。

1）税收的中性原则

税收的中性原则是指不因任何投资地点不同或投资人国籍不同而产生税负差别从而影响投资决策的任何方面。中性原则执行得好坏要看经济效益是否有所提高。中性原则如果能得到充分贯彻，资本就能在国际之间自由流动，从报酬率低的地方转移到报酬率高的地方，促使世界经济发展，物质生活水平提高。反之，如果无视中性原则，则税后报酬额会因投资地点不同或投资人国籍不同而相去甚远，阻碍世界经济的发展和物质生活水平的提高。

2）税收的公平原则

税收的公平原则是指对所有处于相同环境的纳税义务人用同样的税法施以约束。例如，所有美国公司，不管在何处获得利润都应向美国政府计缴所得税，即国外分支机构同国内分支机构同等征税。

12.5.2 避免双重征税协定与税款抵免

有关国家会通过缔结双边税收协定来协调国际税收问题，以避免双重征税。例如，对股息、利息、特许权使用费等投资所得征收预提税的通常做法，是限定收入来源国的税率，使缔约国双方都能征到税，排除任何一方的税收独占权。跨国公司在设计跨国业务时应充分考虑这些协定。

经济合作与发展组织和联合国这两个国际性税收协定范本在指导思想上都承认优先考虑收入来源管辖权原则，即从源课税原则，由纳税人的居住国采取免税或抵免的方法来避免国际双重征税。但两个范本也存在重要区别：联合国范本比较强调收入来源地征税原则，分别反映发达国家和发展中国家的利益；经济合作与发展组织范本较多地要求限制收入来源地原则。免税法是指凡（跨国）公司已在对方（子公司当地）纳税者，在本国（母公司所在国）免予纳税。抵免法是指凡在对方已纳税部分可以在本国（母公司所在国）抵免应纳税额。

例如，美国税法规定，如果美国公司开设在国外的单位是子公司，则只有在它将利润（或股息）汇回美国母公司时才加以课税；如果是分公司，则将其业务视为总公司业务的一部分，所获利润不论是否已汇回母公司，均须向美国纳税。而子公司的亏损只是在子公司清理时才得以认可，分公司的亏损却可以冲消母公司的利润。如此一来，若设立国外机构时明知会亏损，就可申报为分公司，等到正式投产后转为盈余时再申报改为子公司，这样就可以推迟缴纳所得税。

为了避免双重征税，美国及其他许多国家都规定，已在国外支付的所得税可从国内所得税中抵免。若汇回的国外利润已经纳税，但所在国税率低于美国（最高级）税率，应补足差额，如果所在国税率高于美国最高级税率，超过部分可用于抵免其他来自国外利润的所得税。

抵免只限于所得税，包括利润所得税和股息、租金、特许权使用费等收益的预扣税。非收益所得税如销售税、增值税等不得抵免。抵免有直接抵免与间接抵免两种。直接抵免是指对纳税人直接缴纳或应由其直接缴纳的外国所得税给予抵免，包括国外分公司所得税及汇回利润预扣税的抵免。凡纳税人拥有国外公司一定比例（一般为10%）股权者可以享受间接抵免，抵免额根据国外公司已缴纳所得税的股息汇回额计算。间接抵免是直接抵免的补充，其计算公式为：

$$间接抵免额=\frac{股息（包括预扣税）}{国外税后净收益}\times国外所得税$$

国外税款抵免额最多不得超过同年度全部来源于国外收益的所得税总额。

知识窗　**跨国公司要熟悉外汇政策**

跨国公司要熟悉国内现有的外汇政策。近年来，我国外汇政策调整非常频繁。例如，允许部分企业在境外开立外汇账户并在一定期限内保留外汇；允许跨国公司境内外成员公司之间进行外汇放款；允许借用外债的企业利用签订提前还款条款、外债转内债、借低还高等方式进行债务结构调整；允许资本和金融项下部分外汇业务进行保值；允许部分企业进行期货交易。跨国企业可以充分利用国家现有的政策有效进行外汇资金管理。

资料来源　张梦锁．跨国公司外汇资金管理［N/OL］．［2011-02-28］．价值中国网，http：//www.chinavalue.net/Media/Article.aspx？ArticleID=71488.

课堂思考　**项庄舞剑，意在沛公**

东方通信公司（Eastcom）是中国上海的一家电信设备制造企业。该公司收购了已在纳斯达克上市的加州 Interwave 公司 19% 的股份。Interwave 公司主要从事 GSM/GPRS 网络设备生产和提供系统解决方案。作为收购合约的一部分，Interwave 每年将向东方通信公司采购价值2 500万美元的设备。

思考：东方通信公司跨国收购的目的何在？

温故知新

【本章小结】

跨国公司理财主要是对营运资本、投资和转移价格的管理及国际税务筹划等。

【关键点】

概念：跨国公司及跨国公司理财　背对背贷款　平行贷款　税收的中性原则

观念：股息管理　对外直接投资战略　转移价格与所得税税负　税收的公平原则

【理解与应用】

1）选择题

（1）跨国公司设在本国的公司称为（　　）。

A. 支公司　B. 分公司　C. 子公司　D. 母公司

（2）加速回收账款通常使用的办法主要有（　　）。

A. 电传汇款　B. 直接转账　C. 专人收款　D. 坏账准备冲抵

（3）跨国公司内部借贷款形式通常有（　　）。

A. 背对背贷款　B. 平行贷款　C. 专项贷款　D. 货币兑换

（4）制定内部转移价格的依据一般有（　　）。

A. 市场价格　B. 成本加成　C. 议定价格　D. 公平价格

2）问答题

（1）母公司与子公司的关系是什么？

（2）现金集中管理的优点有哪些？

（3）加强应收账款和存货管理有哪些办法？

(4) 跨国公司有哪些对外直接投资战略?

3) 案例分析

自行搜集跨国公司理财失败的案例，分析其失败原因，总结跨国公司理财应注意的问题。

技能强化实训

实训目的

基本能力点：跨国公司的对外直接投资战略。

能力拓展点：跨国公司财务管理的决策。

实训课题

体会跨国公司的理财优势。

实训组织

实训地点：某跨国公司。

实训内容：了解该公司的跨国身份在公司理财方面有哪些优势。

实训成果：调研报告。

自我评价：百分制。

下章预习要点

概念：财务预算　固定预算与弹性预算　增量预算与零基预算　定期预算与滚动预算

观念：全面预算的内容　弹性预算的特点和编制步骤　零基预算的优缺点　现金预算的编制方法

第 13 章

理财分析基础：财务预算

学习目标

知识目标：掌握财务预算、现金预算的概念；明确财务预算编制各方法的含义及相互关系；了解财务预算与特种决策预算、日常业务预算之间的区别和联系。

技能目标：掌握现金预算编制方法和步骤；能够结合各种预算编制方法编制现金预算。

能力目标：能够对企业未来一定时期的财务状况和经营成果进行合理的预测和分析。

理念导引

全面预算管理之兴

20 世纪 20 年代，美国通用电器、杜邦、通用汽车等公司率先采用全面预算管理模式。这种管理模式，迅速成为当时美国大型工商企业的标准作业程序。在美国，90% 以上的企业都要求实施预算管理；欧洲一些国家甚至要求所有企业都做预算。近 10 年来，我国的大中型企业也逐步认识到全面预算管理的工具价值。据不完全统计，目前我国进入全球 500 强的企业多数采用了全面预算管理制度。

讨论：预算管理为什么会成为现代企业管理不可或缺的重要组成部分？

13.1 财务预算概述

全面预算是所有以货币及其他数量形式反映公司未来一段期间内全部经营活动各项目标的行动计划与相应措施的说明，具体包括特种决策预算、日常业务预算与财务预算。

特种决策预算，是指在决策中对中选方案的进一步规划，如资本支出预算。

日常业务预算，是指与公司日常经营活动直接相关的经营业务预算，主要以实物量、时间量和价值量指标反映，具体包括销售预算、生产预算、直接材料消耗及采购预算、直接工资及其他直接支出预算、制造费用预算、销售及管理费用预算等。

财务预算也称总预算，是指一系列专门反映公司未来一定预算期内预计财务状况和经营成果及现金收支等价值指标的各种预算的总称，具体包括现金预算、预计利润表、预计资产负债表和预计现金流量表等内容。

财务预算作为全面预算体系的最后环节，在全面预算体系中占有举足轻重的地位，可以从价值方面总括地反映经营期决策预算与业务预算的结果。因此，编制财务预算是公司理财的一项重要工作。

13.2 财务预算编制的基本方法

13.2.1 固定预算与弹性预算

1）固定预算

固定预算又称静态预算，是指根据未来固定不变的业务水平，不考虑预算期内生产经营活动可能发生的变动而编制的一种预算。其主要特点是：预算编出后，在预算期内，除因特殊情况必须追加预算外，一般不作变动或更改，具有相对固定性。

固定预算通常每年编制一次，使预算期间同会计年度相一致，便于对预算的执行情况和结果进行考核和评价。年度预算中一般要有分季数字，而在第一季度中还应有分月数字，近期预算要比远期预算更详细一些，随着时间的推移，在邻近第一季度结束时再提出第二季度预算的分月数字，依此类推。在经营管理要素、产品比较定型的公司，通过预算数同实际发生数进行对比，可以考核分析发生差异的原因，有利于加强费用预算控制。但是大多数公司的生产经营水平经常发生变动，这样，固定预算就很难发挥作用。

2）弹性预算

与固定预算相对的是弹性预算。弹性预算又称变动预算，是指考虑到收入、成本等与业务量的关系，按不同的预计业务水平编制的一种预算。与固定预算不同，弹性预算的有关数据随业务量变动而相应调整，具有一定的弹性，故名弹性预算。

弹性预算的编制步骤为：第一步，选择和确定经营活动水平计量单位（如产品产量、直接人工小时、机器工作小时和维修小时等）和数量界限。第二步，确定不同情况下经营活动水平的范围，通常以正常生产能力的70%～110%为宜（其间隔一般以5%或10%为好）。生产能力可用数量、金额或百分比表示。第三步，根据成本和产量之间的依存关系，分别确定变动成本、固定成本和混合成本及各具体费用项目在不同经营活动水平范围内的控制数额。

弹性预算适用于总预算的编制，也适用于制造费用预算、销售和管理费用预算等的编制。编制制造费用预算时，其关键在于把所有的成本划分为变动成本与固定成本两部分，变动成本主要是根据单位业务量来控制，固定成本则按总额控制。

弹性预算的主要优点：一是比固定预算（静态预算）运用范围广泛，能够适应不同经营活动情况的变化，更好地发挥预算的控制作用，避免在实际执行时对预算作频繁修改；二是能够使预算实际执行情况的评价与考核建立在更加客观可比的基础上。

业务窗 13-1

某公司2014年度利润弹性预算，见表13-1。业务量是销售收入，用百分比表示。

表13-1 **某公司2014年度利润弹性预算表** 金额单位：万元

销售收入百分比	70%	80%	…	100%	110%
销售收入	105	120	…	150	165
变动成本	70	80	…	100	110
固定成本	10	10	…	10	10
利润总额	25	30	…	40	45

13.2.2　增量预算与零基预算

1）增量预算

增量预算，是指在基期成本费用水平的基础上结合预算期业务量水平及有关降低成本的措施，通过调整有关原有成本费用项目而编制的预算。编制这种预算时对保留或接受的原有成本费用项目分析往往会不够科学和准确，容易造成成本费用的浪费或缺口，还有可能使一些不必要的开支合理化，增加成本费用管理的难度。

2）零基预算

零基预算又称零底预算，是指以现有成本费用项目为前提，以零为基础编制的费用预算。它是公认的管理间接费用的一种有效方法。其基本原理是：在编制预算时，对于所有的预算支出均以零为基底，不考虑以往支出情况，从根本上研究、分析每项预算支出的必要性和数额。不以“历史”为基础，从“零”出发，零基预算因此而得名。

零基预算的编制可分为六个步骤：

第一步，提出预算设想。公司管理当局对计划年度提出总的预算设想，确定销售、生产等方面的增长率预计数，作为各业务部门编制预算的依据。

第二步，编制费用预算方案。公司内部各有关部门根据公司的总体目标，说明每项业务的性质、目标，以零为基础，提出各项业务详细的开支或费用。

第三步，进行成本效益分析。由决策者组成预算委员会，对各部门提出的预算方案进行成本效益分析。首先考虑如下问题以确定工作：该项工作是否有必要，能否避免；若不可避免，可否由现有部门或人员完成；能否进一步改进工作方法，提高工作效率。其次用对比法权衡每项工作的轻重缓急，按所需经费分级排序。

第四步，审核和分配资金，落实预算。公司管理层对各部门报送的评级作最后审定，依照所定等级，结合计划期可动用的资金额，分配资金，落实预算。

第五步，编制预算表。确定资金分配方案后，公司即可编制财务收支预算，按部门、项目进行规划，并按月编制执行预算。

第六步，检查总结。

零基预算法的优点：一是不仅能压缩经费开支，而且能切实做到把有限的经费用到最需要的地方；二是不受历史情况制约，能够充分发挥各级管理人员的积极性和创造性，促进各级预算部门精打细算，量力而行，合理使用资金，提高经济效益。但是，由于一切支出均以零为起点分析、研究，因而编制零基预算的工作量较大。

13.2.3　定期预算与滚动预算

1）定期预算

定期预算，是指按确定的时间定期（通常以年为单位）编制的预算。例如，传统的业务预算与财务预算一般以会计年度为单位定期编制。定期预算主要的不足是预算的连续性差，即使年中修订也只是针对预算期的剩余几个月，执行预算也受限于这几个月，一般不考虑下年度需要，从而形成人为的预算间断。例如，我国一些公司提前完成了全年计划就以为可以松口气，结果往往造成每年的生产经营活动前松后紧。

2）滚动预算

滚动预算又称连续预算或永续预算，是指将预算逐期向后滚动，连续不断地以预算形式规划未来经营活动而编制的预算。其主要特点是预算期连续不断，始终保持一定的期限。以一年为例，每过去一个月，就根据新的情况进行调整并修订前几个月的预算，在原来的预算期末随即补充一个月的预算，以此往复，不断滚动。

采用滚动预算的理由：一是公司的生产经营活动是延续不断的，因此公司的预算也应该全面地反映这一延续不断的过程，使预算与生产经营过程相适应；二是公司的生产经营活动是复杂的，会随着时间的变迁产生各种难以预料的变化，并且对未来经营情况的认识也是由粗到细、由简单到具体的过程。

滚动预算的优点：一是可保持预算的完整性、继起性，便于从动态预算中把握公司的未来；二是能使各级管理者始终保持对未来一定时期（月、季、年）生产经营活动的周详考虑和全盘规划，保证公司各项工作有条不紊地进行；三是便于外界（银行信贷部门、税务机关、投资者等）持续了解公司经营状况；四是可通过不断调整和修订使预算始终与实际情况相适应，有利于充分发挥预算的指导和控制作用。

当然，编制滚动预算的工作比较繁重，所以可按季度滚动来编制预算，而在执行预算的那个季度里再按月份具体地编制各月份的预算，以适当简化滚动预算的编制工作。

业务窗 13-2

南风公司编制滚动预算的时间安排见表 13-2。

表 13-2 **南风公司滚动预算时间表**

2014 年度预算（一）													
1 月	2 月	3 月	4 月	5 月	6 月	7 月	8 月	9 月	10 月	11 月	12 月		
第一次滚动：													
	2014 年度预算（二）											2015 年	
	2 月	3 月	4 月	5 月	6 月	7 月	8 月	9 月	10 月	11 月	12 月	1 月	
第二次滚动：													
		2014 年度预算（三）										2015 年	
		3 月	4 月	5 月	6 月	7 月	8 月	9 月	10 月	11 月	12 月	1 月	2 月

13.3 现金预算

13.3.1 现金预算概述

现金预算，是指关于现金收入、现金支出、现金多余或不足、资金筹集和运用的预算。这里应用的是广义现金。“现金收入”包括期初现金余额和预算期现金收入。预算期现金收入主要来源是产品销售，期初“现金余额”是在编制预算时预计的。“销货现金收入”数据来自销售预算。“可供使用现金”是期初余额与本期现金收入之和。“现金支出”包括预算期预计的各项现金支出，如料工费成本支出、销售及管理费用支出、税款支出、购置设备支出和支付股利支出等。“现金的盈余或不足”是现金收入合计与现金支出合计的差额，如为正数表示现金盈余，可用于偿还银行贷款或购买短期证券；如为负数则表示现金不足，要通过向银行借款等方式筹集补足。“资金的筹集和运用”主要是预算期内预计向银行借款和偿还借款以及有关利息支出的资料。它们之间的关系为：

期初现金余额+本期现金回收额=本期可动用现金

本期可动用现金-本期现金支出数=本期现金收支差额

预计期末现金余额=本期现金收支差额+借入款项-偿还款项

现金预算的编制以各项营业预算和资本预算为基础，反映各预算期的收入款项和支出款项，并作具体说明。其目的是确保公司及时发现资金不足并筹借资金，及时发现资金多余并适当利用余额，通过现金收支的控制限额发挥管理作用。

13.3.2　现金预算编制举例

下面以凤凰公司为例，简要说明现金预算的编制步骤和方法。

1）各项分预算编制

（1）销售预算，是指反映预算期（通常为一年）内各种商品或劳务的销售单价、销售数量和销售收入的预算。市场决定生产，销售预算是编制全面预算的出发点。

业务窗 13-3

凤凰公司编制的销售预算见表 13-3。

表 13-3　**凤凰公司 2014 年度销售预算表**　金额单位：元

项目		第一季度	第二季度	第三季度	第四季度	本年合计
A 产品（件）	销量	1 000	1 500	2 000	1 300	5 800
（单价：　）	金额					
B 产品（件）	销量	600	700	800	650	2 750
（单价：　）	金额					
…	…	…	…	…	…	…
销售收入合计		200 000	300 000	400 000	250 000	1 150 000
现销收入		120 000	180 000	240 000	150 000	690 000
回收前期应收款		80 000	80 000	120 000	160 000	440 000
现金收入合计		200 000	260 000	360 000	310 000	1 130 000

备注：每季销售收入的 60% 为现销，40% 为赊销

（2）生产预算，是指反映预算期内各种商品生产数量及品种构成的预算。按照以销定产的原则，根据销售预算编制。

业务窗 13-4

凤凰公司编制的 A 产品生产预算见表 13-4（其余产品生产预算略）。

表 13-4　**凤凰公司 2014 年度 A 产品生产预算表**　单位：件

项目	第一季度	第二季度	第三季度	第四季度	本年合计
①本期销售量	1 000	1 500	2 000	1 300	5 800
②期末存货量	120	120	120	120	120
③期初存货量	100	100	100	100	100
本期生产量①+②-③	1 020	1 520	2 020	1 320	5 820

（3）直接材料消耗及采购预算，是指反映预算期内各种直接材料消耗数量及采购金额的预算，在生产预算的基础上编制。

业务窗 13-5

凤凰公司编制的直接材料消耗及采购预算见表 13-5。

表 13-5　**凤凰公司 2014 年度直接材料消耗及采购预算表**　金额单位：元

材料种类	项目	第一季度	第二季度	第三季度	第四季度	本年合计
甲材料（单价：5 元）	A 产品耗用量	150	200	240	180	770
	B 产品耗用量	…	…	…	…	…
	…	…	…	…	…	…
	甲材料采购成本	4 000	4 500	5 000	3 000	16 500
乙材料（单价：8 元）	…	…	…	…	…	…
	乙材料采购成本					
…	…	…	…	…	…	…
材料采购成本总额		140 000	150 000	150 000	160 000	600 000
现购材料成本①		84 000	90 000	90 000	96 000	360 000
偿付前期应付材料款②		50 000	55 000	60 000	65 000	230 000
现金支出合计①+②		134 000	145 000	150 000	161 000	590 000

备注：每季度采购成本的 60% 为现购，40% 为赊购

（4）直接工资及其他直接支出预算，是指反映预算期内各种直接人工消耗水平及人工总成本的预算，在生产预算的基础上编制。

业务窗 13-6

凤凰公司编制的直接人工预算见表 13-6。

表 13-6　　**凤凰公司 2014 年度直接人工预算表**　　金额单位：元

项目		第一季度	第二季度	第三季度	第四季度	本年合计
直接人工总工时	A 产品	5 000	6 000	7 000	6 000	24 000
	B 产品	…	…	…	…	…
	…	…	…	…	…	…
	合计	8 000	8 500	9 000	8 500	34 000
单位工时人工成本		6	6	6	6	6
直接人工成本总额	A 产品	30 000	36 000	42 000	36 000	144 000
	B 产品	…	…	…	…	…
	…	…	…	…	…	…
	合计	48 000	51 000	54 000	51 000	204 000

备注：单位工时人工成本根据直接人工工时预算表（略）

（5）制造费用预算，是指反映预算期内为生产产品和提供劳务而发生的各项间接费用的预算。制造费用通常分为变动制造费用和固定制造费用两部分。变动制造费用预算是以生产预算为基础编制的，固定制造费用预算要逐项预计。

业务窗 13-7

凤凰公司编制的制造费用预算见表 13-7。

表 13-7　　**凤凰公司 2014 年度制造费用预算表**　　单位：元

项目		金额	第一季度	第二季度	第三季度	第四季度	本年合计
变动制造费用	间接材料	9 000					
	间接人工成本	19 000					
	水电费	15 000					
	维修费	7 000					
	合计	50 000	12 500	12 500	12 500	12 500	50 000
固定制造费用	管理人员工资	9 000					
	保险费	3 000					
	设备租金	3 000					
	维修费	2 000					
	折旧费	12 000					
	合计	29 000					
	其中付现费用	20 000	5 000	5 000	5 000	5 000	20 000
付现制造费用合计			17 500	17 500	17 500	17 500	70 000

备注：变动制造费用按工时预算分配率分配；假设制造费用按 4 季度平均计算

（6）产品生产成本预算，是指反映预算期内各种产品生产成本水平的预算，以生产预算、直接材料消耗及采购预算、直接人工预算和制造费用预算为基础编制。

业务窗 13-8

凤凰公司编制的产品生产成本预算见表 13-8。

表 13-8 **凤凰公司 2014 年度产品生产成本预算表** 金额单位：元

成本项目	A 产品：4 000 件				B 产品	…	总成本合计
	单耗	单价	单位成本	总成本			
直接材料：							
甲材料		5					…
乙材料		8					…
…							
小计							…
直接工资							20 4000
制造费用							79 000
产品成本合计				…	…		…

（7）销售及管理费用预算，是指反映预算期内为推销商品和维持一般行政管理工作而发生的各种费用支出的预算。销售费用预算以销售预算为基础编制，管理费用预算以过去实际开支为基础并结合预算期可预见的因素调整编制。

业务窗 13-9

凤凰公司编制的销售及管理费用预算见表 13-9。

表 13-9 **凤凰公司 2014 年度销售及管理费用预算表** 单位：元

费用项目	本年预算	费用项目	本年预算
销售人员薪金	8 000	行政人员薪金	2 000
专设销售机构费用	5 000	办公费	1 000
折旧费	2 000	…	…
广告费	5 000	费用合计	60 000
财务费	1 000	付现费用合计	58 000

季度	一	二	三	四	本年合计
现金支出	14 500	14 500	14 500	14 500	58 000

备注：付现的销售及管理费用预算按 4 季度平均计算

2）现金预算的编制

业务窗 13-10

凤凰公司编制的现金预算见表 13-10。

表 13-10 **凤凰公司 2014 年度现金预算表** 单位：元

项目	第一季度	第二季度	第三季度	第四季度	全年合计	备注
(1) 期初现金余额	20 000	29 500	24 500	25 400	99 400	
(2) 经营现金收入	200 000	260 000	360 000	310 000	1 130 000	
(3) 经营现金支出						
直接材料采购	134 000	145 000	150 000	161 000	590 000	表 13-5
直接工资支出	48 000	51 000	54 000	51 000	204 000	表 13-6
制造费用	17 500	17 500	17 500	17 500	70 000	表 13-7
销售及管理费用	14 500	14 500	14 500	14 500	58 000	表 13-9
销售税金	1 500	2 000	2 500	3 000	9 000	估计
预计所得税	20 000	20 000	20 000	20 000	80 000	估计
预计股利	10 000	10 000	10 000	10 000	40 000	估计
小计	245 500	260 000	268 500	277 000	1 051 000	
(4) 资本性支出	25 000	25 000	25 000	25 000	100 000	据投资计划
(5) 现金余缺	-50 500	4 500	91 000	33 400	78 400	
(6) 资金筹措及运用						
流动资金借款	80 000	20 000			100 000	
归还流动资金借款			60 000		60 000	
发行公司债					—	
支付各项利息			5 600	800	6 400	
购买有价证券				12 000	12 000	
(7) 期末现金余额	29 500	24 500	25 400	20 600	100 000	

备注：(5) = (1) + (2) - (3) - (4)；(7) = (5) + (6)；(7) 控制限额为 20 000 元；借款以 1 万元为起点，并为 1 万元的整数倍；借款利息率 8%，借款在期初，还款在期末

知识窗

华润集团的 6S 管理体系

华润（集团）有限公司是隶属于国务院国资委管理的一家有 72 年发展历史的中央企业。该公司在经过多年的实践和不断改进后，总结了一套旨在贯彻全面预算管理的运行体系，即 6S 管理体系，具体是指利润中心的编码体系、管理报告体系、预算体系、评价体系、审计体系和经理人考核体系。6S 管理体系是华润公司目前运用得最为成功的管理系统，为华润管理强势的逐步形成发挥了重要作用。2009 年年底，华润公司业绩再创新高，总资产达到 4 169 亿港元，营业额达 1 607 亿港元。

6S 管理体系的系统化构想是：以专业化管理为基本出发点，把集团及下属所有业务和资产分成多个利润中心，并逐一编码；每个利润中心按规定格式和内容编制管理会计报

告，并汇总为集团总体管理报告；在利润中心推行全面预算管理，将经营目标层层分解，落实到每个责任人的月度经营上；根据不同利润中心的业务性质和经营现状，建立切实可行的业务评价体系，按评价结果实施奖惩；对利润中心经营及预算执行情况进行审计，确保管理信息的真实性；对利润中心负责人每年考核一次，逐步建立起选拔管理人员的科学程序。

资料来源 佚名．案例分析：企业财务预算管理实现经营目标［N/OL］．［2010-10-25］．IT 商业新闻网．http：//cio. itxinwen. com/Consulting/2010/1025/178153. html.

课堂思考

中小企业经营管理常见问题

一是发展定位，表现为缺乏明确的长远发展目标，缺乏明确细分的企业定位。二是股权，表现为股本结构不理想，或一股独大，或股权分散。三是资产，表现为资产负债率高，流动资产不足，短贷长投。四是财务，表现为缺乏健全的财务制度，缺乏合格的财务人员，缺乏有效的财务管理手段，税收问题突出，财务预算不完善，财务工作未能在企业经营与管理中发挥出应有的作用。五是团队建设，表现为经营团队单薄，员工激励机制未形成，企业文化建设空白，经营思路狭隘，理念滞后。六是市场营销，表现为缺乏大量的合格营销人员，缺乏市场销售的健全网络，市场推广策略和营销模式不明确，资金回笼不畅。

资料来源 崔凯．详解中小企业管理乱相［N/OL］．［2011－06－15］．慧聪网，http：//info. ceo. hc360. com/2011/06/150831159358. shtml.

思考：财务预算能否帮助中小企业？怎样发挥作用？

温故知新

【本章小结】

财务预算也称总预算，是一系列专门反映公司未来一定预算期内预计财务状况和经营成果及现金收支等价值指标的各种预算的总称，是全面预算的内容之一。财务预算的基本方法有固定预算与弹性预算、增量预算与零基预算、定期预算与滚动预算。编制财务预算是公司理财的一项重要工作，其重点是现金预算，包括现金收入、现金支出、现金多余或不足、资金筹集和运用等预算内容。

【关键点】

概念：财务预算　固定预算与弹性预算　增量预算与零基预算　定期预算与滚动预算

观念：全面预算的内容　弹性预算的特点和编制步骤　零基预算的优缺点　现金预算的编制方法

【理解与应用】

1）选择题

（1）下列各项中，其预算期可以不与会计年度挂钩的预算方法是（　　）。

A. 弹性预算　　B. 零基预算　　C. 滚动预算　　D. 固定预算

（2）属于编制全面预算的出发点和日常业务预算的基础的是（　　）。

A. 销售预算　　B. 生产预算　　C. 产品成本预算　　D. 预计利润表

（3）在下列各项中，被纳入现金预算的有（　　）。

A. 经营性现金收入 B. 经营性现金支出 C. 资本性现金支出 D. 现金收支差额

(4) 财务预算中的预计财务报表包括（ ）。

A. 预计收入表 B. 预计成本表 C. 预计利润表 D. 成本费用报表

2）问答题

(1) 财务预算的作用是什么？

(2) 零基预算的优点有哪些？

(3) 采用滚动预算的理由有哪些？

(4) 为什么说编制销售预算是编制全面预算的出发点？

3）技能题

某公司制造费用和成本资料见表13-11。

表13-11 **某公司制造费用和成本资料表**

成本项目	间接人工	间接材料	维修费用	水电费用
固定部分（元）	6 000	1 000	220	100
单位变动率（元/小时）	1.0	0.6	0.15	0.2
成本项目	劳保费用	折旧费用	摊销费用	其他费用
固定部分（元）	800	2 800	200	880
单位变动率（元/小时）	—	—	—	0.05

假定公司正常生产能力（100%）为10 075工时。用列表法编制该公司生产能力在70%～110%范围内的弹性制造费用预算（间隔为5%）。

4）案例分析

根据本章凤凰公司的现金预算资料编制：①销售预算；②生产预算；③直接材料消耗及采购预算；④直接工资支出预算；⑤制造费用预算；⑥产品生产成本预算；⑦销售及管理费用预算。

技能强化实训

<u>实训目的</u>

基本能力点：现金预算编制的方法。

能力拓展点：对企业未来一定时期的财务状况和经营成果进行合理的预测和分析。

<u>实训课题</u>

体会开展财务预算对公司的意义。

<u>实训组织</u>

分组到企业调研。

实训地点：某公司。

实训内容：了解该公司的财务预算制度及执行情况。

实训成果：调研报告。

自我评价：百分制。

下章预习要点

概念：财务控制　责任会计　成本中心　内部转移价格

观念：财务控制的特征和种类　责任会计的基本职能　责任中心的类型　投资中心的考核指标

第 14 章

理财分析基础：财务控制

学习目标

知识目标：掌握财务控制、责任中心的概念；明确责任预算、责任报告与业绩考核的含义；了解财务控制的种类。

技能目标：掌握各责任中心考核指标的计算方法，能运用考核指标评价责任中心业绩。

能力目标：能够对企业各个责任中心的经济活动进行规划、核算、控制和考核，为实现企业的财务预算服务。

理念导引

中小企业财务控制薄弱

许多中小企业认为现金越多越好，造成现金闲置，未参加生产周转；资金使用缺少计划，过量购置不动产，无法应付经营资金需要，容易陷入财务困境；应收账款周转缓慢，造成资金回收困难；存货控制薄弱，造成严重的资金占用和资产流失……

讨论：中小企业财务控制薄弱的这些表现原因何在？加强财务控制对企业有什么好处？

14.1 财务控制概述

14.1.1 财务控制的含义及特征

1）财务控制的含义

财务控制是按照一定的程序和方式确保公司及其内部机构和人员全面落实财务预算、实现财务目标的过程。财务控制的基本要素包括控制标准、反馈系统、责任中心和调节。其中：标准是控制的依据，它必须覆盖整个资金运行系统；反馈系统主要指会计核算系统；建立责任中心的目的是按财务目标持续地进行工作；调节是使系统按预定目标运行的过程。

2）财务控制的特征

（1）财务控制是一种价值控制。财务控制以财务预算为目标。财务预算是以价值形式反映的，所以财务控制也借助价值手段进行。

（2）财务控制是一种综合控制。由于以价值为手段，财务控制可以将各种性质不同的业务综合在一起进行控制。财务控制的综合性表现为控制内容，最终都归结于资产、利润、成本这些综合价值指标上。

(3) 财务日常控制以现金流量控制为目的。公司要编制现金预算，作为组织现金流量的依据；公司还要编制现金流量表，作为评估现金流量状况的依据。

14.1.2 财务控制的种类

财务控制可以按不同标准分类。

1）事前控制、事中控制和事后控制

财务控制按控制的时间可分为事前控制、事中控制和事后控制。

事前控制是指财务收支活动发生之前所进行的控制，如产品设计和成本规划等。事中控制是指财务收支活动发生过程中所进行的控制，如对各项收入去向和支出用途进行监督，对产品生产过程中发生的成本进行约束等。事后控制是指对财务收支活动的结果所进行的考核和奖罚，如按财务预算的要求对各责任中心的财务收支结果进行评价并以此实施奖罚。

2）出资者财务控制、经营者财务控制和财务部门财务控制

财务控制按控制的主体可分为出资者财务控制、经营者财务控制和财务部门财务控制。

出资者财务控制是指为了实现资本保全和资本增值目标而对经营者财务收支活动进行的控制，如制定和执行成本开支范围和标准等。经营者财务控制是指为了实现财务预算目标而对公司及各责任中心的财务收支活动所进行的控制，如公司的筹资、投资、资产运用、成本支出决策及其执行等。财务部门财务控制是指财务部门为了有效地组织现金流动，通过编制和执行现金预算，对公司日常财务活动所进行的控制，如对各项货币资金用途的审查等。

3）预算控制和制度控制

财务控制按控制的依据可分为预算控制和制度控制。

预算控制是指以财务预算为依据，对预算执行主体的财务收支活动进行监督、调整的一种控制。预算表明了其执行主体的责任和目标，是对预算执行主体的行为指导。制度控制是指通过制定公司内部规章制度，据以约束公司和各责任中心财务收支活动的一种控制。制度控制通常规定具体行为准则。与预算控制相比较，制度控制具有防护性特征，而预算控制主要具有激励性特征。

4）收支控制和现金控制

财务控制按控制的对象可分为收支控制和现金控制（或货币资金控制）。

收支控制是指对公司和各责任中心的财务收入和财务支出活动所进行的控制。控制财务收入活动，旨在达到高收入的目标；控制财务支出活动，旨在降低成本，减少支出，实现利润最大化的目标。现金控制是对公司和各责任中心的现金流入和现金流出活动所进行的控制。由于公司财务会计采取权责发生制，导致利润不等于净现金流入，所以有必要单独控制现金，力求实现现金流入流出的基本平衡。

5）定额控制和定率控制

财务控制按控制手段可分为定额控制和定率控制。

定额控制是指对公司和责任中心的财务指标采用绝对数进行控制，又称绝对控制。一

般而言，定额控制具有对激励性指标确定最低控制标准、对约束性指标确定最高控制标准的特征。定率控制是指对公司和责任中心的财务指标采用相对数进行控制，又称相对控制。一般而言，定率控制具有对比投入与产出、开源与节流的特征。

14.2　责任会计和责任控制

14.2.1　责任会计

责任会计是指为适应内部管理的要求，更好地调动各部门和员工的积极性，在公司内部建立若干责任中心，并使它们对所分工负责的经济活动进行规划、核算、控制和考核的一整套专门制度。它有以下几个基本职能：①确立责任中心；②明确责任范围；③编制责任预算；④核算责任指标；⑤考核责任业绩；⑥实行责任奖罚。

建立责任会计的主要目的是更好地贯彻内部经济责任制，把公司的目标落实到各责任中心，使各级管理人员目标明确、职责清楚、有权有利，促使他们严格执行自己应负责的各项任务，实现自己的目标，进而保证公司总目标的实现。

14.2.2　责任控制

责任控制是指根据责任预算对各责任中心的经济活动进行事先审核、检查和监督，以保证各责任中心能够完成各自目标的过程。责任控制一般采用目标管理和例外管理相结合的办法：上级不干预各责任中心在责任范围内的活动，出现例外情况时才进行协调和干预。责任控制具体内容包括责任中心、责任预算和责任核算。

14.3　责任中心

责任中心是指为有效地进行内部控制对公司逐级划分的责任范围。责任中心的划分是公司组织结构向分权化发展的必然结果，是责任会计的重要组成部分，可使各责任中心明确责任并在责权范围内严于职守。公司管理者将各责任中心的工作业绩与其利益挂钩，予以奖惩，可充分调动各部门的积极性。凡是管理上可分、责任可辨认、业绩可单独考核的单位，大到公司、分公司、部门，小到车间、班组甚至个人，都可以划分为责任中心。责任中心根据控制区域和权责范围的大小，一般可分为成本中心、利润中心和投资中心。

14.3.1　成本中心

1）成本中心概述

成本中心，是指只着重考核其发生的成本或费用的责任中心。成本中心只能控制成本，故只对成本负责。通常成本中心是没有收入的，因此也无需对销售收入、收益或投资负责。对成本中心计算和考核的是责任成本。由于每个成本中心只应对其能直接控制的成本负责，故在事前编制责任预算、日常记录实际发生的责任成本及定期编制责任报告时，均应以该成本中心的可控成本为限，一般不反映不可控成本，最多只将不可控成本作参考资料列示。

可控成本，是指能为责任中心所控制并受责任中心工作质量影响的成本。可控，是相对于某一特定的责任中心和特定的会计期间而言的。某项成本在某一责任中心是可控的，而在另一责任中心则可能是不可控的。例如，新产品试制费对新产品试制部门而言是可控的，而对生产部门而言则是不可控的。可控成本是考核和评价成本中心工作业绩的重要依据。可控成本通常应符合以下条件：一是成本中心有办法知道将发生什么性质的耗费；二是成本中心有办法计量该耗费；三是成本中心有办法控制并调节该耗费。

不可控成本，是指不能为责任中心所控制且不受责任中心工作质量影响的成本。如果责任中心无法预料将发生什么性质的成本，无法计算该成本，也无法调控该成本，则该成本对责任中心而言就是不可控成本。不可控成本也是相对于某一特定责任中心和会计期间而言的，在某一责任中心不可控的成本在另一责任中心则可能是可控的。例如，由于材料质量差异而超耗的材料成本对生产部门而言是不可控成本，但对供应部门而言却是可控成本。将成本划分为可控成本和不可控成本，有利于分清经济责任，便于正确考评各成本中心的工作业绩，对成本实施有效的控制。

2）成本中心考核指标

成本中心考核指标包括绝对指标成本（费用）降低额和相对指标成本（费用）降低率，其计算公式如下：

成本（费用）降低额=预算责任成本（或费用）-实际责任成本（或费用）

$$成本（费用）降低率=\frac{成本（费用）降低额}{预算责任成本（或费用）}$$

在进行成本中心考核时，如果预算产量与实际产量不一致，一般应按实际产量计算。

业务窗 14-1

某公司下属一分公司为成本中心，生产甲产品，预算产量 8 000 件，单位成本 200 元；实际产量 10 000 件，单位成本 195 元。计算该成本中心的成本降低额和降低率。

成本降低额=10 000×（200-195）=50 000（元）

$$成本降低率=\frac{50\ 000}{10\ 000\times200}\times100\%=2.5\%$$

14.3.2 利润中心

1）利润中心概述

利润中心，是指既对成本负责，又对收入和利润负责的责任中心。它既要控制成本的发生，也要对应取得的收入和利润进行控制。利润中心适用于公司中具有独立收入来源的分公司、分厂等较高级别单位。利润中心可分为两种：一种是自然利润中心，即直接对外销售产品或提供劳务，有单独收入来源，能给公司带来利润的利润中心；另一种是人为利润中心，即在公司内部按照内部转移价格出售产品或提供劳务，以核算内部利润形成的利润中心，也就是人为地由某些成本中心转化而来的利润中心。利润中心的考评，主要是通过对比一定期间实现的利润和责任预算所确定的利润目标，剖析形成差异的原因和责任，进而对利润中心的经营得失和有关人员的功过作出全面评价。

2）利润中心考核指标

利润中心考核指标为利润。但由于成本计算方式不同，各利润中心利润指标的表现形式也不尽相同。

（1）当利润中心只计算可控成本时，采用的考核指标是利润中心贡献毛益总额。

利润中心贡献毛益总额=该利润中心销售收入总额-该利润中心可控成本总额

式中：可控成本总额包括该中心全部可控的变动成本和固定成本。

（2）当利润中心要计算共同成本时，采用的考核指标主要有利润中心贡献毛益总额、利润中心负责人可控利润总额、利润中心责任利润总额。

利润中心贡献毛益总额=该利润中心销售收入总额-该利润中心变动成本总额

利润中心负责人可控利润总额=该利润中心贡献毛益总额-该利润中心负责人可控固定成本

该式主要用于考核利润中心负责人的经营业绩。

利润中心责任利润总额=该利润中心负责人可控利润总额-该利润中心负责人不可控固定成本

该式主要用于评价和考核利润中心的业绩，表明利润中心补偿共同性固定成本后对公司利润总额的贡献。

公司利润总额=各利润中心可控利润总额之和-公司不可分摊的各种管理费用、财务费用等

业务窗 14-2

某公司的甲分公司为利润中心，其销售收入 500 000 元，产品变动成本和变动销售费用 240 000 元，该利润中心负责人可控固定成本 20 000 元，不可控而应由该中心负担的固定成本 70 000 元。计算该利润中心的利润考核指标。

利润中心贡献毛益总额=500 000-240 000=260 000（元）

利润中心负责人可控利润总额=260 000-20 000=240 000（元）

利润中心责任利润总额=240 000-70 000=170 000（元）

14. 3. 3　投资中心

1）投资中心概述

投资中心是指既要对成本、收入和利润负责，又要对投入的全部资金的使用效果负责的责任中心。投资中心的适用范围限于规模和经营管理权力较大的部门，如事业部、分公司、分厂等。因为需要对投资效果负责，投资中心应拥有充分的经营决策权和投资决策权。为了准确地计算各个投资中心的投资效果，投资中心之间的现金、存货等资产调剂使用应计息清偿，各投资中心的共同成本应按照适当的标准分配，共同使用的资产也应划分清楚。

投资中心是最高层次的责任中心，具有最大的决策权，也承担最大的责任。投资中心的管理特征是较高程度的分权管理。在组织形式上，成本中心一般不是独立法人，利润中心可以是也可以不是独立法人，而投资中心一般应当是独立法人。由于独立性较强，投资中心一般应直接向公司的总经理或董事会负责，并享有投资权和较充分的经营权，而不受过多干预。

2）投资中心考核指标

对投资中心的考评，不仅要用成本指标、利润指标，而且还要重点应用投资报酬率和剩余收益两项指标。

（1）投资报酬率又称投资利润率，是指投资中心所获得的利润与投资额之间的比率。它是被广泛采用的评价投资中心业绩的指标。其计算公式如下：

$$\text{投资报酬率}=\frac{\text{利润}}{\text{投资额}}$$

式中：利润是营业利润或净利润；投资额是投资中心的净资产。

以上公式可以进一步展开：

$$\begin{aligned}\text{投资报酬率}&=\frac{\text{销售收入}}{\text{投资额}}\times\frac{\text{成本费用}}{\text{销售收入}}\times\frac{\text{利润}}{\text{成本费用}}\\&=\text{资本周转率}\times\text{销售成本率}\times\text{成本利润率}\end{aligned}$$

（2）剩余收益，是指投资中心所获得的利润减去其投资额（或占有的营业资产）按预期最低报酬率（资金成本）计算的收益后的余额。由于一些共同费用无法为投资中心所控制，上述投资利润率的计量不全是投资中心所能控制的，为克服此缺陷，应采用剩余收益作为评价指标。剩余收益指标可以用来全面评价、考核投资中心的经营成果，同时可防止各个投资中心的本位主义。用剩余收益指标来考核，投资中心就不会拒绝对整个公司有利的投资项目，也不会接受对整个公司不利的投资项目，而会从整体目标出发，使各投资中心的目标和整个公司的总目标趋于一致。其计算公式如下：

剩余收益=利润-投资额×预期最低报酬率

式中：预期最低报酬率通常指整个公司各投资中心的加权平均报酬率，或者是公司为各投资中心所规定的预期投资报酬率。

业务窗 14-3

保华公司下设甲、乙两个投资中心。该公司加权平均资金利润率为10%，现准备追加投资200万元给甲或乙：如追加投资给甲，各投资中心投资利润率不变；如追加投资给乙，会使乙的投资利润率下降至17.5%。计算分析能使投资中心获利目标与公司总获利目标一致的追加方案。

计算结果见表14-1。

表14-1 **投资中心追加投资效益分析表** 金额单位：万元

项目		投资额	利润	投资利润率	剩余收益
追加投资前	甲	400	24	6%	24-400×10%=-16
	乙	600	108	18%	108-600×10%=+48
	合计	1 000	132	13.2%	132-1 000×10%=32
追加投资给甲	甲	600	36	6%	36-600×10%=-24
	乙	600	108	18%	108-600×10%=+48
	合计	1 200	144	12%	144-1 200×10%=24
追加投资给乙	甲	400	24	6%	24-400×10%=-16
	乙	800	140	17.5%	140-800×10%=+60
	合计	1 200	164	13.7%	164-1 200×10%=44

根据表14-1分析如下：从表面上和单个投资中心来看应追加投资给甲，因为追加投资给乙会使它的投资利润率下降0.5%（18%-17.5%）；从剩余收益上看应追加投资给乙，因为追加投资给乙的公司整体剩余收益比追加投资给甲的公司整体剩余收益多20万元（44-24）；从公司的平均利润率来看也应追加投资给乙，因为追加投资给乙的平均利润率比追加投资给甲的平均利润率高1.7%（13.7%-12%）。可见，能使投资中心获利目标与公司总获利目标一致的方案是追加投资给乙投资中心。

以剩余收益作为评价指标，可以保持各投资中心获利目标与公司的总获利目标一致。

14.4　责任预算

14.4.1　责任预算的概念

责任预算是指就公司的财务预算或总预算按各责任中心不同的责任范围重新编制的一种预算。这种预算明确了各责任中心所应完成的预算任务和应控制的事项，可与公司的一般总预算并存。由于各责任中心的职责不同，责任预算的编制方法也各不相同。成本中心的预算是成本或费用的预算。利润中心的预算除了成本预算以外，还有销售收入预算和利润预算。投资中心的预算，在利润中心预算的基础上，还有资金的预算。因此，编制责任预算可采用灵活的方法，而不必按照财务制度的规定进行。虽然责任预算可以采用和总预算不同的编制方法，但其最终目的仍然是保证公司总预算的实现。

14.4.2　责任预算的编制

1）责任预算的编制方法

（1）自上而下、层层分解指标的责任预算编制方法。它是一种常用的预算编制程序，具体做法是：以责任中心为主体，将公司总预算在各责任中心之间层层分解，形成各责任中心的预算。其实质是由上而下实现公司总预算目标。其优点是便于统一指挥和调度；不足之处是可能遏制责任中心的积极性和创造性。

（2）由下而上、层层汇总协调的责任预算编制方法。其具体做法是：各责任中心自行列示自己的预算指标并层层汇总，最后由公司专门机构或人员进行汇总和调整，确定公司总预算。其实质是由下而上实现公司总预算的目标。其优点是有利于发挥各责任中心的积极性；不足之处是各责任中心只注意本中心的具体情况或多从自身利益角度考虑，以致冲击公司的总体目标，而且层层汇总协调的工作量大且协调难度也大，影响预算质量和编制时效。

2）责任预算编制原理举例

业务窗 14-4

得宝公司下设电器和空调两个分公司，各分公司均下设销售部、制造部和行政部。假设该公司采取自上而下的责任预算编制方法，有关资料见表 14-2 至表 14-4。为该公司编制总公司、电器分公司及其内部各责任中心的 2014 年度责任预算。

第一层责任预算——总公司，见表 14-2。

表 14-2　**得宝公司责任预算表**

2014 年度　单位：万元

责任中心	项目	责任预算	责任人
利润中心：电器分公司	营业利润	4 000	分公司经理
利润中心：空调分公司	营业利润	3 000	分公司经理
合计		7 000	总公司经理

第二层责任预算——分公司，见表 14-3。

表 14-3 **电器分公司责任预算表**

2014 年度 单位：万元

责任中心	项目	责任预算	责任人
成本中心	制造部	3 800	制造部经理
	行政部	600	行政部经理
	销售部	800	销售部经理
	合计	5 200	分公司经理
利润中心	销售部收入	9 200	销售部经理
	营业利润	4 000	分公司经理

第三层责任预算——分公司内部，见表 14-4。

表 14-4 **电器分公司内部各责任中心责任预算表**

2014 年度 单位：万元

责任中心	项目		责任预算	责任人
利润中心	北部片区		1 500	片区经理 A
	南部片区		1 300	片区经理 B
	东部片区		600	片区经理 C
	西部片区		600	片区经理 D
	合计		4 000	销售部经理
成本中心	一车间	变动成本		车间负责人
		直接材料	1 000	
		直接人工	600	
		制造费用	200	
		固定成本	200	
		小计	2 000	
	二车间	…	1 800	车间负责人
	…	…	…	
	合计		3 800	制造部经理
	行政管理费		1 400	行政部经理
	总计		5 200	分公司经理

可见，不同层次预算数据之间存在着内在的勾稽关系。随着预算数据的逐级分解，预算责任中心的层次越来越低，预算项目越来越具体。这意味着公司总预算被分解到了具体的项目上，真正落实到具体的责任单位或个人，使预算的实现有了可靠的保证。

14.5 责任核算

14.5.1 责任核算的含义

责任核算是指对责任中心的责任指标和责任预算完成情况的核算。

责任核算方法与会计核算的原理基本相同。但是不同类型的责任中心有不同的责任指标和责任预算，因此其责任核算的具体方法也不相同：既可以设置账册进行日常登记，到月底汇总计算指标完成情况，也可以只在月底直接根据原始资料汇总计算指标完成情况；既可以在财务会计核算的基础上按责任进行调整，也可以自成体系单独核算。

责任核算的内容主要有：制定内部转移价格；确定内部结算方式；进行责任转账；编制责任报告；进行业绩考核。

14.5.2　内部转移价格

1）内部转移价格的含义

内部转移价格又称内部结算价格、内部转让价格，是指各责任中心之间相互提供产品和劳务，进行结算时所选用的计价标准。制定内部转移价格，便于管理当局明确各责任中心的经济责任，借以充分调动各责任中心的积极性，并使各责任中心的业绩考评建立在客观、公正和可比的基础上，进而为公司的决策提供重要的信息。因此，公司必须特别审慎、合理地制定内部转移价格。

制定内部转移价格，通常要遵循两条原则：一是凡成本中心间提供产品或劳务，以及有关成本中心的责任成本转账，一般应以成本（通常指标准成本或预计分配率）作为内部转移价格；二是凡公司内部产品或劳务的转移涉及利润中心或投资中心，则应尽可能采用市场价格作为制定内部转移价格的基础。此外还可选用协商价格、双重价格、成本加成或其他标准。

2）内部转移价格的类型

（1）市场价格或称市价，是指根据产品或劳务的市场供应价格制定的作为公司内部结算计价基础的价格标准。市价比较客观，对买卖双方均无偏袒，而且特别能促使卖方努力改善经营管理，不断降低成本。同时，市价也最能体现责任中心的基本要求。在公司内部引进市场机制，能造成一种竞争的气氛，使各个利润中心都独立经营，相互竞争，最终通过利润指标来评价和考核经营成果。如果内部转移价格确能反映真正的市场情况，那么，利润中心的税前净利就能作为评价其经营成果的依据。所以，市价是制定内部转移价格的最好依据。但以市价作为计价标准也有一定的局限性：内部转让的产品或劳务往往是专门生产的，或具有特定的规格，要找到可作为准绳的参考市价就有相当的难度。

（2）协商价格或称议价，是指结算双方以正常的市价为基础，协商确定的一个双方均愿接受的价格标准。一般情况下，协商价要比市价稍低一些，因为内部转移价格所含的销售和管理费通常低于市价，且内部转移的数量一般较大，单位成本本身则相对较低，因而议价只需略高于单位变动成本。在产品或劳务没有市价的情况下，只能采用协商价格作为内部转移价格。在产品或劳务有市价的情况下，市价一般只作为内部转移价格的参考上限，具体价格由买卖双方商定。

（3）双重价格，是指在责任中心间的结算中，买卖双方分别采用不同的转让价格作为计价基础的价格标准。因为内部转移价格主要是用于评价公司内部各责任中心的业绩，故买卖双方所采用的转移价格并不需要完全一致，而是可分别选用对自己最有利的价格作为计价基础。双重价格通常有两种形式：一是双重市场价格，当某种产品或劳务在市场上出现不同价格时，买方采用最低的市价，卖方则采用最高的市价；二是双重内部转移价格，即卖方按市价或议价计价，而买方则按卖方的单位变动成本计价。使用双重价格可以较好地满足买卖双方的不同需要，同时也可激励双方在生产经营方面充分发挥主动性和积极性。

(4) 成本加成，是指在没有正常市价的情况下，结算双方在产品或劳务的全部成本基础上加上合理的利润作为计价基础的价格标准。成本加成通常有两种形式：一是实际成本加成，即根据产品或劳务的实际成本加上一定的合理利润确定的计价基础。它能保证卖方有利可得，因而更有积极性，但因使买方承担全部经济责任而削弱双方降低成本的责任感，同时加成利润率的确定有很大的主观随意性，会影响对双方业绩的正确评价。二是标准成本加成，即根据产品或劳务的标准成本加上一定的合理利润确定的计价基础。它的优点是能分清卖方与买方单位的经济责任，但也难免存在确定加成利润率的主观随意性。

14.5.3 内部结算方式

公司各责任中心之间的经济业务往来，需要按照一定的方式，通过内部银行进行结算。内部银行是指将社会银行的基本职能与管理方法引入公司内部管理而建立的一种内部管理机构。内部结算方式通常有内部支票结算、转账通知单、内部货币结算三种。

1）内部支票结算方式

内部支票结算方式是指由付款一方签发内部支票，通知内部银行从其账户中支付款项的结算方式。其原理与银行支票结算相同。内部支票结算方式主要适用于收、付款双方直接见面进行往来的经济业务结算，可使收付双方责任明确，当场钱货两讫。

2）转账通知单方式

转账通知单方式是指由收款一方根据有关原始凭证或业务活动证明签发转账通知单，通知内部银行将转账通知单转给付款一方，让其付款的一种结算方式。这种结算方式适用于质量与价格较稳定的经常性往来业务，手续简便，结算及时，但因转账通知单是单向发出指令，付款一方若有异议，可能拒付，需要交涉。

3）内部货币结算方式

内部货币结算方式是指使用内部银行发行的限于公司内部流通的货币（包括内部货币、资金本票、流通券、资金券等）进行内部往来结算的一种方式。这是一种典型的一手钱一手货的结算方式，比内部支票结算方式更为直观，可强化各责任中心的价值观念、核算观念、经济责任观念，但存在携带不便、清点麻烦、保管困难的缺点。

一般情况下，小额零星往来业务以内部货币结算，大宗业务以内部支票结算。

14.5.4 责任转账

责任转账又称责任成本的内部结转，是指对于生产经营过程中因不同原因造成的各种经济损失由承担损失的责任中心对实际发生或发现损失的责任中心进行损失赔偿的账务处理过程。其目的是划清各责任中心的成本责任，使不应承担损失的责任中心在经济上得到合理补偿。例如，因供应部门购入不合格的材料造成生产车间多耗材料而导致的成本增加或损失，应由生产车间成本中心转给供应部门成本中心负担。

责任转账有直接的货币结算和内部银行转账两种方式。前者是以内部货币直接支付给损失方，后者只是在内部银行所设立的账户之间划转。

14.5.5 责任报告

责任报告又称业绩报告、绩效报告，是指根据责任会计记录编制的反映责任预算实际执行情况，揭示责任预算与执行结果差异的内部会计报告。它是对责任预算执行情况的系统反映，对比实际完成情况同预算目标来评价和考核各责任中心的工作成果。公司应依据责任报告来评价和考核责任中心的业绩。责任报告的形式主要有报表、数据分析和文字说明等。

14.5.6　业绩考核

业绩考核是指以责任报告为依据，分析、评价各责任中心责任预算的实际执行情况，找出差距，查明原因，进而考核各责任中心工作成果，实施奖罚，促使各责任中心积极纠正行为偏差，完成责任预算的过程。业绩考核应根据不同责任中心的特点进行。

1）成本中心业绩考核

成本中心没有收入来源，只对成本负责，因而也只考核其责任成本。成本中心业绩考核是以责任报告为依据，将实际成本与预算成本或责任成本相比较，确定两者差异的性质、数额及形成原因，并据以对各成本中心进行奖罚，以督促成本中心努力降低成本。

2）利润中心业绩考核

利润中心既对成本负责，又对收入及利润负责，考核时应以销售收入、贡献毛益和息税前利润为重点进行分析评价，特别是应通过对比一定期间实际利润与预算利润，找出差异，分析成因，明确责任，进而正确评价责任中心的经营得失和有关人员的功过，以便奖罚分明。

3）投资中心业绩考核

投资中心不仅要对成本、收入和利润负责，还要对投资效果负责，除收入、成本和利润指标外，应重点考核投资利润率和剩余收益两项指标。投资中心是最高一级的责任中心，业绩考核的内容或指标涉及各个方面，是一种较为全面的考核。考核时通过将实际数与预算数相比较，找出差异，分析原因和性质，并据以进行奖罚。

知识窗　**成本控制先进经验**

我国企业经过多年的探索与实践，建立了许多成功的成本控制模式。

邯钢模式：在企业内部实行“模拟市场，成本否决”，具体是以市场价格为主要参照系，核定内部核算价，层层分解，实行成本管理责任制，并与奖惩挂钩，实行成本否决。

美菱模式：把个人岗位目标与合同目标相结合，能用价值衡量的用价值衡量，做到人人参与成本控制，个个追求经济效益，推行内部核算，实现成本目标。

武钢模式：以市场为导向，以技术、产品、管理体制创新为依据，以全面、全过程、全方位成本管理为内容，通过责权有效结合的管理方式来达到成本控制目的。

亚星模式：购销比价管理，在满足本企业质量需求的前提下实现低成本采购，在满足用户质量需求的前提下争取较高价销售。通俗地讲，就是“买得贱，卖得贵，中间环节不浪费”。亚星模式堵住了购销环节的漏洞，节约了资金支出，提高了企业的经济效益，也使良好的经营作风在企业得以树立，使管理得到加强。

资料来源　http：//wiki. mbalib. com/wiki/% E8% B4% A2% E5% 8A% A1% E6% 8E% A7% E5% 88% B6.

课堂思考　**丰田财务成本控制失败**

2009 年 11 月至 2010 年 3 月，丰田汽车公司（简称“丰田”）因车辆脚垫和油门踏板出现质量问题而引发的“召回门”事件令全球一片哗然。丰田汽车召回并不是一次偶然事件，从 2001 年开始丰田就曾进行过多次召回，仅 2006 年上半年在日本市场就发生了 5

次召回，2007 年在中国召回的次数与数量都超过了其他的整车制造商。深究下去，“召回门”的灾难竟然在其引以为傲的成本管理，昨天的成功举措变成了今天的掘墓机，就更加令人唏嘘。

随着经济的变迁，美日汽车几乎同时陷入成本泥潭。因为难以解决成本高企的难关，美国的三大汽车公司连年巨亏不止，并在金融危机期间被收购或者国有化。日本汽车则有所不同，“成本杀手”让日系企业不仅走出经营困境，还在美国汽车衰落之际，攻城拔寨。丰田从 1938 年 JIT 的实施、2000 年 CCC21 计划的实施，到 2005 年 VI 活动的举行，形成了包括实时协同设计、协商采购共节省、消除七大浪费、共用通用平台、价值创新计划和细节控制等一整套较全面的成本控制模式，使丰田 2007 年的产量达到 853 万台，2008 年汽车全球销量居首位。另外，VI 活动每年还为丰田节省逾 2 000 亿日元（约 20 亿美元）的生产成本。

但是让丰田汽车风光无限的绝招“降低成本”却是一把双刃剑，在将其推向风光无限的高峰的同时，也为其掘好了墓穴。因为国内制造成本高企，为了降低成本，丰田被迫选择全球化的供应体系，这极大地增加了成本控制的难度，这次召回门的直接问题零件油门踏板就是印度生产的；为了“拧干毛巾上的最后一滴水”，过于地强调成本降低，在逐层下达中更加偏执，挫伤了基层的积极性和活力，并导致对质量的忽视。千里长堤，终因密布的蚁穴而溃。

资料来源：胡国强，邓博夫．基于成本领先战略视角透视丰田召回事件［J］．财务与会计：理财版，2010（11）．

思考：丰田财务成本控制失败的启示。

温故知新

【本章小结】

财务控制是按照一定程序和方式确保公司及内部机构和人员全面落实财务预算、实现财务目标的过程。为适应内部管理要求，公司可在内部建立若干责任中心，对其所分工负责的经济活动进行规划、核算、控制和考核。责任中心是为有效地进行内部控制而对公司逐级划分的责任范围，依控制区域权责范围的大小分为成本中心、利润中心和投资中心。内部转移价格的应用使管理层可以明确各责任中心的经济责任，使业绩考评基础客观、公正、可比。

【关键点】

概念：财务控制　责任会计　成本中心　内部转移价格

观念：财务控制的特征和种类　责任会计的基本职能　责任中心的类型　投资中心的考核指标

【理解与应用】

1）选择题

（1）具有独立或相对独立的收入和生产经营决策权，并对成本、收入和利润负责的责任中心是（　　）。

A. 成本中心　　B. 利润中心　　C. 投资中心　　D. 财会中心

（2）下列各项中，揭示自然利润中心特征的表述包括（　　）。

A. 直接面对市场　　B. 具有部分经营权

C. 通常只计算可控成本　　D. 对外销售产品而取得收入

（3）投资利润率可以进一步分解为（　　）之积。

A. 资本周转率　　B. 销售成本率　　C. 贡献毛益率　　D. 成本费用利润率

（4）责任中心之间进行内部结算和责任成本结转所使用的内部转移价格包括（　　）。

A. 市场价格　　B. 协商价格　　C. 双重价格　　D. 成本价格

2）问答题

（1）建立责任会计的目的是什么？

（2）可控成本通常应符合哪些条件？

（3）为什么说剩余收益指标可以用来全面评价投资中心的经营成果？

（4）为什么要编制责任预算？

3）技能题

计算并填列表 14-5 中用字母表示的项目。

表 14-5　　**资料表**　　金额单位：元

投资中心	甲	乙	丙	丁
销售收入	500 000	(F)	450 000	—
销售成本费用	480 000	(G)	(K)	—
利润	(A)	(H)	22 500	—
净资产平均占用额	(B)	100 000	90 000	—
资本周转率	(C)	3	(L)	4
销售成本率	(D)	(I)	(M)	80%
成本费用利润率	(E)	(J)	(N)	(P)
投资利润率	10%	24%	(O)	16%

4）案例分析

（1）3 个不相关公司的有关资料见表 14-6。分别计算各公司的剩余收益；说明如果现有一项可带来 11% 报酬率的投资机会，这些公司是否愿意进行投资。

表 14-6　　**资料表**　　金额单位：元

项目	A 公司	B 公司	C 公司
利润	36 000	840	4 000
净资产平均占用额	300 000	7 000	80 000
股东权益	250 000	6 000	65 000
规定的最低投资报酬率	10%	12%	8%

（2）某集团公司下设 A、B 两个投资中心。A 中心的投资额为 200 万元，投资利润率为 15%；B 中心的投资利润率为 17%，剩余收益为 8 万元；集团公司要求的平均投资利

润率为12%。集团公司决定追加投资100万元，若投向A中心，每年增加利润20万元；若投向B中心，每年增加利润15万元。计算下列指标：追加投资前A中心的剩余收益；追加投资前B中心的投资额；追加投资前集团公司的投资利润率；A中心接受追加投资后的剩余收益；A中心接受追加投资后的投资利润率。

技能强化实训

实训目的

基本能力点：责任中心考核指标的计算方法。

能力拓展点：责任中心的业绩评价和考核。

实训课题

体会财务控制的必要性和执行难度。

实训组织

实训地点：某公司。

实训内容：了解该公司的财务控制制度及其执行情况。

实训成果：调研报告。

自我评价：百分制。

下章预习要点

概念：财务分析　因素分析法　杜邦体系　沃尔分析法

观念：财务分析主体　比较分析法的适用范围　偿债能力分析指标体系　盈利能力分析指标体系

第 15 章

理财分析基础：财务分析

学习目标

知识目标：掌握财务分析基本方法，掌握财务指标分析和杜邦分析体系的概念与基本内容；了解沃尔分析法的主要指标和评价方法。

技能目标：掌握偿债能力、营运能力、盈利能力的分析指标，以及杜邦分析体系的计算和评价方法。

能力目标：能运用财务指标对企业的财务状况进行分析和评价，为改进公司理财工作和优化经济决策提供财务信息。

理念导引

财务分析的起源与发展

西方国家的财务分析开始于银行资本家对企业进行的信用调查工作，这是发放贷款的银行把财务报表分析作为调查接受贷款企业经营稳定性（信用程度）的一种技术手段。托马斯·乌都洛克于1900年出版《铁道财务诸表分析》，对财务会计报表分析的一系列基本概念问题进行了较系统的研究。后来，亚历山大·乌尔撰写出版的《比率分析体系》、诺维·贝尔发表的《损益分析图表》及斯铁芬·古尔发表的《趋势分析》等一系列著作进一步丰富和发展了财务报表分析的理论与方法，并标志“财务报表分析”成为一门相对独立的学科。

20世纪30年代世界经济危机爆发使资本家认识到，仅仅注重从外界筹集资金扩大生产规模不能在竞争中求得长久的生存和发展，必须重视内部的资金管理，企业内部财务报表分析开始逐渐得到重视。经济学家们分析企业发展建设越快，盈利能力越强，反而破产倒闭风险越大的“黑色倒闭”现象后认识到：企业不仅要追求更高的盈利能力，还必须维持足够的偿债能力。于是，盈利能力与偿债能力的综合分析开始在企业内部盛行起来，极大地丰富与发展了财务分析的理论与方法。随着社会生产实践活动内容的日益丰富，财务报表分析由金融机构在发放贷款时只用以作为观察借款企业偿还能力的手段，发展到投资单位或个人在股份投资时作为确认其是否有利的手段。于是，财务报表分析由信用分析阶段进入投资分析阶段，其主要任务从稳定性分析过渡到收益性分析。

资料来源　佚名．财务分析的起源与发展［N/OL］．［2009-09-23］．sz-lunwen的博客，http：//blog. 163. com/ sz-lunwen/blog/static/1285870212009823621413 77/.

讨论：财务分析的目的。

15.1　财务分析概述

15.1.1　财务分析的含义

财务分析是以公司财务报告反映的财务指标为主要依据，对公司的财务状况和经营成果进行评价和剖析，以反映公司在运营过程中的利弊得失、财务状况及发展趋势，为改进公司理财工作和优化经济决策提供重要的财务信息。财务分析既是已完成的财务活动的总结，又是财务预测的前提，在理财循环中起着承上启下的作用。

15.1.2　财务分析的内容

从公司总体来看，财务分析主要有五个方面的内容：①偿债能力分析；②管理能力分析；③盈利能力分析；④社会贡献能力分析；⑤上市公司财务指标分析。其中偿债能力是实现财务目标的稳健保证，管理能力是实现财务目标的物质基础，盈利能力和社会贡献能力是前两者共同作用的结果，同时也对其他能力的增强起着推动作用，上市公司财务指标分析是对上市公司的市场价值进行评价。这五个方面相辅相成，共同构成公司财务分析的基本内容。

15.1.3　财务分析的主体

财务分析的主体主要是公司所有者、公司债权人、公司经营决策者和政府经济管理机构。

公司所有者（或股东），作为投资人更关心资本的保值和增值状况，因而对公司的投资回报率极为关注。一般投资者更希望公司提高股息、红利发放率；拥有公司控制权的投资者则更多地考虑如何降低财务风险，追求长期利益的持续、稳定增长。

债权人不能分享公司剩余收益，因而首先关注其投资的安全性。债权人最关心的是公司是否有足够的支付能力，以保证其债权本息能够及时、足额地得以偿还。

为满足不同利益主体的需要，协调各方面的利益关系，公司经营者必须详尽掌握公司的营运能力、偿债能力、盈利能力等信息，以便及时发现问题，采取对策，挖掘潜力，保证经济效益的持续稳定增长。

为有效组织和调整社会资金资源的配置，政府必须考核公司的经营状况，了解公司的资金使用效率，预测各项税收的增长情况。同时，政府还要借助财务分析，检查国有公司是否存在违法违纪问题，并评价公司的发展后劲及社会贡献。

财务分析的不同主体有着不同的经济利益倾向，这种差异决定了对公司的财务分析必然存在共同要求下的不同侧重点，但都必须从财务分析的五个方面展开。

15.2　财务分析的基本方法

15.2.1　对比分析法

对比分析法又称对比法或比较法，是指对两个或两个以上有内在联系的可比指标进行比较，据以分析事物之间的联系和差别的方法，常用于预算（计划）执行情况分析、动态对比分析、结构对比分析、类比分析。

预算（计划）执行情况分析包括期末预算执行结果分析、期中预算执行进度分析和计划预计完成情况分析等。动态对比分析是将某一事物的报告期水平与基期水平相对比，计算出动态相对指标，分析研究公司生产经营变化的动态、趋势和规律，以正确指挥和组织生产。结构对比分析是计算事物各个组成部分在全体中所占的比重，求出结构相对指标，分析事物内部的构成及其在不同时期的变化，以掌握事物的特点，了解事物性质发展的趋势。类比分析是就同一时期某一类现象在不同地区、单位之间进行对比分析，旨在发现先进，找出差距，及时采取措施攻克薄弱环节。

应用对比分析法，要注意指标的可比性。常用的基本公式主要有：

$$差异额=实际指标-标准指标$$

$$比率=\frac{实际指标}{标准指标}\times 100\%$$

$$差异率=\frac{实际指标-标准指标}{标准指标}\times 100\%=\frac{差异额}{标准指标}\times 100\%$$

在具体分析中，公式中的标准指标应视不同的分析目的加以选择。

15.2.2 因素分析法

因素分析法，是指根据经济指标所包含的内在因素找出经济指标增减变动原因的各种分析方法的总称。运用因素分析法，首先应当根据分析的需要将经济指标按照其固有的因素关系分解成若干因素，然后计算确定各因素变动对指标差异影响的份额。在进行因素分析时要区分主观原因与客观原因、内部原因与外部原因、主要原因与次要原因，以便抓住主要矛盾，分清经济责任，针对原因采取相应的改进措施。

主要的因素分析法是连环替代法和差额分析法。

1）连环替代法

连环替代法又称连环代替法、连锁置换法、连锁替代法，是指依据经济指标各组成因素之间的内在关系，依次逐一替代指标中各因素的基础数，连环确定各因素变动对经济指标影响程度的一种分析方法。

连环替代法的分析程序如下：

（1）将某项经济指标按分析目的分解成若干因素，并按替代顺序排列。确定替代顺序的基本原则一般是：先替代数量因素，后替代质量因素；先替代基本因素，后替代从属因素；先替代量的因素，后替代价的因素；先分析总额因素，后分析结构因素。此外，还要考虑分析的目的是解决什么问题，如果是为了挖掘公司内部潜力，可把内部因素放在前面先分析。

（2）按事前确定的因素替代顺序依次逐一替换基础数，求出各因素变动后的指标数值。

（3）将某因素变动后的指标值与其变动前的指标值相比较，确定各因素变动对指标变动的影响程度。

假定某经济指标由 3 个因素的乘积组成，各因素的计划数依次是 a、b、c，实际数依次是 A、B、C，计划指标值为 e，实际数依次替代的值分别为 E_1、E_2，实际指标值为 E，则运用连环替代法分析各因素变动对指标变动影响程度的计算过程和结果见表 15-1。

运用连环替代法进行分析的关键是正确确定指标中各因素的替代顺序，不同的替代顺序可能导致不同的结论。

表 15-1 **计算表**

指标	连环替代	差异额影响	差异原因
计划指标	①a×b×c	—	—
第 1 次替代	②A×b×c	②-①	A 因素变动影响
第 2 次替代	③A×B×c	③-②	B 因素变动影响
第 3 次替代（实际指标）	④A×B×C	④-③	C 因素变动影响
合计		④-①	实际与计划总差异

2）差额分析法

差额分析法又称差额计算法，即连环替代法的简化形式，是指在连环替代分析过程中直接利用各因素变动差额来计算确定各因素变动对经济指标变动影响程度的一种方法。运用差额分析法分析依然要遵循连环替代法的替代顺序和分析规则，只是分析哪个因素就将哪个因素的变动差额代入公式计算即可。

沿用上述假设，运用差额分析法计算各因素变动对指标影响的过程见表 15-2。

表 15-2 **计算表**

指标	差额替代	影响差异原因
计划指标	①a×b×c	—
第 1 次替代	②（A-a）×b×c	A 因素变动影响
第 2 次替代	③A×（B-b）×c	B 因素变动影响
第 3 次替代（实际指标）	④A×B×（C-c）	C 因素变动影响
合计	④-①	实际与计划总差异

业务窗 15-1

某公司 2 月份某种材料费用的实际数是 13 860 元，而计划数是 12 000 元，实际比计划增加 1 860 元，有关资料见表 15-3。运用差额分析法计算分析各因素的影响程度。

表 15-3 **某公司有关资料表**

项目	单位	计划数	实际数	差异
产品产量	件	200	220	+20
单位产品耗量	千克	10	9	-1
材料单价	元	6	7	+1
材料费用总额	元	12 000	13 860	+1 860

因素排序为：产量、单耗、单价。

产量增加对材料费用的影响=（220-200）×10×6=1 200（元）

材料单耗节约对材料费用的影响=220×（9-10）×6=-1 320（元）

单价增加对材料费用的影响=220×9×（7-6）=1 980（元）

15.3　财务指标分析

财务指标分析，是指对主要财务指标进行计算比较，据以分析差异原因并提出改进措施的过程。财务指标分析主要包括偿债能力分析、管理能力分析、盈利能力分析和社会贡献能力分析，以及上市公司财务指标分析。

15.3.1　偿债能力分析

偿债能力是指公司偿还到期债务（包括本息）的能力。偿债能力分析包括短期偿债能力分析和长期偿债能力分析。

1）短期偿债能力分析

短期偿债能力是指公司流动资产对流动负债及时足额偿还的保证程度，是衡量公司当前财务能力，特别是流动资产变现能力的重要标志。短期偿债能力分析主要利用流动比率、速动比率和现金比率三项指标。

（1）流动比率，是流动资产与流动负债的比率，表明公司每一元流动负债有多少流动资产作为偿还的保证，反映公司可在短期内用流动资产变现以偿还到期流动负债的能力。

流动比率的计算公式为：

$$流动比率=\frac{流动资产}{流动负债}$$

通常情况下，流动比率越高，反映公司短期偿债能力越强，债权人的权益越有保证。

但流动比率也不宜过高。过高的流动比率表明公司流动资产占用较多、资金的使用效率低，会影响公司的筹资成本，进而影响公司的获利能力。过低的流动比率则表示公司可能难以如期偿还债务。一般认为流动比率以 2∶1 为宜，该比率表明公司财务状况稳定可靠。

运用流动比率时，必须注意以下几个问题：

第一，一般来说，流动比率越高，公司偿还短期债务的流动资产保证程度越强，但这并不等于说公司已有足够的现金或存款可用来偿债，因为流动比率高也有可能是存货积压、应收账款增多，以及待处理财产损失增加所致。

第二，短期债权人希望流动比率越高越好，公司经营者则希望尽量减少流动资金，降低流动比率，因此公司应尽可能将流动比率维持在不使货币资金闲置的水平上。

第三，不同性质和类型的公司以及同一公司在不同时期对该指标的评价标准都是不同的，因此应适应客观情况调整评价标准，而不是始终用一个标准来评价。

第四，在分析流动比率时应当剔除一些虚假因素的影响。

业务窗 15-2

根据表 15-4 的资料计算华中公司的流动比率。

年初流动比率＝10 650÷5 100≈2.09

年末流动比率＝12 075÷6 000≈2.01

2013 年年初、年末流动比率均超过一般标准，反映该公司具有较强的短期偿债能力。

表 15-4 **华中公司简易资产负债表**

2013 年 12 月 31 日 单位：万元

资产	年初数	年末数	负债和所有者权益	年初数	年末数
流动资产			流动负债		
货币资金	1 200	1 350	交易性金融负债	3 000	3 450
交易性金融资产	1 500	750	应付账款	1 500	1 800
应收账款	1 800	1 950	预收款项	450	600
预付款项	60	105	其他应付款	150	150
存货	6 000	7 800	流动负债合计	5 100	6 000
其他流动资产	90	120	非流动负债		
流动资产合计	10 650	12 075	长期借款	3 000	3 750
非流动资产			非流动负债合计	3 000	3 750
长期股权投资	600	600	负债合计	8 100	9 750
…	0	0	所有者权益		
固定资产	18 000	21 000	实收资本	10 000	10 000
无形资产	750	825	资本公积	8 650	8 000
…	0	0	盈余公积	1 450	2 400
…	0	0	未分配利润	1 800	4 350
非流动资产合计	19 350	22 425	所有者权益合计	21 900	24 750
资产总计	30 000	34 500	负债和所有者权益总计	30 000	34 500

（2）速动比率，是指公司速动资产与流动负债的比率。速动资产是指流动资产减去变现能力较差且不稳定的存货、待处理流动资产损失等项目后的余额。速动比率能够更加准确、可靠地评价公司资产的流动性及偿还短期负债的能力。速动比率不宜过高或过低：过高表明尽管债务偿还的安全性很高，但现金及应收账款资金占用过多，增加公司的机会成本；过低则表明公司面临很大的偿债风险。一般认为速动比率以 1 : 1 为宜。当然，如果企业的存货流转速度快，变现能力强，即使速动比率较低，只要流动比率高，企业仍有望偿还到期的债务。

速动比率的计算公式为：

$$速动比率=\frac{速动资产}{流动负债}$$

业务窗 15-3

根据表 15-4 的资料计算华中公司的速动比率。

年初速动比率 =（1 200+1 500+1 800+60）÷5 100≈0. 89

年末速动比率 =（1 350+750+1 950+105）÷6 000≈0. 69

该公司 2013 年年末的速动比率比年初有所降低，但均未达到一般公认标准。将流动比率与速动比率联系起来看，该公司流动资产中存货所占比重过大，公司的实际短期偿债能力并不理想，需采取措施加以扭转。

（3）现金比率，是指公司现金类资产与流动负债的比率。现金类资产包括公司所拥有的货币资金和持有的有价证券。它是速动资产扣除应收账款后的余额。由于应收账款存在着发生坏账损失的可能，以速动资产扣除应收账款后计算的现金比率最能反映公司直接偿付流动负债的能力。现金比率也不宜过高，因为这一比率过高意味着公司流动负债未能得到合理的运用，经常以获利能力低的现金类资产保持着，导致公司机会成本增加。现金比率没有一个可用来参考的标准值，只能根据公司的实际情况确定。其计算公式为：

$$现金比率=\frac{现金+有价证券}{流动负债}$$

业务窗 15-4

根据表 15-4 资料计算华中公司的现金比率。

年初现金比率 =（1 200+1 500）÷5 100≈0. 53

年末现金比率 =（1 350+750）÷6 000=0. 35

该公司 2013 年年初、年末的现金比率都比较高，但年末有些改进。这说明公司还需进一步有效地运用现金类资产，提高资金使用效益。

2）长期偿债能力分析

长期偿债能力指公司偿还长期负债的能力，主要评价指标为资产负债率、产权比率、利息保障倍数。

（1）资产负债率又称负债比率，是公司负债总额对资产总额的比率。它表明公司资产总额中，债权人提供资金所占的比重，以及公司资产对债权人权益的保障程度。该比率越小，表明公司的长期偿债能力越强。如果此项比率较大，说明公司所有者利用较少量的自有资金投资形成较大的生产经营规模，利用财务杠杆作用取得较多的投资利润。但此项比率如果过大，则表明公司的债务负担重，公司资金实力不强，可能对债权人不利，一旦经营状况不好公司有濒临倒闭的危险。

资产负债率的计算公式为：

$$资产负债率=\frac{负债总额}{资产总额}\times 100\%$$

需要注意的是，并非公司所有的资产都可以作为偿债的物质保证，待处理财产损失等就难以作为偿债的保证，而无形资产当中的商誉、商标、专利、非专利技术等能否用于偿债也存在极大的不确定性。因此，理财实务有时还可以计算稳健的资产负债率（又称有形资产负债率）。

稳健的资产负债率的计算公式为：

$$稳健的资产负债率=\frac{负债总额}{有形资产总额}\times 100\%$$

式中：有形资产总额=资产总额-无形资产-待摊费用-待处理财产损失

业务窗 15-5

根据表 15-4 的资料计算华中公司的资产负债率。

年初资产负债率 =8 100÷30 000×100% =27%

年末资产负债率 =9 750÷34 500×100% ≈28. 26%

该公司 2013 年年初、年末的资产负债率均不高，说明公司长期偿债能力较强，这样有助于增强债权人对公司出借资金的信心。

业务窗 15-6

根据表 15-4 的资料计算华中公司的有形资产负债率。

年初有形资产负债率=8 100÷（30 000-750-90）×100%≈28%

年末有形资产负债率=9 750÷（34 500-825-120）×100%≈29%

可见，有形资产负债率将公司偿付安全性的分析建立在更切实可靠的物质保障基础上。

（2）产权比率也称资本负债率，是指负债总额与所有者权益的比率，是公司财务结构稳健与否的重要标志。它反映公司所有者权益对债权人权益的保障程度。这一比率越低，表明公司的长期偿债能力越强，债权人权益的保障程度越高，承担的风险越小，但公司不能充分地发挥负债的财务杠杆效应。所以，公司在评价产权比率适度与否时，应从提高获利能力与增强偿债能力两个方面综合分析，即在保障债务偿还安全的前提下应尽可能提高产权比率。

产权比率的计算公式为：

$$产权比率=\frac{负债总额}{所有者权益总额}$$

同理，无形资产当中的商誉、商标、专利、非专利技术等能否用于保证偿债也存在极大的不确定性。所以，理财实务有时还可以计算稳健的产权比率（又称有形净值负债率）。

有形净值负债率的计算公式为：

$$有形净值负债率=\frac{负债总额}{所有者权益总额-无形资产}$$

业务窗 15-7

根据表 15-4 的资料计算华中公司的产权比率。

年初产权比率=8 100÷21 900≈0.37

年末产权比率=9 750÷24 750≈0.39

该公司 2013 年年初、年末的产权比率都不高，同资产负债率的计算分析结果相同，表明公司的长期偿债能力较强，对债权人的保障程度较高。

业务窗 15-8

根据表 15-4 的资料计算华中公司的有形净值负债率。

年初有形净值负债率=8 100÷（21 900-750）≈0.38

年末有形净值负债率=9 750÷（24 750-825）≈0.41

（3）利息保障倍数又称已获利息倍数，是指公司息税前利润与利息费用的比率。利息保障倍数表明一元债务利息有多少倍的息税前收益作保障，它不仅反映了公司获利能力的大小，而且反映了获利能力对偿还到期债务的保证程度，既是公司举债经营的前提和依据，也是衡量公司长期偿债能力大小的重要标志。利息保障倍数越高，表明公司长期偿债能力越强；利息保障倍数过小，表明公司面临亏损以及偿债安全性和稳定性下降的风险。一般情况下，利息保障倍数为 3 时较为恰当。从长期看，若要维持正常偿债能力，利息保障倍数至少应当大于 1。

利息保障倍数的计算公式为：

$$利息保障倍数=\frac{息税前利润}{债务利息}=\frac{净利润+利息费用+所得税费用}{债务利息}$$

式中：债务利息应包括财务费用中的利息和资本化的利息两部分。

业务窗 15-9

根据表 15-5 的资料计算华中公司的利息保障倍数。

2012 年利息保障倍数＝（4 500+1 500+300）÷300＝21（倍）

2013 年利息保障倍数＝（4 725+1 575+450）÷450＝15（倍）

可见，该公司两年的利息保障倍数都较高，表明有较强的偿付债务利息的能力。

表 15-5　　华中公司利润计算项目表

2013 年度　　单位：万元

项目	上年数	本年数
一、产品销售收入	27 000	30 000
减：产品销售成本	16 050	18 300
产品销售费用	2 430	2 850
产品销售税金及附加	1 620	1 800
二、产品销售利润	6 900	7 050
加：其他业务利润	900	1 500
减：管理费用	1 200	1 500
财务费用	300	450
三、营业利润	6 300	6 600
加：投资收益	450	450
营业外收入	150	225
减：营业外支出	900	975
四、利润总额	6 000	6 300
减：所得税费用（税率 25%）	1 500	1 575
五、净利润	4 500	4 725

15.3.2　管理能力分析

管理能力是指公司在劳动和资产管理方面提高效率的能力。评价公司管理能力的指标主要包括劳动效率和资产管理比率。

1）劳动效率分析

劳动效率，是指公司产品销售收入净额或净产值与平均员工人数的比率。其计算公式为：

$$劳动效率=\frac{产品销售收入净额}{平均员工人数}$$

对公司劳动效率进行考核评价主要采用比较法。例如，将实际劳动效率与本公司计划水平、历史先进水平或同行业平均先进水平等指标进行对比，确定其差异程度，分析造成差异的原因，以选择适宜的对策，进一步发掘提高人力资源劳动效率的潜能。

2）资产管理比率分析

资产管理比率，又称运营效率比率，是用来衡量公司资产管理效率的财务指标。

资产管理比率指标又包括营业周期、存货周转率、应收账款周转率、流动资产周转率和总资产周转率。

（1）营业周期。

营业周期，是指从取得存货开始到销售存货并收回现金的时间。营业周期的长短取决于存货周转天数和应收账款周转天数。一般情况下，营业周期短说明资金周转速度快；营业周期长说明资金周转速度慢。营业周期的计算公式为：

营业周期=存货周转天数+应收账款周转天数

（2）资金周转率。

资金周转率，包括周转次数和周转天数。其原理公式如下：

$$某资金周转次数=\frac{该项资金周转总额}{该项资金平均占用}$$

$$某资金周转天数=\frac{360}{该项资金周转次数}$$

或 $$某资金周转天数=\frac{360}{\frac{该项资金周转总额}{该项资金平均占用}}=\frac{该项资金平均占用\times360}{该项资金周转总额}$$

式中：周转总额为销售收入或销售成本；平均占用为某项资产期初余额与期末余额平均数；周期一般为一年。

①存货周转率，是衡量和评价公司一定时期内购入存货、投入生产、销售收回等各环节管理状况的综合性指标，包括存货周转天数和存货周转次数。存货在流动资产中所占的比重较大，存货的流动性将直接影响公司的流动比率，因此必须特别重视对存货的分析。

一般来讲，存货周转速度越快，存货的资金占用水平越低，流动性越强，存货转换为现金或应收账款的速度越快。提高存货周转率可以提高公司的变现能力，而存货周转速度越慢则变现能力越差。存货的流动性一般用存货的周转速度指标存货周转天数来反映。改资金周转率原理公式中的资金周转总额为销售成本，改资金平均占用为平均存货，即得到存货周转率的计算公式。

业务窗 15-10

根据表 15-4、表 15-5 的资料计算华中公司的存货周转天数。

存货平均余额=（6 000+7 800）÷2=6 900（万元）

存货周转次数=（18 300+2 850）÷6 900≈3.07（次）

存货周转天数=360÷3.07≈117（天）

或 存货周转天数=6 900×360÷（18 300+2 850）≈117（天）

假设该公司 2012 年存货周转次数为 3.2、存货周转天数为 113，则该公司 2013 年的存货周转率有所减缓，说明存货管理中存在一些问题，还需进一步分析解决。

存货周转率指标反映存货管理水平，不仅影响公司的短期偿债能力，也是整个公司管理的重要内容。公司管理者除了分析存货的批量因素、季节性生产变化等情况外，还应对存货结构及影响存货周转速度的重要项目进行分析，如分别计算原材料周转率、在产品周转率或某种存货的周转率（计算原理同上）。

②应收账款周转率，是反映公司一定时期内应收账款周转速度的指标，也就是年度内应收账款转为现金的平均次数或所需要的天数，说明应收账款的流动速度。应收账款在流动资产中居于举足轻重的地位，及时收回应收账款可以增强公司的短期偿债能力。应收账款周转率反映公司管理应收账款的效率。一般来说，应收账款周转率越高，平均收账期越短，说明应收账款收回越快。否则，公司营运资金会过多地停留在应收账款上，影响正常的资金周转。

影响应收账款周转率正确计算的因素有：季节性经营；大量使用分期付款结算方式；大量使用现金结算的销售；年末大量销售或年末销售大幅度下降。这些因素都会对该指标的计算结果产生较大影响。改资金周转率原理公式中的资金周转总额为销售收入，改资金平均占用为应收账款平均余额，即得到应收账款周转率的计算公式。销售收入数据来自利润表，是指扣除折扣和折让后的销售净额或赊销净额；应收账款数据来自资产负债表，是指未扣除坏账准备的应收账款平均余额。

业务窗 15-11

根据表 15-4、表 15-5 的资料计算华中公司 2013 年度的应收账款周转天数。

应收账款平均余额 =（1 800+1 950）÷2 = 1 875（万元）

应收账款周转次数 = 30 000÷1 875 = 16（次）

应收账款周转天数 = 360÷16 = 22.5（天）

假设该公司 2012 年应收账款周转次数为 15，应收账款周转天数为 24，则该公司 2013 年应收账款周转率有所加快，说明应收账款管理水平有所提高。

③流动资产周转率，是反映公司一定时期内流动资产周转速度的指标。加快流动资产周转速度会相对节约流动资产，等于相对扩大资产投入，增强公司盈利能力；而延缓流动资产周转速度，意味着需要补充流动资产参加周转，形成资金浪费，削弱公司盈利能力。改资金周转率原理公式中的资金周转总额为销售收入，改资金平均占用为流动资产平均余额，即得到流动资产周转率的计算公式。

业务窗 15-12

根据表 15-4、表 15-5 的资料计算华中公司 2013 年度的流动资产周转率。

流动资产平均余额 =（10 650+12 075）÷2 = 11 363（万元）

流动资产周转次数 = 30 000÷11 363 ≈ 2.64（次）

流动资产周转天数 = 360÷2.64 ≈ 136（天）

④固定资产周转率，是指反映公司固定资产周转情况，从而衡量固定资产利用效率的一项指标。它是公司年销售收入净额与固定资产平均净值的比率。固定资产周转率高表明公司固定资产利用充分，同时也表明公司固定资产投资得当，固定资产结构合理，能够充分发挥效率；反之，固定资产周转率低则表明固定资产使用效率不高，提供的生产成果不多，公司的营运能力不强。

运用固定资产周转率时，需要考虑固定资产净值因计提折旧而不断减少和因更新重置而突然增加的影响。同时，折旧方法的不同可能影响其可比性，故在分析时一定要剔除掉这些不可比因素。改资金周转率原理公式中的资金周转总额为销售收入，改资金平均占用为固定资产或固定资产净值平均余额，即得到固定资产周转率计算公式。

业务窗 15-13

根据表 15-4、表 15-5 的资料计算华中公司 2013 年度的固定资产周转率。

固定资产平均余额＝（18 000+21 000）÷2＝19 500（万元）

固定资产周转次数＝30 000÷19 500≈1.54（次）

固定资产周转天数＝360÷1.54≈234（天）

⑤总资产周转率，是反映资产总额周转速度的指标。它是销售收入与平均资产总额的比值。总资产周转越快，说明公司的销售能力越强。公司可以通过薄利多销来加速资产的周转，带来利润绝对额的增加。改资金周转率原理公式中的资金周转总额为销售收入，改资金平均占用为总资产平均余额或资产净值平均余额，即得到总资产周转率的计算公式。

业务窗 15-14

根据表 15-4、表 15-5 的资料，计算华中公司 2013 年度的固定资产周转率。

总资产平均余额＝（30 000+34 500）÷2＝32 250（万元）

总资产周转次数＝30 000÷32 250≈0.93（次）

总资产周转天数＝360÷0.93≈387（天）

总之，用于衡量公司运用资产赚取收入能力的各项资金周转率指标，与以下介绍的反映盈利能力的指标结合在一起使用，可更全面地评价公司的盈利能力。

15.3.3 盈利能力分析

盈利能力就是公司使资金增值的能力，通常体现为公司收益数额和收益水平。不论是投资者、债权人，还是公司管理者，都非常重视和关心公司的盈利能力。盈利能力的分析指标主要有销售利润率、成本利润率、资产利润率、自有资金利润率和资本保值增值率等。

1）销售利润率

销售利润率，是指公司利润与销售收入的比率。

销售利润率的计算公式为：

$$销售利润率=\frac{利润}{销售收入}\times 100\%$$

式中：利润可以是毛利（产品销售利润-产品销售成本）、主营利润（产品销售利润）、营业利润、利润总额或净利润。

产品销售是公司的主营业务活动，因此利润水平对公司总体能力有着举足轻重的影响。该水平越高，表明企业市场竞争力越强，发展潜力越大，获利能力越强。

业务窗 15-15

根据表 15-5 的资料计算华中公司 2013 年度的各项销售利润率。

毛利率＝（30 000−18 300）÷30 000×100%＝39%

主营利润率＝7 050÷30 000×100%＝23.5%

营业利润率=6 600÷30 000×100%=22%

销售利润率=6 300÷30 000×100%=21%

销售净利率=4 725÷30 000×100%=15.75%

从2013年与2012年（计算略）数据的对比分析可见，华中公司的各项利润率呈下降趋势，进一步从构成来看，这种下降趋势主要是由2013年的成本费用增加所致，因此公司要加强成本费用管理，努力降低成本费用，以改善销售利润率指标。

2）成本利润率

成本利润率，是指利润与成本的比率。该指标越高，说明企业为获得利润付出的代价越小，成本控制得越好，获利能力越强。

成本利润率的计算公式为：

$$\text{成本利润率}=\frac{\text{利润}}{\text{成本}}\times 100\%$$

式中：成本可以是销售成本、主营业务成本（销售成本+销售费用+销售税金及附加）、营业成本（主营业务成本+管理费用+财务费用+其他业务成本）、税前成本（营业成本+营业外支出）和税后成本（税前成本+所得税）。利润是指与成本层次对应的利润，即在评价成本开支效果时，必须注意成本与利润在层次上的对应关系。主营业务成本利润率反映公司主要成本的利用效果，更具代表性，是公司加强成本管理的重点参考。

业务窗 15-16

根据表15-5的资料计算华中公司2013年度的主营成本利润率等指标。

主营业务成本利润率=7 050÷（18 300+2 850+1 800）×100%≈30.72%

营业成本利润率=6 600÷（22 950+1 500+450+其他业务成本3 500）×100%≈23.24%

由以上计算结果可见，该公司2013年成本利润率指标有所下降，公司应找出导致成本费用上升的原因，以扭转效益指标下降的状况。

3）总资产利润率

总资产利润率或总资产报酬率，是利润与资产平均总额的比率。它是反映公司资产综合利用效果的指标，也是衡量公司利用负债和所有者权益总额盈利能力的重要指标。总资产利润率越高，表明公司的资产利用效益越好，经营管理水平越高，盈利能力越强。

总资产利润率的计算公式为：

$$\text{总资产利润率}=\frac{\text{利润}}{\text{资产平均总额}}\times 100\%$$

式中：资产是指总资产年初加年末的平均数；利润可以是息税前利润、利润总额或净利润。

业务窗 15-17

根据表15-4、表15-5的资料计算华中公司2013年度的总资产利润率。

利润总额=6 300万元

资产平均总额=（30 000+34 500）÷2=32 250（万元）

总资产息税前利润率=（6 300+450）÷32 250×100%≈20.93%

总资产利润率=6 300÷32 250×100%≈19.53%

总资产净利率=4 725÷32 250×100%≈14.65%

假设该公司2012年总资产利润率为20%，则2013年资产综合利用效率不如2012年，需要进一步分析资产使用情况，找出原因，以便改进管理，提高效益。

4）资本收益率

资本收益率又称实收资本收益率或资本利润率，是净利润与实收资本的比值。它是反映实收资本投资收益水平的指标，是评价公司盈利能力的重要指标。

资本收益率的计算公式为：

$$资本收益率=\frac{净利润}{实收资本}\times100\%$$

业务窗 15-18

根据表 15-4、表 15-5 的资料计算华中公司 2013 年度的资本收益率。

资本收益率 =4 725÷10 000×100% =47.25%

5）自有资金利润率

自有资金利润率又称净资产收益率或所有者权益利润率，是净利润与自有资金的比值。它是反映自有资金投资收益水平的指标，是评价公司盈利能力的核心指标，也是整个财务指标体系的核心。

公司理财的最终目的是实现所有者财富最大化，即最大限度地提高自有资金利润率。

自有资金利润率的计算公式为：

$$自有资金利润率=\frac{净利润}{平均所有者权益}\times100\%$$

业务窗 15-19

根据表 15-4、表 15-5 的资料计算华中公司 2013 年度的自有资金利润率。

净利润=4 725 万元

平均所有者权益=（21 900+24 750）÷2=23 325（万元）

自有资金利润率=4 725÷23 325×100% ≈20.26%

假设该公司 2012 年自有资金利润率为 21%，则 2013 年自有资金利用效率不如 2012 年，进一步分析原因是所有者权益的增长快于净利润的增长，因此要改进管理，提高效益。

6）资本保值增值率

资本保值增值率是所有者权益期末总额与期初总额的比值。一般情况下，资本保值增值率应大于 1，说明所有者权益增加，否则意味着所有者权益遭受损失。该指标的高低受制于公司的经营成果和利润分配政策。其计算公式为：

$$资本保值增值率=\frac{期末所有者权益总额}{期初所有者权益总额}$$

业务窗 15-20

根据表 15-4、表 15-5 的资料计算华中公司 2013 年度的资本保值增值率。

资本保值增值率=24 750÷21 900≈1.13

15.3.4 社会贡献能力分析

在理财实务中，评价公司社会贡献的主要指标是社会贡献率和社会积累率。

1）社会贡献率

社会贡献率是公司社会贡献总额与平均资产总额的比值。它反映了公司占用社会经济资源产生社会经济效益的水平，是进行社会资源有效配置的基本依据。其计算公式为：

$$社会贡献率=\frac{社会贡献总额}{平均资产总额}\times 100\%$$

式中：社会贡献总额包括工资（含奖金、津贴等工资性收入）、社会福利支出、利息支出净额，以及应交或已交的各项税款、附加及福利等。

业务窗 15-21

假定华中公司 2013 年的社会贡献总额为 8 400 万元，根据表 15-4 的资料计算该公司 2013 年度的社会贡献率。

平均资产总额=（30 000+34 500）÷2=32 250（万元）

社会贡献率=8 400÷32 250×100% ≈26.05%

2）社会积累率

社会积累率是公司上缴国家的各项税款及利润与公司社会贡献总额的比值。

社会积累率的计算公式为：

$$社会积累率=\frac{上缴国家的各项税款及利润总额}{公司社会贡献总额}\times 100\%$$

式中：上缴国家的各项税款及利润总额是指公司依法向国家缴纳的各项税款（如增值税、所得税、营业税、印花税等），以及国有公司和国有控股公司向国家所有者分配的利润。

业务窗 15-22

假定华中公司 2013 年缴纳的增值税为 1 865 万元，社会贡献总额为 8 400 万元。根据表 15-4、表 15-5 的资料计算该公司 2013 年度的社会积累率。

社会积累率=（1 865+1 800+1 575）÷8 400×100% ≈62.38%

需要指出的是，上述偿债能力、管理能力、盈利能力和社会贡献能力等指标是相互联系、相辅相成的。公司管理能力强，获利能力就强，获利能力强，则偿债能力就强；反之亦然。

15.3.5　上市公司财务指标分析

上市公司最重要的财务指标是每股收益、每股净资产和净资产收益率。证券信息机构定期公布按照这三项指标排序的上市公司排行榜。

1）每股收益

每股收益是本年净收益与年末普通股总股数的比值。

每股收益的计算公式为：

$$每股收益=\frac{净利润}{年末普通股总股数}$$

业务窗 15-23

假设华中公司是上市公司，2013 年利润分配资料见表 15-6。计算其 2013 年每股收益。

表 15-6 **华中公司利润分配资料表**

2013 年度 单位：万元

项目	上年数	本年数
净利润		4 725
加：年初未分配利润		1 800
可分配利润		6 525
减：提取法定盈余公积		710
可供股东分配利润		5 815
减：已分配优先股股利		0
提取任意盈余公积		240
已分配普通股股利		1 225
未分配利润		4 350
股本（每股面值 1 元、市价 5 元）		10 000
发行在外普通股股数（万股）		10 000
资本公积		8 000
盈余公积		2 400
未分配利润		4 350
所有者权益合计		24 750

每股收益 = 4 725÷10 000 = 0. 4725（元/股）

每股收益是衡量上市公司盈利能力最重要的财务指标，反映普通股的获利水平。利用每股收益分析公司盈利能力时，可进行公司间比较以评价公司的相对盈利能力，也可进行不同时期比较以了解公司盈利能力的变化趋势，还可进行经营实绩和盈利预测比较以判断公司的管理能力。但是，每股收益不反映股票所含有的风险，因为每股收益不反映公司的经营投资动向，不能体现改变投资或转产可能增加风险等不利变化。同时，由于各公司经济上的不等量，不同公司每股所含净资产和市价不同，这就限制了每股收益的公司间比较。此外，每股收益多并不意味着分红多，分红多少还取决于公司的股利分配政策。

在每股收益基础上还可展开几项指标，主要有市盈率、每股股利、股票获利率、股利支付率、股利保障倍数和留存盈利比率等。

（1）市盈率，是指普通股每股市价为每股收益的倍数。市盈率反映投资人对每元净利润所愿支付的价格，可以用来估计股票的投资报酬和风险，是市场对公司的共同期望指标。

市盈率越高，表明市场对公司的未来越看好。在市价确定的情况下，每股收益越高，市盈率越低，投资风险越小；反之则风险越大。在每股收益确定的情况下，市价越高，市盈率越高，风险越大；反之则风险越小。仅从市盈率高低的横向比较看，高市盈率说明公司能够获得社会信赖，具有良好的前景；反之则前景悲观。由于公司要求的一般期望报酬率为 5% ~10%，所以正常的市盈率应该为 10 ~20。

市盈率的计算公式如下：

$$\text{市盈率（倍数）} = \frac{\text{普通股每股市价}}{\text{普通股每股收益}}$$

业务窗 15-24

根据表 15-6 的资料计算 2013 年华中公司的市盈率。

市盈率 = 5÷0. 4725≈10. 58（倍）

市盈率是投资者普遍关注的指标，但不能用于不同行业公司的比较。扩展机会多的新兴行业上市公司市盈率普遍较高，而成熟工业上市公司的市盈率普遍较低，这并不说明后者的股票没有投资价值。同时，市盈率的高低受净利润的影响，而净利润受可选择的会计政策的影响，因而也限制了公司间的市盈率比较。

公司通常在某公司市盈率较低时收购其股票，以实现对该公司的兼并，然后对其进行改造，待其市盈率升高时再出售该公司股票，从中获利。通常，投资者要结合其他有关信息，才能运用市盈率指标判断股票的价值。

（2）每股股利，是指普通股股利总额与年末普通股总股数之比。

每股股利的计算公式为：

$$每股股利=\frac{股利总额}{年末普通股总股数}$$

式中：股利总额是指用于分配的普通股现金股利总额。

业务窗 15–25

根据表 15–6 的资料计算 2013 年华中公司的每股股利。

每股股利 = 1 225÷10 000 = 0. 1225（元/股）

（3）股票获利率又称市价股利比率，是每股股利与股票市价的比率。股票获利率反映股利和股价的比例关系。股票持有者取得收益的来源包括股利和股价上涨的收益。股票持有者只有认为股价将上升，才会接受较低的股票获利率。这样，股票获利率就成了衡量股票投资价值的主要依据。但是，如果公司采用非常稳健的股利政策，则股票获利率仅仅是对股票投资价值非常保守的估计，分析股价未来趋势则成为评价股票投资价值的主要依据。

股票获利率的计算公式为：

$$股票获利率=\frac{普通股每股股利}{普通股每股市价}\times100\%$$

业务窗 15–26

根据表 15–6 的资料计算 2013 年华中公司的股票获利率。

股票获利率 = 0. 1225÷5×100% = 2. 45%

（4）股利支付率，是指股利占净收益的比重，反映公司股利分配政策和股利支付能力。

股利支付率的计算公式为：

$$股利支付率=\frac{每股股利}{每股净收益}\times100\%$$

业务窗 15–27

根据表 15–6 的资料计算 2013 年华中公司的股利支付率。

股利支付率 = 0. 1225÷0. 4725×100% ≈26%

（5）股利保障倍数，是指普通股每股净收益与普通股每股股利的比率，是股利支付率的倒数。股利保障倍数越大，表明公司的股利支付能力越强。股利保障倍数是一种安全性指标，可以反映净利润减少到什么程度公司仍能按目前水平支付股利。

股利保障倍数的计算公式为：

$$股利保障倍数=\frac{普通股每股收益}{普通股每股股利}$$

业务窗 15–28

根据表 15–6 的资料计算 2013 年华中公司的股利保障倍数。

股利保障倍数 = 0.4725÷0.1225≈3.86（倍）

（6）留存盈利比率，是指留存盈利与净利润的比率。其中，留存盈利是指净利润减去全部股利的余额。留存盈利比率反映公司的理财方针。如果公司认为有必要从内部积累资金以扩大经营规模，经董事会同意可以采用较高的留存盈利比率。如果公司不需要资金或者可以用其他方式筹资，为满足股东取得现金股利的要求，可降低留存盈利比率。显然，提高留存盈利比率必然导致股利支付率降低。

留存盈利比率的计算公式为：

$$留存盈利比率=\frac{净利润-全部股利}{净利润}\times 100\%$$

业务窗 15-29

根据表 15-6 的资料计算 2013 年华中公司的留存盈利比率。

留存盈利比率 =（4 725-1 225）÷4 725×100% ≈74%

2）每股净资产

每股净资产又称每股账面价值或每股权益，是指年末净资产（即股东权益）与年末普通股总股数的比值。每股净资产反映发行在外的每股普通股所代表的净资产成本，即账面权益。它在理论上提供了股票的最低价值，如果公司的股票价格低于净资产成本，成本又接近变现价值，说明公司已无存在价值，清算是股东最好的选择。投资分析只能有限地使用这个指标，因其计量基础是历史成本，既不反映净资产的变现价值，也不反映净资产的产出能力。

每股净资产的计算公式为：

$$每股净资产=\frac{年末净资产}{年末普通股总股数}$$

式中：年末净资产是指股东权益扣除优先股权益后的余额。

业务窗 15-30

根据表 15-4、表 15-6 的资料计算 2013 年华中公司的每股净资产 。

每股净资产 = 24 750÷10 000 = 2.475（元/股）

在每股净资产基础上还可应用展开指标市净率。市净率是指每股市价与每股净资产的比率。在理财实务中，把每股净资产和每股市价联系起来可以说明市场对公司资产质量的评价。每股净资产是股票的账面价值，而每股市价是这些资产的现时价值。所以，市价高于账面价值时，公司资产的质量好，发展潜力大；反之则资产质量差，没有发展前景。一般情况下，市净率达到 3 可以树立较好的公司形象。优质股票的市价都较多地超出每股净资产。

市净率的计算公式为：

$$市净率（倍数）=\frac{每股市价}{每股净资产}$$

业务窗 15-31

根据表 15-4、表 15-6 的资料计算 2013 年华中公司的市净率。

市净率 = 5÷2.475≈2.02（倍）

3）净资产收益率

“15.3.3 盈利能力分析”中已介绍净资产收益率，这里不再重复。

15.4　杜邦体系和沃尔分析法

15.4.1　杜邦财务分析体系

杜邦财务分析体系又称杜邦体系，因由美国杜邦公司创立并成功运用而得名，是指利用各财务指标间的内在关系对公司综合理财及经济效益进行系统分析评价的方法。

杜邦财务分析体系的最重要、最高层指标是自有资金利润率（或称净资产利润率、权益利润率）。通过自有资金利润率自上而下层层分解分析，可揭示出公司各项财务指标间的结构关系，查明各项主要指标变动的影响因素，为决策者优化经营理财状况、提高公司经营效益提供有效信息；通过自有资金利润率由上而下地将净利润、资产、销售和成本费用有效地结合在一起分析，可围绕扩大销售、节约成本、优化投资配置、加速资金周转、优化资金结构、确立风险意识等思路进行管理和理财活动。

杜邦财务分析体系的基本结构如图 15-1 所示。

应用杜邦财务分析体系应注意以下几个问题：①自有资金利润率是综合性最强的财务比率，是杜邦财务分析体系的核心。其他各项指标都是围绕这一核心，通过研究彼此依存制约关系来揭示公司的获利能力及其因果。②自有资金利润率反映所有者投入资金的获利能力，反映公司筹资、投资、资产运营等活动的效率。③自有资金利润率是总资产净利率和销售净利率的乘积，综合反映了公司净利润与销售收入及资金周转的关系。④通过自有资金利润率自上而下层层分析，揭示出的是公司各项财务指标间的结构关系。⑤公司适当开展负债经营，相对减少所有者权益所占的份额，就可以使权益乘数提高，为公司带来较大的财务杠杆利益。

业务窗 15-32

根据表 15-4、表 15-5 和表 15-6 的资料计算编制 2013 年华中公司的杜邦财务分析图，如图 15-1 所示。

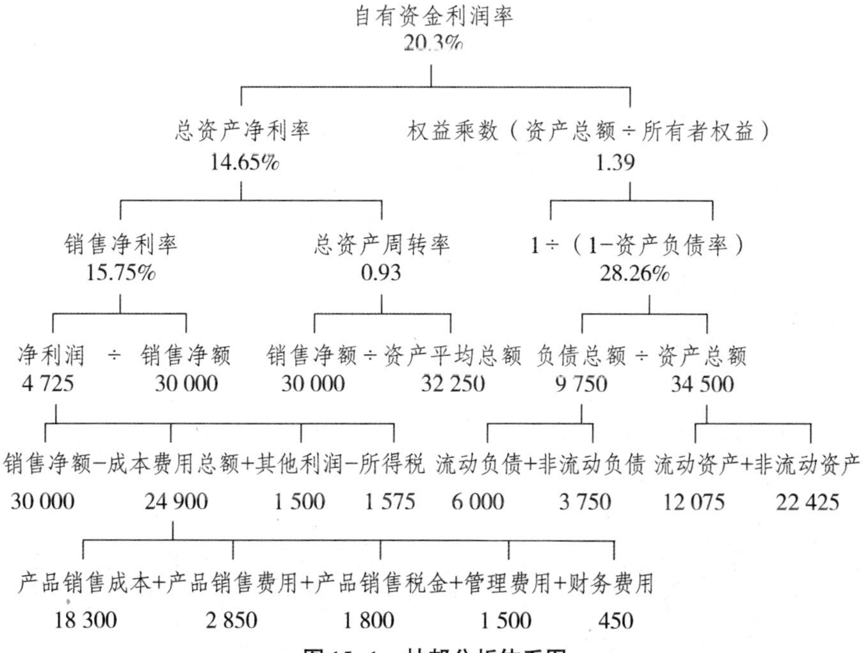

图 15-1　杜邦分析体系图

15.4.2 沃尔分析法

沃尔分析法是指利用各有关财务指标间的线性关系及分数比重，通过与标准比率进行比较，评价公司信用水平的一种综合评分法。公司计算出财务比率之后仍然难以评价其在市场竞争中的优劣，著名经济学家亚历山大·沃尔为了弥补这一缺陷，在其20世纪初出版的《信用晴雨表研究》和《财务报表比率分析》中提出了信用能力指数概念，将流动比率、产权比率、固定资产比率、存货周转率、应收账款周转率、固定资产周转率和自有资金周转率等7项财务比率用线性关系结合起来，并分别给定各自的分数比重，通过与标准比率进行比较，确定各项指标的得分及总体指标的累计分数，从而对公司的信用水平作出评价。

综合评分法是评价公司总体财务状况的一种比较可行的方法，但运用该方法能否达到目的取决于指标的选定、标准值的合理程度和标准值权数的确定等。以下是我国财政部颁布的一套公司经济效益评价指标体系：

①销售利润率 $=\dfrac{\text{利润总额}}{\text{产品销售收入净额}}\times 100\%$

②总资产报酬率 $=\dfrac{\text{息税前利润总额}}{\text{平均资产总额}}\times 100\%$

③资本收益率 $=\dfrac{\text{净利润}}{\text{实收资本}}\times 100\%$

④资本保值增值率 $=\dfrac{\text{期末所有者权益总额}}{\text{期初所有者权益总额}}\times 100\%$

⑤资产负债率 $=\dfrac{\text{负债总额}}{\text{资产总额}}\times 100\%$

⑥流动比率（或速动比率）$=\dfrac{\text{流动资产（或速动资产）}}{\text{流动负债}}$

⑦应收账款周转率 $=\dfrac{\text{赊销净额}}{\text{平均应收账款余额}}$

⑧存货周转率 $=\dfrac{\text{产品销售成本}}{\text{平均存货成本}}$

⑨社会贡献率 $=\dfrac{\text{公司社会贡献总额}}{\text{平均资产总额}}\times 100\%$

⑩社会积累率 $=\dfrac{\text{上交国家财政总额}}{\text{公司社会贡献总额}}\times 100\%$

综合评分法的步骤如下：

第一步，选定指标（如上述10项指标）。

第二步，确定标准值（如以行业平均先进水平为标准值）。

第三步，确定标准值权数。例如，标准值权数总计100，各指标标准值权数分别为销售利润率15、总资产报酬率15、资本收益率15、资本保值增值率10、资产负债率5、流动比率（或速动比率）5、应收账款周转率5、存货周转率5、社会贡献率10、社会积累率15。

第四步，计算实际分数值，编制评分表。根据公司财务报表，分项计算各项指标的实际值，然后加权平均计算各项指标的综合实际分数，填入评分表内。其计算公式如下：

$$\text{综合实际分数}=\sum(\text{权数}\times\text{关系比率})$$

关系比率的计算要区分三种情况：

$$实际值大于标准值为理想的关系比率=\frac{实际值}{标准值}$$

$$实际值小于标准值为理想的关系比率=1+\frac{实际值-标准值}{标准值}$$

$$实际值\pm标准值均不理想的关系比率=1+\frac{|实际值-标准值|}{标准值}$$

第五步，分析评价。累计出总分后与其他公司进行比较，参照有关权威机构公布的信用水平标准，对公司作出评价。

业务窗 15-33

根据表 15-4、表 15-5 和表 15-6 的资料，运用综合评分法对华中公司 2013 年的情况进行综合评分，见表 15-7。

表 15-7　**华中公司沃尔比重综合评分表**

财务评价指标	标准值	实际值	关系比率	权数	得分
销售利润率	15%	21%	1.4	15	21
总资产报酬率	10%	20.39%	2.039	15	30.585
资本收益率	12%	47.25%	3.9375	15	59.0625
资本保值增值率	110%	113%	1.0273	10	10.273
资产负债率*	50%	28.26%	0.565	5	2.826
流动比率*	2	2.01	0.995	5	4.975
应收账款周转率	4	16	4	5	20
存货周转率	2	3.07	1.535	5	7.675
社会贡献率	20%	26.05%	1.3025	10	13.025
社会积累率	40%	62.38%	1.5595	15	23.3925
合计	—	—	—	100	193

备注：* 为第（3）类指标.

知识窗　**财务分析误区**

企业财务分析工作如此重要，但做好企业财务分析并非易事。一些企业财务分析报告或枯燥无味，或无分析结论，或主观臆断，缺乏深度，使用价值低。造成这些问题的原因在于企业财务分析的几个误区：误区一，对历史数据分析多，对未来展望少，大大降低企业财务分析的“导航器”作用；误区二，就报表论报表，表外事项关注度不高，容易忽视那些报表华丽的企业存在的潜在风险和问题，也难以挖掘那些业绩难看的企业的潜在价值，得出的分析结论也常常给人以误导；误区三，就数据论数据，数据描述篇幅大，而数据分析力度小，或缺乏数据间的对比分析、因果分析，或未把各项财务数据和财务指标串联起来分析，或没有把观点归纳和提炼出来，不能挖掘财务数据背后的经济实质、形成恰当的分析结论；误区四，为分析而分析，缺乏与分析报告需求者的沟通，没有领会分析报告的真正用途，报告类型、分析范围和分析重点的选择基本靠主观臆断，与分析需求基本脱节，难以反映真正有用的信息；误区五，就财务论财务，对企业的重大经营决策、重要业务情况等缺乏了解，不能从企业经营管理的角度出发来分析具体财务问题和财务数据，脱离企业经营管理需要；误区六，分析过于“综合”，仅仅围绕综合数据展开，没有按照不同业务板块或级次层层展开分析，掩盖企业真实情况。

资料来源　佚名．企业财务分析的六大误区［N/OL］．［2010-08-11］．友商网，http://www.youshang.com/content/2010/08/11/39812.html.

课堂思考

财务分析无法反映企业未来的经营成果及财务状况，且以历史数据为依据反映的信息时效性差。财务分析缺乏对人力资源内容的反映，而人力资源是现代企业存在和发展的重要资本。传统财务会计以币值稳定为基本假设，导致通货膨胀较为严重时费用低估、成本补偿不足、利润虚计、税赋和股利分配压力增大、资产账面价值脱离实际价值、按现行价值计量的收入和按历史成本转化的费用不配比、不同期间的会计信息缺少可比性等一系列问题，也决定了财务分析结果的片面性。可见，财务分析并非万金油。

思考：如何弥补财务分析的缺陷？

温故知新

【本章小结】

财务分析既是已完成的财务活动的总结，又是财务预测的前提，在理财循环中起着承上启下的作用。财务分析的内容主要有偿债能力分析、管理能力分析、盈利能力分析、社会贡献能力分析和上市公司财务指标分析。财务分析的主体主要有公司所有者、公司债权人、公司经营决策者和政府经济管理机构。财务分析的基本方法是对比分析法和因素分析法。财务分析的综合分析方法包括杜邦体系和沃尔分析法。

【关键点】

概念：财务分析　因素分析法　杜邦体系　沃尔分析法

观念：财务分析主体　比较分析法的适用范围　偿债能力分析指标体系
盈利能力分析指标体系

【理解与应用】

1）选择题

(1) 下列指标中，可用于衡量企业短期偿债能力的是（　　）。

A. 产权比率　　B. 现金比率

C. 资产负债率　　D. 利息保障倍数

(2) 权益乘数是指（　　）。

A. 1÷（1-产权比率）　　B. 1÷（1-资产负债率）

C. 产权比率÷（1-产权比率）　　D. 资产负债率÷（1-资产负债率）

(3) 下列各项指标中，可用于分析企业长期偿债能力的有（　　）。

A. 产权比率　　B. 流动比率

C. 资产负债率　　D. 速动比率

(4) 下列说法正确的是（　　）。

A. 存货周转次数多，表明存货周转快

B. 存货周转次数少，表明存货周转快

C. 存货周转天数多，表明存货周转快

D. 存货周转天数少，表明存货周转快

2）问答题

(1) 财务分析的内容有哪些？

(2) 管理能力分析有哪些指标？怎样计算？

(3) 社会积累主要包括哪些内容？

(4) 怎样分析上市公司财务指标？

3）技能题

(1) 某公司有关资料见表 15-8（假定该公司流动资产等于速动资产加存货）。计算该公司流动资产的期初数与期末数；计算该公司本期销售收入；计算该公司本期流动资产平均余额和流动资产周转次数。

表 15-8　**资料表**

项目	期初数	期末数	本期数或平均数
存货（万元）	3 600	4 800	
流动负债（万元）	3 000	4 500	
速动比率	0.75		
流动比率		1.6	
总资产周转次数			1.2
总资产（万元）			18 000

(2) 某公司年初存货 15 000 元，年初应收账款 12 700 元，年末流动比率 3.0，速动比率 1.3，存货周转率 4 次，流动资产合计 27 000 元。计算该公司本年度销售成本；如果本年销售收入为 96 000 元，除应收账款外的速动资产是微不足道的，计算其应收账款周转天数。

4）案例分析

(1) 兴源公司 2013 年 12 月 31 日的简化资产负债表见表 15-9，年末流动比率为 1.5，产权比率为 0.6，以销售额和年末存货计算的存货周转次数为 16，以销货成本和年末存货计算的存货周转次数为 11.5，本年毛利（销售额减去销货成本）为 31 500 元。利用表 15-9 中其他数据以及补充资料计算填写表中空格，并计算存货账户余额、应付账款账户余额、未分配利润账户余额、有形资产负债率和有形净值负债率。

表 15-9　**简化资产负债表**　单位：元

资产	金额	负债和所有者权益	金额
货币资金	2 500	应付账款	
应收账款		应交税费	2 500
存货		非流动负债	
固定资产净值	29 400	实收资本	25 000
无形资产	2 000	未分配利润	
总计	45 200	总计	

(2) 某公司 2013 年度销售收入 1 500 万元，净利润 75 万元，年末简化资产负债表见表 15-10。计算销售利润率、总资产周转率（用年末数计算）、权益乘数、自有资金利润率。

表 15-10 **简化资产负债表** 单位：万元

资产	金额	负债和所有者权益	金额
货币资金	30	应付票据	25
应收账款	60	应付账款	55
存货	80	应付职工薪酬	10
其他流动资产	30	长期借款	100
固定资产净值	300	实收资本	250
		未分配利润	60
总计	500	总计	500

技能强化实训

实训目的

基本能力点：财务指标的计算。

能力拓展点：运用财务指标对企业的财务状况进行分析和评价。

实训课题

体会不同企业财务分析的特点。

实训组织

实训地点：某公司。

实训形式：了解该公司的财务分析方法和过程。

实训成果：调研报告。

自我评价：百分制。

附　录

附表一　　复利终值系数表

期数	1%	2%	3%	4%	5%	6%	7%	8%	9%	10%
1	1. 0100	1. 0200	1. 0300	1. 0400	1. 0500	1. 0600	1. 0700	1. 0800	1. 0900	1. 1000
2	1. 0201	1. 0404	1. 0609	1. 0816	1. 1025	1. 1236	1. 1449	1. 1664	1. 1881	1. 2100
3	1. 0303	1. 0612	1. 0927	1. 1249	1. 1576	1. 1910	1. 2250	1. 2597	1. 2950	1. 3310
4	1. 0406	1. 0824	1. 1255	1. 1699	1. 2155	1. 2625	1. 3108	1. 3605	1. 4116	1. 4641
5	1. 0510	1. 1041	1. 1593	1. 2167	1. 2763	1. 3382	1. 4026	1. 4693	1. 5386	1. 6105
6	1. 0615	1. 1262	1. 1941	1. 2653	1. 3401	1. 4185	1. 5007	1. 5869	1. 6771	1. 7716
7	1. 0721	1. 1487	1. 2299	1. 3159	1. 4071	1. 5036	1. 6058	1. 7138	1. 8280	1. 9487
8	1. 0829	1. 1717	1. 2668	1. 3686	1. 4775	1. 5938	1. 7182	1. 8509	1. 9926	2. 1436
9	1. 0937	1. 1951	1. 3048	1. 4233	1. 5513	1. 6895	1. 8385	1. 9990	2. 1719	2. 3579
10	1. 1046	1. 2190	1. 3439	1. 4802	1. 6289	1. 7908	1. 9672	2. 1589	2. 3674	2. 5937
11	1. 1157	1. 2434	1. 3842	1. 5395	1. 7103	1. 8983	2. 1049	2. 3316	2. 5804	2. 8531
12	1. 1268	1. 2682	1. 4258	1. 6010	1. 7959	2. 0122	2. 2522	2. 5182	2. 8127	3. 1384
13	1. 1381	1. 2936	1. 4685	1. 6651	1. 8856	2. 1329	2. 4098	2. 7196	3. 0658	3. 4523
14	1. 1495	1. 3195	1. 5126	1. 7317	1. 9799	2. 2609	2. 5785	2. 9372	3. 3417	3. 7975
15	1. 1610	1. 3459	1. 5580	1. 8009	2. 0789	2. 3966	2. 7590	3. 1722	3. 6425	4. 1772
16	1. 1726	1. 3728	1. 6047	1. 8730	2. 1829	2. 5404	2. 9522	3. 4259	3. 9703	4. 5950
17	1. 1843	1. 4002	1. 6528	1. 9479	2. 2920	2. 6928	3. 1588	3. 7000	4. 3276	5. 0545
18	1. 1961	1. 4282	1. 7024	2. 0258	2. 4066	2. 8543	3. 3799	3. 9960	4. 7171	5. 5599
19	1. 2081	1. 4568	1. 7535	2. 1068	2. 5270	3. 0256	3. 6165	4. 3157	5. 1417	6. 1159
20	1. 2202	1. 4859	1. 8061	2. 1911	2. 6533	3. 2071	3. 8697	4. 6610	5. 6044	6. 7275
21	1. 2324	1. 5157	1. 8603	2. 2788	2. 7860	3. 3996	4. 1406	5. 0338	6. 1088	7. 4002
22	1. 2447	1. 5460	1. 9161	2. 3699	2. 9253	3. 6035	4. 4304	5. 4365	6. 6586	8. 1403
23	1. 2572	1. 5769	1. 9736	2. 4647	3. 0715	3. 8197	4. 7405	5. 8715	7. 2579	8. 9543
24	1. 2697	1. 6084	2. 0328	2. 5633	3. 2251	4. 0489	5. 0724	6. 3412	7. 9111	9. 8497
25	1. 2824	1. 6406	2. 0938	2. 6658	3. 3864	4. 2919	5. 4274	6. 8485	8. 6231	10. 835
26	1. 2953	1. 6734	2. 1566	2. 7725	3. 5557	4. 5494	5. 8074	7. 3964	9. 3992	11. 918
27	1. 3082	1. 7069	2. 2213	2. 8834	3. 7335	4. 8223	6. 2139	7. 9881	10. 245	13. 110
28	1. 3213	1. 7410	2. 2879	2. 9987	3. 9201	5. 1117	6. 6488	8. 6271	11. 167	14. 421
29	1. 3345	1. 7758	2. 3566	3. 1187	4. 1161	5. 4184	7. 1143	9. 3173	12. 172	15. 863
30	1. 3478	1. 8114	2. 4273	3. 2434	4. 3219	5. 7435	7. 6123	10. 063	13. 268	17. 449
40	1. 4889	2. 2080	3. 2620	4. 8010	7. 0400	10. 286	14. 975	21. 725	31. 409	45. 259
50	1. 6446	2. 6916	4. 3839	7. 1067	11. 467	18. 420	29. 457	46. 902	74. 358	117. 39
60	1. 8167	3. 2810	5. 8916	10. 520	18. 679	32. 988	57. 946	101. 26	176. 03	304. 48

续表

期数	12%	14%	15%	16%	18%	20%	24%	28%	32%	36%
1	1. 1200	1. 1400	1. 1500	1. 1600	1. 1800	1. 2000	1. 2400	1. 2800	1. 3200	1. 3600
2	1. 2544	1. 2996	1. 3225	1. 3456	1. 3924	1. 4400	1. 5376	1. 6384	1. 7424	1. 8496
3	1. 4049	1. 4815	1. 5209	1. 5609	1. 6430	1. 7280	1. 9066	2. 0972	2. 3000	2. 5155
4	1. 5735	1. 6890	1. 7490	1. 8106	1. 9388	2. 0736	2. 3642	2. 6844	3. 0360	3. 4210
5	1. 7623	1. 9254	2. 0114	2. 1003	2. 2878	2. 4883	2. 9316	3. 4360	4. 0075	4. 6526
6	1. 9738	2. 1950	2. 3131	2. 4364	2. 6996	2. 9860	3. 6352	4. 3980	5. 2899	6. 3275
7	2. 2107	2. 5023	2. 6600	2. 8262	3. 1855	3. 5832	4. 5077	5. 6295	6. 9826	8. 6054
8	2. 4760	2. 8526	3. 0590	3. 2784	3. 7589	4. 2998	5. 5895	7. 2058	9. 2170	11. 703
9	2. 7731	3. 2519	3. 5179	3. 8030	4. 4355	5. 1598	6. 9310	9. 2234	12. 166	15. 917
10	3. 1058	3. 7072	4. 0456	4. 4114	5. 2338	6. 1917	8. 5944	11. 806	16. 060	21. 647
11	3. 4785	4. 2262	4. 6524	5. 1173	6. 1759	7. 4301	10. 657	15. 112	21. 199	29. 439
12	3. 8960	4. 8179	5. 3503	5. 9360	7. 2876	8. 9161	13. 215	19. 343	27. 983	40. 037
13	4. 3635	5. 4924	6. 1528	6. 8858	8. 5994	10. 699	16. 386	24. 759	36. 937	54. 451
14	4. 8871	6. 2613	7. 0757	7. 9875	10. 147	12. 839	20. 319	31. 691	48. 757	74. 053
15	5. 4736	7. 1379	8. 1371	9. 2655	11. 974	15. 407	25. 196	40. 565	64. 359	100. 71
16	6. 1304	8. 1372	9. 3576	10. 748	14. 129	18. 488	31. 243	51. 923	84. 954	136. 97
17	6. 8660	9. 2765	10. 761	12. 468	16. 672	22. 186	38. 741	66. 461	112. 14	186. 28
18	7. 6900	10. 575	12. 375	14. 463	19. 673	26. 623	48. 039	85. 071	148. 02	253. 34
19	8. 6128	12. 056	14. 232	16. 777	23. 214	31. 948	59. 568	108. 89	195. 39	344. 54
20	9. 6463	13. 743	16. 367	19. 461	27. 393	38. 338	73. 864	139. 38	257. 92	468. 57
21	10. 804	15. 668	18. 822	22. 574	32. 324	46. 005	91. 592	178. 41	340. 45	637. 26
22	12. 100	17. 861	21. 645	26. 186	38. 142	55. 206	113. 57	228. 36	449. 39	866. 67
23	13. 552	20. 362	24. 891	30. 376	45. 008	66. 247	140. 83	292. 30	593. 20	1 178. 7
24	15. 179	23. 212	28. 625	35. 236	53. 109	79. 497	174. 63	374. 14	783. 02	1 603. 0
25	17. 000	26. 462	32. 919	40. 874	62. 669	95. 396	216. 54	478. 90	1 033. 6	2 180. 1
26	19. 040	30. 167	37. 857	47. 414	73. 949	114. 48	268. 51	613. 00	1 364. 3	2 964. 9
27	21. 325	34. 390	43. 535	55. 000	87. 260	137. 37	332. 95	784. 64	1 800. 9	4 032. 3
28	23. 884	39. 204	50. 066	63. 800	102. 97	164. 84	412. 86	1 004. 3	2 377. 2	5 483. 9
29	26. 750	44. 693	57. 575	74. 009	121. 50	197. 81	511. 95	1 285. 6	3 137. 9	7 458. 1
30	29. 960	50. 950	66. 212	85. 850	143. 37	237. 38	634. 82	1 645. 5	4 142. 1	10 143
40	93. 051	188. 88	267. 86	378. 72	750. 38	1 469. 8	5 455. 9	19 427	66 521	*
50	289. 00	700. 23	1 083. 7	1 670. 7	3 927. 4	9 100. 4	46 890	*	*	*
60	897. 60	2 595. 9	4 384. 0	7 370. 2	20 555	56 348	*	*	*	*

* >99999

附表二

复利现值系数表

期数	1%	2%	3%	4%	5%	6%	7%	8%	9%	10%
1	0. 9901	0. 9804	0. 9709	0. 9615	0. 9524	0. 9434	0. 9346	0. 9259	0. 9174	0. 9091
2	0. 9803	0. 9612	0. 9426	0. 9246	0. 9070	0. 8900	0. 8734	0. 8573	0. 8417	0. 8264
3	0. 9706	0. 9423	0. 9151	0. 8890	0. 8638	0. 8396	0. 8163	0. 7938	0. 7722	0. 7513
4	0. 9610	0. 9238	0. 8885	0. 8548	0. 8227	0. 7921	0. 7629	0. 7350	0. 7084	0. 6830
5	0. 9515	0. 9057	0. 8626	0. 8219	0. 7835	0. 7473	0. 7130	0. 6806	0. 6499	0. 6209
6	0. 9420	0. 8880	0. 8375	0. 7903	0. 7462	0. 7050	0. 6663	0. 6302	0. 5963	0. 5645
7	0. 9327	0. 8706	0. 8131	0. 7599	0. 7107	0. 6651	0. 6227	0. 5835	0. 5470	0. 5132
8	0. 9235	0. 8535	0. 7894	0. 7307	0. 6768	0. 6274	0. 5820	0. 5403	0. 5019	0. 4665
9	0. 9143	0. 8368	0. 7664	0. 7026	0. 6446	0. 5919	0. 5439	0. 5002	0. 4604	0. 4241
10	0. 9053	0. 8203	0. 7441	0. 6756	0. 6139	0. 5584	0. 5083	0. 4632	0. 4224	0. 3855
11	0. 8963	0. 8043	0. 7224	0. 6496	0. 5847	0. 5268	0. 4751	0. 4289	0. 3875	0. 3505
12	0. 8874	0. 7885	0. 7014	0. 6246	0. 5568	0. 4970	0. 4440	0. 3971	0. 3555	0. 3186
13	0. 8787	0. 7730	0. 6810	0. 6006	0. 5303	0. 4688	0. 4150	0. 3677	0. 3262	0. 2897
14	0. 8700	0. 7579	0. 6611	0. 5775	0. 5051	0. 4423	0. 3878	0. 3405	0. 2992	0. 2633
15	0. 8613	0. 7430	0. 6419	0. 5553	0. 4810	0. 4173	0. 3624	0. 3152	0. 2745	0. 2394
16	0. 8528	0. 7284	0. 6232	0. 5339	0. 4581	0. 3936	0. 3387	0. 2919	0. 2519	0. 2176
17	0. 8444	0. 7142	0. 6050	0. 5134	0. 4363	0. 3714	0. 3166	0. 2703	0. 2311	0. 1978
18	0. 8360	0. 7002	0. 5874	0. 4936	0. 4155	0. 3503	0. 2959	0. 2502	0. 2120	0. 1799
19	0. 8277	0. 6864	0. 5703	0. 4746	0. 3957	0. 3305	0. 2765	0. 2317	0. 1945	0. 1635
20	0. 8195	0. 6730	0. 5537	0. 4564	0. 3769	0. 3118	0. 2584	0. 2145	0. 1784	0. 1486
21	0. 8114	0. 6598	0. 5375	0. 4388	0. 3589	0. 2942	0. 2415	0. 1987	0. 1637	0. 1351
22	0. 8034	0. 6468	0. 5219	0. 4220	0. 3418	0. 2775	0. 2257	0. 1839	0. 1502	0. 1228
23	0. 7954	0. 6342	0. 5067	0. 4057	0. 3256	0. 2618	0. 2109	0. 1703	0. 1378	0. 1117
24	0. 7876	0. 6217	0. 4919	0. 3901	0. 3101	0. 2470	0. 1971	0. 1577	0. 1264	0. 1015
25	0. 7798	0. 6095	0. 4776	0. 3751	0. 2953	0. 2330	0. 1842	0. 1460	0. 1160	0. 0923
26	0. 7720	0. 5976	0. 4637	0. 3607	0. 2812	0. 2198	0. 1722	0. 1352	0. 1064	0. 0839
27	0. 7644	0. 5859	0. 4502	0. 3468	0. 2678	0. 2074	0. 1609	0. 1252	0. 0976	0. 0763
28	0. 7568	0. 5744	0. 4371	0. 3335	0. 2551	0. 1956	0. 1504	0. 1159	0. 0895	0. 0693
29	0. 7493	0. 5631	0. 4243	0. 3207	0. 2429	0. 1846	0. 1406	0. 1073	0. 0822	0. 0630
30	0. 7419	0. 5521	0. 4120	0. 3083	0. 2314	0. 1741	0. 1314	0. 0994	0. 0754	0. 0573
35	0. 7059	0. 5000	0. 3554	0. 2534	0. 1813	0. 1301	0. 0937	0. 0676	0. 0490	0. 0356
40	0. 6717	0. 4529	0. 3066	0. 2083	0. 1420	0. 0972	0. 0668	0. 0460	0. 0318	0. 0221
45	0. 6391	0. 4102	0. 2644	0. 1712	0. 1113	0. 0727	0. 0476	0. 0313	0. 0207	0. 0137
50	0. 6080	0. 3715	0. 2281	0. 1407	0. 0872	0. 0543	0. 0339	0. 0213	0. 0134	0. 0085
55	0. 5785	0. 3365	0. 1968	0. 1157	0. 0683	0. 0406	0. 0242	0. 0145	0. 0087	0. 0053

续表

期数	12%	14%	15%	16%	18%	20%	24%	28%	32%	36%
1	0.8929	0.8772	0.8696	0.8621	0.8475	0.8333	0.8065	0.7813	0.7576	0.7353
2	0.7972	0.7695	0.7561	0.7432	0.7182	0.6944	0.6504	0.6104	0.5739	0.5407
3	0.7118	0.6750	0.6575	0.6407	0.6086	0.5787	0.5245	0.4768	0.4348	0.3975
4	0.6355	0.5921	0.5718	0.5523	0.5158	0.4823	0.4230	0.3725	0.3294	0.2923
5	0.5674	0.5194	0.4972	0.4761	0.4371	0.4019	0.3411	0.2910	0.2495	0.2149
6	0.5066	0.4556	0.4323	0.4104	0.3704	0.3349	0.2751	0.2274	0.1890	0.1580
7	0.4523	0.3996	0.3759	0.3538	0.3139	0.2791	0.2218	0.1776	0.1432	0.1162
8	0.4039	0.3506	0.3269	0.3050	0.2660	0.2326	0.1789	0.1388	0.1085	0.0854
9	0.3606	0.3075	0.2843	0.2630	0.2255	0.1938	0.1443	0.1084	0.0822	0.0628
10	0.3220	0.2697	0.2472	0.2267	0.1911	0.1615	0.1164	0.0847	0.0623	0.0462
11	0.2875	0.2366	0.2149	0.1954	0.1619	0.1346	0.0938	0.0662	0.0472	0.0340
12	0.2567	0.2076	0.1869	0.1685	0.1372	0.1122	0.0757	0.0517	0.0357	0.0250
13	0.2292	0.1821	0.1625	0.1452	0.1163	0.0935	0.0610	0.0404	0.0271	0.0184
14	0.2046	0.1597	0.1413	0.1252	0.0985	0.0779	0.0492	0.0316	0.0205	0.0135
15	0.1827	0.1401	0.1229	0.1079	0.0835	0.0649	0.0397	0.0247	0.0155	0.0099
16	0.1631	0.1229	0.1069	0.0930	0.0708	0.0541	0.0320	0.0193	0.0118	0.0073
17	0.1456	0.1078	0.0929	0.0802	0.0600	0.0451	0.0258	0.0150	0.0089	0.0054
18	0.1300	0.0946	0.0808	0.0691	0.0508	0.0376	0.0208	0.0118	0.0068	0.0039
19	0.1161	0.0829	0.0703	0.0596	0.0431	0.0313	0.0168	0.0092	0.0051	0.0029
20	0.1037	0.0728	0.0611	0.0514	0.0365	0.0261	0.0135	0.0072	0.0039	0.0021
21	0.0926	0.0638	0.0531	0.0443	0.0309	0.0217	0.0109	0.0056	0.0029	0.0016
22	0.0826	0.0560	0.0462	0.0382	0.0262	0.0181	0.0088	0.0044	0.0022	0.0012
23	0.0738	0.0491	0.0402	0.0329	0.0222	0.0151	0.0071	0.0034	0.0017	0.0008
24	0.0659	0.0431	0.0349	0.0284	0.0188	0.0126	0.0057	0.0027	0.0013	0.0006
25	0.0588	0.0378	0.0304	0.0245	0.0160	0.0105	0.0046	0.0021	0.0010	0.0005
26	0.0525	0.0331	0.0264	0.0211	0.0135	0.0087	0.0037	0.0016	0.0007	0.0003
27	0.0469	0.0291	0.0230	0.0182	0.0115	0.0073	0.0030	0.0013	0.0006	0.0002
28	0.0419	0.0255	0.0200	0.0157	0.0097	0.0061	0.0024	0.0010	0.0004	0.0002
29	0.0374	0.0224	0.0174	0.0135	0.0082	0.0051	0.0020	0.0008	0.0003	0.0001
30	0.0334	0.0196	0.0151	0.0116	0.0070	0.0042	0.0016	0.0006	0.0002	0.0001
35	0.0189	0.0102	0.0075	0.0055	0.0030	0.0017	0.0005	0.0002	0.0001	*
40	0.0107	0.0053	0.0037	0.0026	0.0013	0.0007	0.0002	0.0001	*	*
45	0.0061	0.0027	0.0019	0.0013	0.0006	0.0003	0.0001	*	*	*
50	0.0035	0.0014	0.0009	0.0006	0.0003	0.0001	*	*	*	*
55	0.0020	0.0007	0.0005	0.0003	0.0001	*	*	*	*	*

* <0.0001

附表三 **年金终值系数表**

期数	1%	2%	3%	4%	5%	6%	7%	8%	9%	10%
1	1.0000	1.0000	1.0000	1.0000	1.0000	1.0000	1.0000	1.0000	1.0000	1.0000
2	2.0100	2.0200	2.0300	2.0400	2.0500	2.0600	2.0700	2.0800	2.0900	2.1000
3	3.0301	3.0604	3.0909	3.1216	3.1525	3.1836	3.2149	3.2464	3.2781	3.3100
4	4.0604	4.1216	4.1836	4.2465	4.3101	4.3746	4.4399	4.5061	4.5731	4.6410
5	5.1010	5.2040	5.3091	5.4163	5.5256	5.6371	5.7507	5.8666	5.9847	6.1051
6	6.1520	6.3081	6.4684	6.6330	6.8019	6.9753	7.1533	7.3359	7.5233	7.7156
7	7.2135	7.4343	7.6625	7.8983	8.1420	8.3938	8.6540	8.9228	9.2004	9.4872
8	8.2857	8.5830	8.8923	9.2142	9.5491	9.8975	10.260	10.637	11.028	11.436
9	9.3685	9.7546	10.159	10.583	11.027	11.491	11.978	12.488	13.021	13.579
10	10.462	10.950	11.464	12.006	12.578	13.181	13.816	14.487	15.193	15.937
11	11.567	12.169	12.808	13.486	14.207	14.972	15.784	16.645	17.560	18.531
12	12.683	13.412	14.192	15.026	15.917	16.870	17.888	18.977	20.141	21.384
13	13.809	14.680	15.618	16.627	17.713	18.882	20.141	21.495	22.953	24.523
14	14.947	15.974	17.086	18.292	19.599	21.015	22.550	24.215	26.019	27.975
15	16.097	17.293	18.599	20.024	21.579	23.276	25.129	27.152	29.361	31.772
16	17.258	18.639	20.157	21.825	23.657	25.673	27.888	30.324	33.003	35.950
17	18.430	20.012	21.762	23.698	25.840	28.213	30.840	33.750	36.974	40.545
18	19.615	21.412	23.414	25.645	28.132	30.906	33.999	37.450	41.301	45.599
19	20.811	22.841	25.117	27.671	30.539	33.760	37.379	41.446	46.018	51.159
20	22.019	24.297	26.870	29.778	33.066	36.786	40.995	45.762	51.160	57.275
21	23.239	25.783	28.676	31.969	35.719	39.993	44.865	50.423	56.765	64.002
22	24.472	27.299	30.537	34.248	38.505	43.392	49.006	55.457	62.873	71.403
23	25.716	28.845	32.453	36.618	41.430	46.996	53.436	60.893	69.532	79.543
24	26.973	30.422	34.426	39.083	44.502	50.816	58.177	66.765	76.790	88.497
25	28.243	32.030	36.459	41.646	47.727	54.865	63.249	73.106	84.701	98.347
26	29.526	33.671	38.553	44.312	51.113	59.156	68.676	79.954	93.324	109.18
27	30.821	35.344	40.710	47.084	54.669	63.706	74.484	87.351	102.72	121.10
28	32.129	37.051	42.931	49.968	58.403	68.528	80.698	95.339	112.97	134.21
29	33.450	38.792	45.219	52.966	62.323	73.640	87.347	103.97	124.14	148.63
30	34.785	40.568	47.575	56.085	66.439	79.058	94.461	113.28	136.31	164.49
40	48.886	60.402	75.401	95.026	120.80	154.76	199.64	259.06	337.88	442.59
50	64.463	84.579	112.80	152.67	209.35	290.34	406.53	573.77	815.08	1 163.9
60	81.670	114.05	163.05	237.99	353.58	533.13	813.52	1 253.2	1 944.8	3 034.8

续表

期数	12%	14%	15%	16%	18%	20%	24%	28%	32%	36%
1	1.0000	1.0000	1.0000	1.0000	1.0000	1.0000	1.0000	1.0000	1.0000	1.0000
2	2.1200	2.1400	2.1500	2.1600	2.1800	2.2000	2.2400	2.2800	2.3200	2.3600
3	3.3744	3.4396	3.4725	3.5056	3.5724	3.6400	3.7776	3.9184	4.0624	4.2096
4	4.7793	4.9211	4.9934	5.0665	5.2154	5.3680	5.6842	6.0156	6.3624	6.7251
5	6.3528	6.6101	6.7424	6.8771	7.1542	7.4416	8.0484	8.6999	9.3983	10.146
6	8.1152	8.5355	8.7537	8.9775	9.4420	9.9299	10.980	12.136	13.406	14.799
7	10.089	10.730	11.067	11.414	12.142	12.916	14.615	16.534	18.696	21.126
8	12.300	13.233	13.727	14.240	15.327	16.499	19.123	22.163	25.678	29.732
9	14.776	16.085	16.786	17.519	19.086	20.799	24.712	29.369	34.895	41.435
10	17.549	19.337	20.304	21.321	23.521	25.959	31.643	38.593	47.062	57.352
11	20.655	23.045	24.349	25.733	28.755	32.150	40.238	50.398	63.122	78.998
12	24.133	27.271	29.002	30.850	34.931	39.581	50.895	65.510	84.320	108.44
13	28.029	32.089	34.352	36.786	42.219	48.497	64.110	84.853	112.30	148.47
14	32.393	37.581	40.505	43.672	50.818	59.196	80.496	109.61	149.24	202.93
15	37.280	43.842	47.580	51.660	60.965	72.035	100.82	141.30	198.00	276.98
16	42.753	50.980	55.717	60.925	72.939	87.442	126.01	181.87	262.36	377.69
17	48.884	59.118	65.075	71.673	87.068	105.93	157.25	233.79	347.31	514.66
18	55.750	68.394	75.836	84.141	103.74	128.12	195.99	300.25	459.45	700.94
19	63.440	78.969	88.212	98.603	123.41	154.74	244.03	385.32	607.47	954.28
20	72.052	91.025	102.44	115.38	146.63	186.69	303.60	494.21	802.86	1 298.8
21	81.699	104.77	118.81	134.84	174.02	225.03	377.46	633.59	1 060.8	1 767.4
22	92.503	120.44	137.63	157.41	206.34	271.03	469.06	812.00	1 401.2	2 404.7
23	104.60	138.30	159.28	183.60	244.49	326.24	582.63	1 040.4	1 850.6	3 271.3
24	118.16	158.66	184.17	213.98	289.49	392.48	723.46	1 332.7	2 443.8	4 450.0
25	133.33	181.87	212.79	249.21	342.60	471.98	898.09	1 706.8	3 226.8	6 053.0
26	150.33	208.33	245.71	290.09	405.27	567.38	1 114.6	2 185.7	4 260.4	8 233.1
27	169.37	238.50	283.57	337.50	479.22	681.85	1 383.1	2 798.7	5 624.8	11 198
28	190.70	272.89	327.10	392.50	566.48	819.22	1 716.1	3 583.3	7 425.7	15 230
29	214.58	312.09	377.17	456.30	669.45	984.07	2 129.0	4 587.7	9 802.9	20 714
30	241.33	356.79	434.75	530.31	790.95	1 181.9	2 640.9	5 873.2	12 941	28 172
40	767.09	1 342.0	1 779.1	2 360.8	4 163.2	7 343.9	22 729	69 377	*	*
50	2 400.0	4 994.5	7 217.7	10 436	21 813	45 497	*	*	*	*
60	7 471.6	18 535	29 220	46 058	*	*	*	*	*	*

* >99 999

附表四

年金现值系数表

期数	1%	2%	3%	4%	5%	6%	7%	8%	9%	10%
1	0.9901	0.9804	0.9709	0.9615	0.9524	0.9434	0.9346	0.9259	0.9174	0.9091
2	1.9704	1.9416	1.9135	1.8861	1.8594	1.8334	1.8080	1.7833	1.7591	1.7355
3	2.9410	2.8839	2.8286	2.7751	2.7232	2.6730	2.6243	2.5771	2.5313	2.4869
4	3.9020	3.8077	3.7171	3.6299	3.5460	3.4651	3.3872	3.3121	3.2397	3.1699
5	4.8534	4.7135	4.5797	4.4518	4.3295	4.2124	4.1002	3.9927	3.8897	3.7908
6	5.7955	5.6014	5.4172	5.2421	5.0757	4.9173	4.7665	4.6229	4.4859	4.3553
7	6.7282	6.4720	6.2303	6.0021	5.7864	5.5824	5.3893	5.2064	5.0330	4.8684
8	7.6517	7.3255	7.0197	6.7327	6.4632	6.2098	5.9713	5.7466	5.5348	5.3349
9	8.5660	8.1622	7.7861	7.4353	7.1078	6.8017	6.5152	6.2469	5.9952	5.7590
10	9.4713	8.9826	8.5302	8.1109	7.7217	7.3601	7.0236	6.7101	6.4177	6.1446
11	10.3676	9.7868	9.2526	8.7605	8.3064	7.8869	7.4987	7.1390	6.8052	6.4951
12	11.2551	10.5753	9.9540	9.3851	8.8633	8.3838	7.9427	7.5361	7.1607	6.8137
13	12.1337	11.3484	10.6350	9.9856	9.3936	8.8527	8.3577	7.9038	7.4869	7.1034
14	13.0037	12.1062	11.2961	10.5631	9.8986	9.2950	8.7455	8.2442	7.7862	7.3667
15	13.8651	12.8493	11.9379	11.1184	10.3797	9.7122	9.1079	8.5595	8.0607	7.6061
16	14.7179	13.5777	12.5611	11.6523	10.8378	10.1059	9.4466	8.8514	8.3126	7.8237
17	15.5623	14.2919	13.1661	12.1657	11.2741	10.4773	9.7632	9.1216	8.5436	8.0216
18	16.3983	14.9920	13.7535	12.6593	11.6896	10.8276	10.0591	9.3719	8.7556	8.2014
19	17.2260	15.6785	14.3238	13.1339	12.0853	11.1581	10.3356	9.6036	8.9501	8.3649
20	18.0456	16.3514	14.8775	13.5903	12.4622	11.4699	10.5940	9.8181	9.1285	8.5136
21	18.8570	17.0112	15.4150	14.0292	12.8212	11.7641	10.8355	10.0168	9.2922	8.6487
22	19.6604	17.6580	15.9369	14.4511	13.1630	12.0416	11.0612	10.2007	9.4424	8.7715
23	20.4558	18.2922	16.4436	14.8568	13.4886	12.3034	11.2722	10.3711	9.5802	8.8832
24	21.2434	18.9139	16.9355	15.2470	13.7986	12.5504	11.4693	10.5288	9.7066	8.9847
25	22.0232	19.5235	17.4131	15.6221	14.0939	12.7834	11.6536	10.6748	9.8226	9.0770
26	22.7952	20.1210	17.8768	15.9828	14.3752	13.0032	11.8258	10.8100	9.9290	9.1609
27	23.5596	20.7069	18.3270	16.3296	14.6430	13.2105	11.9867	10.9352	10.0266	9.2372
28	24.3164	21.2813	18.7641	16.6631	14.8981	13.4062	12.1371	11.0511	10.1161	9.3066
29	25.0658	21.8444	19.1885	16.9837	15.1411	13.5907	12.2777	11.1584	10.1983	9.3696
30	25.8077	22.3965	19.6004	17.2920	15.3725	13.7648	12.4090	11.2578	10.2737	9.4269
35	29.4086	24.9986	21.4872	18.6646	16.3742	14.4982	12.9477	11.6546	10.5668	9.6442
40	32.8347	27.3555	23.1148	19.7928	17.1591	15.0463	13.3317	11.9246	10.7574	9.7791
45	36.0945	29.4902	24.5187	20.7200	17.7741	15.4558	13.6055	12.1084	10.8812	9.8628
50	39.1961	31.4236	25.7298	21.4822	18.2559	15.7619	13.8007	12.2335	10.9617	9.9148
55	42.1472	33.1748	26.7744	22.1086	18.6335	15.9905	13.9399	12.3186	11.0140	9.9471

续表

期数	12%	14%	15%	16%	18%	20%	24%	28%	32%	36%
1	0. 8929	0. 8772	0. 8696	0. 8621	0. 8475	0. 8333	0. 8065	0. 7813	0. 7576	0. 7353
2	1. 6901	1. 6467	1. 6257	1. 6052	1. 5656	1. 5278	1. 4568	1. 3916	1. 3315	1. 2760
3	2. 4018	2. 3216	2. 2832	2. 2459	2. 1743	2. 1065	1. 9813	1. 8684	1. 7663	1. 6735
4	3. 0373	2. 9137	2. 8550	2. 7982	2. 6901	2. 5887	2. 4043	2. 2410	2. 0957	1. 9658
5	3. 6048	3. 4331	3. 3522	3. 2743	3. 1272	2. 9906	2. 7454	2. 5320	2. 3452	2. 1807
6	4. 1114	3. 8887	3. 7845	3. 6847	3. 4976	3. 3255	3. 0205	2. 7594	2. 5342	2. 3388
7	4. 5638	4. 2883	4. 1604	4. 0386	3. 8115	3. 6046	3. 2423	2. 9370	2. 6775	2. 4550
8	4. 9676	4. 6389	4. 4873	4. 3436	4. 0776	3. 8372	3. 4212	3. 0758	2. 7860	2. 5404
9	5. 3282	4. 9464	4. 7716	4. 6065	4. 3030	4. 0310	3. 5655	3. 1842	2. 8681	2. 6033
10	5. 6502	5. 2161	5. 0188	4. 8332	4. 4941	4. 1925	3. 6819	3. 2689	2. 9304	2. 6495
11	5. 9377	5. 4527	5. 2337	5. 0286	4. 6560	4. 3271	3. 7757	3. 3351	2. 9776	2. 6834
12	6. 1944	5. 6603	5. 4206	5. 1971	4. 7932	4. 4392	3. 8514	3. 3868	3. 0133	2. 7084
13	6. 4235	5. 8424	5. 5831	5. 3423	4. 9095	4. 5327	3. 9124	3. 4272	3. 0404	2. 7268
14	6. 6282	6. 0021	5. 7245	5. 4675	5. 0081	4. 6106	3. 9616	3. 4587	3. 0609	2. 7403
15	6. 8109	6. 1422	5. 8474	5. 5755	5. 0916	4. 6755	4. 0013	3. 4834	3. 0764	2. 7502
16	6. 9740	6. 2651	5. 9542	5. 6685	5. 1624	4. 7296	4. 0333	3. 5026	3. 0882	2. 7575
17	7. 1196	6. 3729	6. 0472	5. 7487	5. 2223	4. 7746	4. 0591	3. 5177	3. 0971	2. 7629
18	7. 2497	6. 4674	6. 1280	5. 8178	5. 2732	4. 8122	4. 0799	3. 5294	3. 1039	2. 7668
19	7. 3658	6. 5504	6. 1982	5. 8775	5. 3162	4. 8435	4. 0967	3. 5386	3. 1090	2. 7697
20	7. 4694	6. 6231	6. 2593	5. 9288	5. 3527	4. 8696	4. 1103	3. 5458	3. 1129	2. 7718
21	7. 5620	6. 6870	6. 3125	5. 9731	5. 3837	4. 8913	4. 1212	3. 5514	3. 1158	2. 7734
22	7. 6446	6. 7429	6. 3587	6. 0113	5. 4099	4. 9094	4. 1300	3. 5558	3. 1180	2. 7746
23	7. 7184	6. 7921	6. 3988	6. 0442	5. 4321	4. 9245	4. 1371	3. 5592	3. 1197	2. 7754
24	7. 7843	6. 8351	6. 4338	6. 0726	5. 4509	4. 9371	4. 1428	3. 5619	3. 1210	2. 7760
25	7. 8431	6. 8729	6. 4641	6. 0971	5. 4669	4. 9476	4. 1474	3. 5640	3. 1220	2. 7765
26	7. 8957	6. 9061	6. 4906	6. 1182	5. 4804	4. 9563	4. 1511	3. 5656	3. 1227	2. 7768
27	7. 9426	6. 9352	6. 5135	6. 1364	5. 4919	4. 9636	4. 1542	3. 5669	3. 1233	2. 7771
28	7. 9844	6. 9607	6. 5335	6. 1520	5. 5016	4. 9697	4. 1566	3. 5679	3. 1237	2. 7773
29	8. 0218	6. 9830	6. 5509	6. 1656	5. 5098	4. 9747	4. 1585	3. 5687	3. 1240	2. 7774
30	8. 0552	7. 0027	6. 5660	6. 1772	5. 5168	4. 9789	4. 1601	3. 5693	3. 1242	2. 7775
35	8. 1755	7. 0700	6. 6166	6. 2153	5. 5386	4. 9915	4. 1644	3. 5708	3. 1248	2. 7777
40	8. 2438	7. 1050	6. 6418	6. 2335	5. 5482	4. 9966	4. 1659	3. 5712	3. 1250	2. 7778
45	8. 2825	7. 1232	6. 6543	6. 2421	5. 5523	4. 9986	4. 1664	3. 5714	3. 1250	2. 7778
50	8. 3045	7. 1327	6. 6605	6. 2463	5. 5541	4. 9995	4. 1666	3. 5714	3. 1250	2. 7778
55	8. 3170	7. 1376	6. 6636	6. 2482	5. 5549	4. 9998	4. 1666	3. 5714	3. 1250	2. 7778

附表五

正态分布曲线面积表

Z	0	0.01	0.02	0.03	0.04	0.05	0.06	0.07	0.08	0.09
0	0	0.0040	0.0080	0.0120	0.0160	0.0199	0.0239	0.0279	0.0319	0.0359
0.10	0.0398	0.0438	0.0478	0.0517	0.0557	0.0596	0.0636	0.0675	0.0714	0.0753
0.20	0.0793	0.0832	0.0871	0.0910	0.0948	0.0987	0.1026	0.1064	0.1103	0.1141
0.30	0.1179	0.1217	0.1255	0.1293	0.1331	0.1368	0.1406	0.1443	0.1480	0.1517
0.40	0.1554	0.1594	0.1628	0.1661	0.1700	0.1736	0.1772	0.1808	0.1844	0.1879
0.50	0.1915	0.1950	0.1985	0.2010	0.2054	0.2088	0.2133	0.2157	0.2190	0.2224
0.60	0.2257	0.2291	0.2324	0.2357	0.2389	0.2422	0.2454	0.2486	0.2517	0.2549
0.70	0.2580	0.2611	0.2642	0.2673	0.2703	0.2734	0.2764	0.2793	0.2823	0.2852
0.80	0.2881	0.2910	0.2939	0.2967	0.2995	0.3023	0.3051	0.3078	0.3106	0.3133
0.90	0.3159	0.3186	0.3212	0.3238	0.3264	0.3289	0.3315	0.3340	0.3365	0.3389
1.00	0.3413	0.3438	0.3461	0.3485	0.3508	0.3531	0.3554	0.3577	0.3599	0.3621
1.10	0.3643	0.3665	0.3686	0.3703	0.3729	0.3749	0.3770	0.3790	0.3810	0.3830
1.20	0.3849	0.3869	0.3888	0.3907	0.3925	0.3943	0.3962	0.3980	0.3997	0.4015
1.30	0.4032	0.4049	0.4066	0.4082	0.4099	0.4115	0.4115	0.4147	0.4162	0.4177
1.40	0.4192	0.4207	0.4222	0.4236	0.4251	0.4265	0.4279	0.4292	0.4306	0.4319
1.50	0.4332	0.4345	0.4357	0.4370	0.4382	0.4394	0.4406	0.4418	0.4429	0.4441
1.60	0.4452	0.4463	0.4474	0.4484	0.4495	0.4550	0.4515	0.4525	0.4535	0.4545
1.70	0.4554	0.4564	0.4573	0.4582	0.4591	0.4599	0.4608	0.4616	0.4625	0.4633
1.80	0.4641	0.4649	0.4656	0.4664	0.4671	0.4678	0.4686	0.4693	0.4699	0.4706
1.90	0.4713	0.4719	0.4726	0.4732	0.4738	0.4744	0.4750	0.4756	0.4761	0.4767
2.00	0.4772	0.4778	0.4783	0.4788	0.4793	0.4798	0.4803	0.4808	0.4812	0.4812
2.10	0.4821	0.4826	0.4830	0.4834	0.4838	0.4842	0.4846	0.4850	0.4854	0.4857
2.20	0.4861	0.4864	0.4868	0.4871	0.4875	0.4878	0.4881	0.4884	0.4887	0.4890
2.30	0.4893	0.4896	0.4898	0.4901	0.4904	0.4906	0.4909	0.4911	0.4913	0.4916
2.40	0.4918	0.4920	0.4922	0.4925	0.4927	0.4929	0.4931	0.4932	0.4934	0.4936
2.50	0.4938	0.4940	0.4941	0.4943	0.4945	0.4946	0.4948	0.4949	0.4951	0.4952
2.60	0.4953	0.4955	0.4956	0.4957	0.4959	0.4960	0.4961	0.4962	0.4963	0.4964
2.70	0.4965	0.4966	0.4967	0.4968	0.4969	0.4970	0.4971	0.4972	0.4973	0.4974
2.80	0.4974	0.4975	0.4976	0.4977	0.4977	0.4978	0.4979	0.4979	0.4980	0.4981
2.90	0.4981	0.4982	0.4982	0.4983	0.4984	0.4984	0.4985	0.4985	0.4986	0.4986
3.00	0.4986	0.4987	0.4987	0.4988	0.4988	0.4989	0.4989	0.4989	0.4990	0.4990
3.10	0.4990	0.4991	0.4991	0.4991	0.4992	0.4992	0.4992	0.4992	0.4993	0.4993
3.20	0.4993	0.4993	0.4994	0.4994	0.4994	0.4994	0.4994	0.4995	0.4995	0.4995
3.30	0.4995	0.4995	0.4995	0.4996	0.4996	0.4996	0.4996	0.4996	0.4996	0.4997
3.40	0.4997	0.4997	0.4997	0.4997	0.4997	0.4997	0.4997	0.4997	0.4997	0.4998
3.50	0.4998	0.4998	0.4998	0.4998	0.4998	0.4998	0.4998	0.4998	0.4998	0.4998
3.60	0.4998	0.4998	0.4999	0.4999	0.4999	0.4999	0.4999	0.4999	0.4999	0.4999
3.70	0.4999	0.4999	0.4999	0.4999	0.4999	0.4999	0.4999	0.4999	0.4999	0.4999
3.80	0.4999	0.4999	0.4999	0.4999	0.4999	0.4999	0.4999	0.4999	0.4999	0.4999
3.90	0.5000	0.5000	0.5000	0.5000	0.5000	0.5000	0.5000	0.5000	0.5000	0.5000

注：Z 为标准差的个数，表中数据是平均数和 Z 个标准差之间的那部分正态曲线下的总面积。